tokyo
_ITINÉRAIRES

tokyo _ITINÉRAIRES

Cécile Parisot - François-Xavier Robert

わくわく

ASSOCIATION
WAKU WAKU

some air nrt*

* NRT = code de l'aéroport de Narita, votre porte d'entrée sur Tokyo

Tokyo !

Tokyo est une ville-monde susceptible de répondre à toutes les aspirations, tous les désirs, de provoquer toutes les rencontres. Entrelacs de voies ferrées, de routes et d'autoroutes surélevées, de fils électriques, comme un gigantesque circuit intégré, Tokyo est une ville de mouvement, d'énergie et de flux. Juxtaposition pragmatique et poétique de bâtiments aux architectures les plus hétéroclites, chaos urbain s'élevant vers le ciel ou s'étendant à plat sur des kilomètres, jungle de signes publicitaires et de lumières artificielles, kilomètres de galeries commerçantes souterraines, Tokyo foisonne et fascine en parvenant à toujours garder une forme d'harmonie. Le paysage urbain de Tokyo transforme le désordre en vertu.

Esprits classiques épris de lignes purs et de clarté géométrique, s'abstenir ! Ici, la ligne est brisée, ondulante, plus kitsch que baroque. Toute la prouesse architecturale de la ville tient dans cette compression dans un espace restreint de triangles, de rectangles, dans cet empilement de cubes et de tubes, comme un gigantesque jeu de Légo® combiné par un enfant génial mais un peu déjanté.

A Tokyo, vous passez en quelques dizaines de mètres de la frénésie d'un centre-ville surpeuplé et futuriste, à une ambiance de village paisible et tranquille.

La ville se déploie, se structure et s'organise autour de grands centres, eux-mêmes construits et développés autour de gares immenses, nœuds de communication, lieux d'échanges et de vie. La gare de Tokyo, les quartiers de Marunouchi et Nihombashi ne constituent qu'un exemple de ces grands centres urbains de la ville parmi lesquels on peut citer aussi : Shibuya, la ville des jeunes, Shinjuku, quartier d'affaires, de shopping et de nuit, Ginza, avec ses belles avenues et ses boutiques chics et bien d'autres encore.

Tokyo est une ville moderne et démesurée - plus de 12 millions d'habitants intra-muros, plus de 30 millions avec les villes périphériques de Yokohama, Chiba, Kawasaki... qui se confondent et s'imbriquent à la capitale. Plusieurs fois détruite par des tremblements de terre et des incendies, ville la plus bombardée de toute l'histoire de l'humanité durant la seconde guerre mondiale, elle a toujours su renaître de ses cendres et, malgré une occidentalisation apparente, garder toutes ses spécificités.

Si c'est une ville monumentale, ce n'est pas une ville de monuments. La ville évolue constamment, toujours en construction ou reconstruction. L'histoire, les légendes et les fantômes du passé s'y retrouvent dans le nom des quartiers, sur des plaques commémoratives, dans la mémoire des lieux et les fêtes traditionnelles qui rythment l'année.

Voyager à Tokyo exige de se laisser aller au plaisir de la découverte, ce n'est pas une ville dont on peut aisément « faire le tour ». Ville anonyme (les rues, hormis les très grandes artères, n'ont pas de nom), il faut se donner un peu de temps pour construire ses premiers repères et accepter de ne pas tout voir.

Pour vous aider à découvrir cette capitale, nous vous proposons trois types d'approches complémentaires :

⋆ *à travers les parcours singuliers de 5 créateurs :* le cinéaste ***Chris Marker,*** l'artiste ***Aleksandra Mir,*** le romancier ***Romain Slocombe*** et le photographe ***Nakano Masataka*** ; et de 2 passionnés de Japon, ***Michel Sagaz*** et ***Stéphane Duval.*** Vous pourrez partager leur vision originale et personnelle de la ville.

⋆ *dans Tokyo facettes,* des itinéraires sur ***une quinzaine d'entrées thématiques*** (de la mode et du design aux jardins et lieux de tradition).

⋆ *une approche plus classique* avec des itinéraires dans 15 grands quartiers et aux alentours de Tokyo.
Pour chaque approche, nous vous proposons *des itinéraires balades* et *des itinéraires thématiques.*

Un guide pratique complète le tout, il vous donnera toutes les clés pour réussir votre visite.

Les parcours de nos invités seront signalés par ★★ ***Parcours***

Le symbole R vous indique les *ryokan,* auberges traditionnelles japonaises.

ようこそ

Yokoso !

Bienvenue à Tokyo !

とうきょう
TOKYO
Chan

Tok
invitation au voyage
JR
JR東日本
きっぷうりば
Tickets
東武東上線
地下鉄新線
Subway New Line
東鉄工業は
鉄道工事のエクセレントカンパニー
を目指します

北口方面
for North Exit
西口方面
for West Exit
中央口
Central
Entrance
中央入口
중앙 입구
JR
JR東日本
みどりの窓口

Le japon

★ *Superficie :* 377 973 km^2 soit 3/5ème du territoire français.

★ *Population :* environ 127 800 000 habitants.

★ *Déclin démographique et vieillissement de la population :* taux de fécondité de 1,29 enfant par femme en 2004, en 2050 les plus de 65 ans pourraient atteindre 35% de la population et les moins de 15 ans 10%.

★ *Géographie :* archipel de plus de 7 000 îles et îlots ; 4 îles principales : Honshu, Hokkaido, Kyushu, Shikoku. Le pays s'étend sur 3 000 km environ du nord au sud, de la hauteur de Bordeaux à celle du Sahara marocain.

★ *Relief :* à 70 % montagneux ; Mont Fuji : 3 776 m ; deux grandes plaines : le Kanto, où se trouve Tokyo, et le Kansai.

★ *Catastrophes naturelles :* environ 3 000 secousses sismiques par an ; 77 volcans en activités ; typhons entre fin juillet et début septembre. Chaque bâtiment comporte un plan d'évacuation précis, avec un point de ralliement extérieur (généralement un parc). **En cas de fort tremblement de terre, ouvrez la porte et les fenêtres,** et abritez-vous sous une table ou dans les toilettes. Eloignez-vous du littoral à cause des raz-de-marée ou *tsunami.*

★ *Densité :* 340 habitants au km^2 ; mais comme la population se concentre sur 21% du territoire seulement, la densité réelle est de 1 600 personnes au km^2.

★ *Nature du régime :* monarchie constitutionnelle ; régime parlementaire ; le parlement s'appelle la Diète.

★ *Chef de l'État :* le Premier ministre actuel est Shinzo Abe ; l'empereur - *Tennô,* symbole de l'Etat, s'appelle Akihito.

★ *Calendrier :* 2006 est l'an 17 de l'ère Heisei, commencée en 1989.

★ *Religions :* shintoïsme, bouddhisme, christianisme.

★ *Monnaie :* le Yen (1 euro = 145 yens environ).

★ *PIB :* 470 millions d'euros en 2000 = 13% du PIB mondial et 70 % du PIB régional.

★ *Toyota* est le 2ème constructeur mondial avec 11% de part de marché.

★ *Taux de chômage :* 5,2 % en 2004.

★ *Espérance de vie moyenne :* 82,5 ans.

Jours fériés

1er janvier	Jour de l'an
2ème lundi de janvier	Jour du passage à l'âge adulte
11 février	Jour de la fondation du Japon
Vers le 21 mars	Equinoxe de printemps
29 avril	Jour de la verdure
3 mai	Commémoration de la constitution
5 mai	Jour des enfants
3ème lundi de juillet	Jour de la mer
3ème lundi de sept.	Jour du respect pour les personnes âgées
Vers le 23 septembre	Equinoxe d'automne
2ème lundi d'octobre	Jour des sports
3 novembre	Jour de la culture
23 novembre	Jour de reconnaissance pour le travail
23 décembre	Anniversaire de l'empereur

Pour les principales fêtes traditionnelles, *matsuri,* de Tokyo ***Cf. Tokyo Nostalgie p. 96***

にほん
tokyo

tokyo

★ *Superficie :* 2 145 km^2

★ *Population :* 12 064 000 habitants dans ses 23 arrondissements (= 23 *ku*) ; le seul arrondissement de Setagaya, *Setagaya-ku,* a la même superficie que Paris intra-muros.

★ *Autre ordre de grandeur :* dans sa largeur, d'est en ouest Tokyo mesure 88 km. L'agglomération de Tokyo représente à elle seule 24% de la population japonaise, plus de 30 millions d'habitants.

★ *Climat :* tempéré, mêmes saisons qu'en France avec une saison des pluies de juin à mi-juillet et des risques de typhons en septembre. Les températures et les saisons à Tokyo sont proches de celles de la ville de Nice.

Se repérer

Hormis quelques grandes avenues, les rues de Tokyo n'ont pas de nom. Les quartiers, ***ku,*** sont divisés en districts, ***chô,*** eux-mêmes éclatés en plusieurs blocs, ***chôme.*** La numérotation des bâtiments dépendant de leur année de construction, elle opère dans un ordre pour le moins aléatoire. Pour trouver une adresse si vous n'avez pas un plan précis, le mieux est de s'adresser au petit poste de police, *koban,* situé à l'angle de la gare la plus proche.

Où est... ? ***... wa doko desu ka ?***
...はどこですか

Ressources Internet

⇨ *Informations touristiques sur la ville de Tokyo*

www.pandemic.com/tokyo/index.cfm

www.tokyometro.jp/e/index.html : en anglais, toutes les informations utiles sur le métro de Tokyo

www.tcvb.or.jp : en anglais, campagne Yes Tokyo, site complet d'informations touristiques

⇨ *Site perso*

weblog.fgautron.com : belles photos sur Tokyo

⇨ *Informations générales sur le Japon*

www.jnto.go.jp : en français, site Internet de l'office de tourisme japonais avec de nombreux liens utiles

www.bento.com/tokyofood.html : en anglais, sur la cuisine japonaise

www.japan-guide.com/e : en anglais, site très complet

www.2waku.com : *le site des auteurs de ce guide, avec plein d'informations complémentaires*

Chichibu
Nikko
Kawagoe
Aéroport Narita
Tokyo
Yokohama
Kamakura
Chiba
Mont Fuji
Hakone
Océan
Pacifique
Izu

Tokyo 550 ans

★ *1453* Citadelle bâtie par le seigneur Otâ Dokan. Edo, la « Porte de l'Estuaire », n'est qu'un petit port de pêche idéalement situé à l'abri de sa baie. On fête l'anniversaire de cette fondation tous les ans le 1er octobre.

★ *1590* Le seigneur Tokugawa Ieyasu reçoit le fief du Kantô en récompense de ses services.

★ *1600* Ieyasu conquiert le pouvoir suprême et devient Shogun, Edo se transforme aussitôt en un nouveau centre de pouvoir face à la capitale Impériale, Kyôto.

★ *1616* Mort d'Ieyasu : Edo est déjà l'une des plus grandes villes du Japon et un port très actif vers l'étranger.

★ *1635* Le principe du *Sankin-Tokai* institué par Tokugawa Iemitsu, impose la résidence à Edo une année sur deux à tous les vassaux du Shogun. C'est l'occasion pour la ville de se développer et de s'enrichir rapidement.

★ *1657* Incendie *"Meireiki"*, plusieurs dizaines de milliers de victimes.

★ *1700* Edo première ville du monde avec plus d'un million et demi d'habitants.

★ *1853* Les navires noirs du *Commodore Perry* venus d'Amérique brisent l'isolationnisme du Japon.

★ *1868* Chute du Shogunat, restauration de l'empereur qui s'installe à Edo, début de l'ère Meiji, Edo devient Tokyo, la « Capitale de l'Est ».

★ *1871* Ouverture du Musée national d'arts asiatiques dans le parc de Ueno.

★ *1877* Fondation de *Todai,* Tokyo Daigaku, l'université la plus prestigieuse du Japon.

★ *1868-1923* Années de fort développement, population multipliée par 4.

★ *1914* Achèvement des travaux de la grande gare centrale de Tokyo, en briques rouges.

★ *1923* Grand séisme suivi d'un incendie qui détruit la ville à 40 %.

★ *1936* Construction du bâtiment du parlement, la Diète.

★ *1945* De mars à mai, les bombardements alliés détruisent les 3/5 de la capitale.

★ *1958* Construction de la Tour de Tokyo, plus haute que notre Tour Eiffel.

★ *1960-1980* Années de forte croissance qui débouchent sur la bulle financière.

★ *1964* Jeux olympiques de Tokyo et début du *Shinkansen,* train rapide équivalent de notre TGV.

★ *1978* On érige le plus haut bâtiment d'Asie à l'époque : la tour Sunshine d'Ikebukuro et on ouvre l'aéroport international de Narita.

★ *1980* Ville nouvelle de Tsukuba, à 60 Km au nord, pôle de recherche au pied des montagnes.

★ *1983* Ouverture de *Tokyo Disneyland* dans la préfecture de Chiba.

★ *1990* Explosion de la bulle économique : début d'une période de plus de 10 ans de crise.

★ *1991* Inauguration de la Mairie de Tokyo imaginée par Kenzo Tange.

★ *1995* Attentat au gaz sarin dans le métro par la secte Aum.

★ *1995-1996* Finalisation du projet d'île artificielle d'Odaiba et des bâtiments Fuji Television et International Center (Tokyo Big Sight). *Cf. Odaiba p. 212*

★ *2002* Coupe du monde de football organisée avec la Corée.

★ *2003* Ouverture du complexe culturel, économique et commercial de Roppongi Hills (Tour et musée Mori, centre commercial...). *Cf. Roppongi p. 172*

Yamanote vs. Shitamachi

Yamanote : les hauteurs de la ville autrefois réservées aux *daimyos* (grands seigneurs) et à leurs samouraïs. A l'abri des inondations et des désagréments des anciens marais, ces quartiers deviennent vite le symbole du pouvoir. Aujourd'hui Yamanote désigne la ligne de chemin de fer *JR* circulaire qui délimite le « centre » de Tokyo ainsi que les quartiers chic.

Shitamachi : la ville basse regroupe le petit peuple vivant dans des masures en bois et en bambou, en dehors de l'enceinte du château. Aujourd'hui l'évocation de ce nom renvoie à toute la culture populaire des petites gens de Tokyo.

⇨ à lire

Les très belles pages de Paul Claudel dans ***L'oiseau noir dans le soleil levant,*** éd. Gallimard, sur le grand incendie de 1923. Toujours chez Gallimard, ***La noblesse de l'echec*** de Ivan Morris vous entraînera dans la découverte des destins tragiques de plusieurs héros de l'histoire japonaise. Enfin, pour tout apprendre sur le Japon sans s'ennuyer et en évitant les clichés, ***L'abécédaire du Japon*** de Moriyama Takashi, éd. Picquier poche.

⇨ à voir

Les films d'Ozu pour une vision sans fard du Tokyo des années 60. Grâce à ***Fleur d'équinoxe,*** découvrez Ginza, les mariages arrangés, omiai, et le monde de l'entreprise japonaise. Dans ***Le goût du riz au thé vert,*** vous trouverez l'ambiance d'un *onsen,* celle d'un match de *baseball,* les débuts du *pachinko* avec un mécanisme manuel loin du délire électrique des salles d'aujourd'hui.

Tokyo *pris sur le vif*

Tokyo, capitale et symbole du Japon, constitue un des pôles extrêmes de nos fantasmes et de nos représentations. Depuis les modes orientalistes de la fin du 19ème siècle, en passant par le péril jaune d'entre-deux-guerres, le samouraï économique des années de forte croissance ou encore la jeunesse désorientée et suicidaire d'aujourd'hui, tous les clichés circulent sur la mégapole, nous donnant une image souvent caricaturale - mais pas forcément fausse - d'une ville et d'un pays dont la diversité fait la richesse. Voici un parcours dans les idées reçues sur Tokyo.

★ ***Tokyo, c'est une foule incessante,*** grouillante, des pousseurs aux gants blancs dans le métro...et des petites rues vides et charmantes à l'atmosphère de paisible village ! ***Cf.*** *Tokyo Oasis p. 108*

★ ***Tokyo est la ville la plus chère du monde.*** C'est vrai selon une étude récente (cabinet Mercer HRC, juin 2005) Tokyo et Osaka sont les deux villes les plus chères du monde, suivies de Londres, Moscou et Séoul, Paris n'est qu'en 12ème position. Mais on peut aussi trouver de nombreux bons plans et le tourisme n'y est pas forcément plus cher qu'ailleurs. ***Cf.*** *Tokyo fauché p.148*

★ ***Les Tokyoïtes vivent dans des cages à lapins.*** La surface d'un appartement moyen à Tokyo est d'environ 28 m^2, ce qui fait une belle cage à lapin ! La surface habitée moyenne par habitant est de 33 m^2 au Japon contre 37 en France, ce qui ne constitue pas une différence colossale.

★ ***Ils parlent mal ou pas du tout*** les langues étrangères, comme dans le film de Sofia Coppola, *Lost in Translation*. On ne peut pas se comprendre. Tout est écrit en japonais, on ne peut rien faire tout seul. C'est faux : tout est retranscrit en alphabet romain dans les trains et métros. Et contrairement à ce qui se passe dans le film cité en référence, c'est aussi au voyageur de chercher à s'adapter et à faire des efforts de communication. Quelques mots de japonais vous ouvriront les portes et les sourires. ***Cf.*** *en fin de livre notre vocabulaire de voyage.*

★ ***Les Japonais travaillent tout le temps*** à des cadences infernales, dans des conditions inhumaines, comme dans *Stupeur et Tremblements* d'Amélie Nothomb. C'est peut-être le cas dans certaines grandes entreprises... Mais la plupart des Japonais travaillent dans de petites structures et les nouvelles générations sont en train de changer la donne, en aspirant désormais à choisir un métier qui leur plaît, quitte à rester au chômage, et en rejetant le modèle de l'emploi à vie qui fut celui de leurs parents. Seuls 17% des jeunes Japonais âgés de 15 à 29 ans estiment que la vie de leur père avaient un sens (d'après Le Livre blanc 2005). **Cf.** *Tokyo Biz p. 144*

★ *Les Japonais sont conformistes,* ils sont tous pareils, d'une timidité maladive, c'est insupportable pour des occidentaux individualistes. Cette uniformité apparente n'est qu'un leurre, un moyen de vivre confortablement en société, une politesse de surface qui permet de ne jamais perdre la face. Voir les concepts *honne / tatemae* dans le lexique en fin d'ouvrage.

★ *Tokyo est une ville polluée,* à l'air saturé. Mais on y respire souvent mieux qu'à Paris grâce à sa proximité du Pacifique. **Cf.** *Tokyo Oasis p. 108*

⇨ à lire

- **Le Japon des Japonais** de Philippe Pons, collection l'Autre guide, éd. Seuil : une approche du pays à travers ses habitants et leurs coutumes anciennes et présentes.
- **Idées reçues, le Japon** de Philippe Pelletier, éd. Le Cavalier Bleu.

Tokyo *sens contraire*

Au chapitre des choses qui se font ou qui ne se font pas, de ces gestes du quotidien qui nous distinguent des Japonais, on a à peu près tout écrit. Au Japon même, on peut trouver quantité d'ouvrages traitant de l'irréductible singularité du peuple japonais. Les Japonais en ont fait une quasi science, la nihonjiron, ou « nippologie ». Même si les auteurs de ce guide sont persuadés qu'il y a beaucoup plus d'éléments qui nous rapprochent des Japonais, que d'éléments qui nous opposent à eux, voici une liste de choses que l'on fait « à l'envers », auxquelles nous avons ajouté quelques règles à respecter en société qui vous seront utiles.

★ LE MONDE À L'ENVERS

- Lire de droite à gauche, en colonne et non pas en ligne (même si le sens de lecture occidentale devient de plus en plus courant).
- Les noms suivent toujours la règle Nom de Famille / Prénom. Par exemple, l'écrivain Murakami Haruki. Murakami est le nom de famille et Haruki le prénom et le nom apparaît donc dans cet ordre sur ces livres. De même, on a tendance à appeler plus facilement les gens par leur nom de famille que leur prénom.
- Toujours préférer renifler même bruyamment plutôt que de se moucher en public.
- Compter sur les doigts en les repliant un à un.
- Dans un test, indiquer la bonne réponse par un rond ; la croix indique en général l'interdiction : si un agent de sécurité vous regarde en dessinant une grande croix avec ses bras croisés, c'est que vous êtes en train de faire une bêtise ou que vous devriez faire demi-tour.
- Pas de problème avec le chiffre 13 ; en revanche les chiffres 4, qui se prononce *shi* comme le kanji de mort, et 9, qui se prononce *kyu* comme le kanji de douleur.
- *Attention, panique dans les étages : 1F = ikkai = first floor = rez-de-chaussée ; le premier étage, c'est 2F = nikkai = second floor. B1F = chika ikkai = premier sous-sol.*

★ CIRCULEZ, IL N'Y A RIEN À VOIR

- Conduite à gauche ; attention au moment de traverser : regardez bien des deux côtés !
- Piétons : ne traversez jamais au feu vert ou en dehors des passages piétons, sous peine de danger de mort.
- Dans le métro : faire la queue comme tout le monde derrière le marquage au sol jaune ou blanc (la bataille pour les places assises n'a lieu qu'une fois à l'intérieur du wagon).

★ RÉGALEZ-VOUS

- Au restaurant ou chez des amis, exprimer son enthousiasme par un *oishii* (c'est délicieux !) dès la première bouchée.

- Ne jamais planter ses baguettes dans le bol de riz (c'est un rite funéraire), ou désigner quelque choses avec ces mêmes baguettes.
- Commander plusieurs petits plats à partager.
- Ne jamais se servir soi-même de l'alcool : on commence par servir tout le monde et on attend qu'un convive vous rende la politesse.
- Aspirer les nouilles et faire des grands « slurp ».
- Ne pas donner de pourboire.

Cf. *Tokyo Délices p. 128*

★ CHAUSSER / DÉCHAUSSER

- Oter ses chaussures en entrant dans un appartement, chez des amis, dans les temples, dans les restaurants traditionnels (attention aux chaussettes trouées !), mais aussi en arrivant au bureau, d'où les nombreux salaryman en chaussons croisés dans la rue au moment du déjeuner. Prévoir des chaussures faciles à enlever quand vous voyagez.
- Changer de sandales, *sulipa* (sleepers), pour entrer aux toilettes, et ne pas oublier d'en rechanger en sortant.

★ NI OUI, NI NON

Les japonais disent rarement non, mais s'excuseront plutôt de ne pas pouvoir répondre à votre demande en disant *sumimasen* ou *gomen nasai* (excusez-moi) ou encore chotto muzukashii (c'est difficile).

★ LE MONDE DU SILENCE

Ne pas se faire remarquer dans les lieux publics : ne pas crier, ni faire de grands gestes, ni avoir de gestes trop affectueux. La société japonaise repose sur le respect des autres et impose donc une terrible maîtrise de soi pour les Latins que nous sommes !

★ AU BAIN

Dans la salle de bain partagée d'un *ryokan* (auberge traditionelle), d'un *sento* (bain public), d'un *onsen* (source thermale) ou même chez des amis, on ne se savonne jamais dans le bain. On se lave et on se rince précautionneusement à l'extérieur du bain avant d'y entrer.

Cf. *Tokyo Bains p. 124*

Le Dépays

CHRIS MARKER

Biographie

Né en : 1921
A : Neuilly-sur-Seine (France)
Activités : cinéaste, vidéaste, écrivain, essayiste, éditeur, photographe, voyageur, auteur de documentaires poétiques et inspirés
Passions : le cinéma, les chats, l'Asie, l'histoire, l'art, la mémoire…
Réalisations : La jetée (film 1962), Chats perchés (vidéo 2004), Immemory (CD-rom 2002), AK (documentaire sur Akira Kurosawa, 1985) et tant d'autres…

Le Dépays est au départ un livre réunissant photos et texte de Chris Marker sur le thème du Japon. Ce livre est aujourd'hui introuvable. En voici le texte, invitation d'une grande sensibilité et d'une grande finesse à la découverte de Tokyo et du Japon.

- 1 -

Insomnie de l'aube à Tokyo. Les voix des corbeaux porteurs de dépêches qui s'annoncent à tous les octrois commencent de se perdre dans les bruits de la ville. Aux gares terminales se mettent en marche les trains de couleur vert Yamanote, bleu Tozai, rouge laque Marunouchi, nom et couleur à jamais inséparables qui vont emplir la matinée d'une rumeur grandissante de bowling, dominée par l'impériale corne de brume du Shinkansen. La neige du téléviseur encore allumé va bientôt s'effacer devant la première mire, mais en ce moment il ressemble plutôt à une de ces lanternes blanches et carrées qu'on voit à la télévision, justement, dans les histoires de samourais et de fantômes. C'est ce qu'on appelle une mise en abyme. La Dame des actualités du matin apparaît sur l'écran, ou la première pub, ou Doraemon le chat robot. Tiens, se dit on, une autre journée est passée. Comme si c'était seulement au réveil, en se retournant sur elle, qu'on pouvait prendre les vraies mesures de cette journée vécue hors du temps, dans une zone de silence au milieu du son, d'immobilité au centre du manège, dans un goût d'éternité que nous appellerons Japon comme d'autres l'appellent Hollande. Ici le Temps est une rivière qui ne coule que la nuit.
Inventer le Japon est un moyen comme un autre de le connaître. Une fois dépassées les idées reçues, une fois contournée l'idée reçue de prendre le contre-pied des idées reçues, mathématiquement les chances sont les

mêmes pour tous, et que de temps gagné. Se fier aux apparences, confondre sciemment le décor avec la pièce, ne jamais s'inquiéter de comprendre, être là - dasein - et tout vous sera donné par surcroît. Enfin, un peu.

" *We Japanese have a very special relationship with cats.* " C'est Toru Takemitsu qui t'a dit ça hier soir, dans le petit bar de Shinjuku. Venant d'un des plus grands musiciens vivants, la confidence est précieuse. Derrière lui, rangées côte à côte, les bouteilles de whisky des habitués du bar sont rondes et lisses comme des tortues. Et l'association de ces deux mots, chat et whisky, t'a fait passer dans la tête, comme une névralgie, le regard d'un chat qui s'appelait précisément Whisky - nom assez improbable pour un chat du douzième arrondissement, mais c'était ainsi. Et il suffisait que du premier étage tu l'appelles, sans même forcer la voix : "Whisky !" pour qu'il lève sur toi ce regard - eh bien oui, inoubliable... Quelques microsecondes plus tard il était là, sur le balcon, par une de ces compressions de l'espace-temps que les chats sont seuls à connaître, avec quelques ascètes tibétains. Le chat Whisky est mort écrasé par un camion et tu lèves ton verre à sa mémoire, à la mémoire de ton autre ami-chat bleu russe, bleu Tozai, à la mémoire de la chouette effraie qui est morte un jour sur ta main, étouffée par la boule qu'elle avalait avec une hâte de chasseresse. Tu te demandais quelquefois comment ils voyaient les hommes, ces animaux. Pour les chats, il n'était pas si sûr que leur humain représente une personne unique : plutôt une espèce de troupeau, dont ils venaient vérifier avec curiosité s'il se présentait toujours dans le même ordre, vertical ou horizontal, ici la tête, ici les pieds. Pour la chouette, nous étions peut-être de grandes ombres indistinctes, pas hostiles, mais indéchiffrables. Pendant qu'elle luttait pour retrouver le souffle, pendant que pour la première fois le vertige de la mort entrait dans sa tête de chouette, ses yeux disaient "ombre, tu me tues, ombre, tu m'abandonnes" et sa dernière convulsion a refermé sur ton doigt un nœud de serres aiguës, fatales aux rongeurs. Ton doigt est resté bleu pendant des semaines, bleu comme le chat russe, comme la Tozai Line, et longtemps tu as porté sur toi ce signe, lent à s'effacer, comme un remords.

D'autres ce soir boivent peut-être à la mort des rois, à la mort des empires. Nous, à Shinjuku, buvons à la mort des chats et des chouettes. Quoi de plus naturel ? A un quart d'heure de marche, et sans sortir de Shinjuku, nous trouverions le temple de Ji Cho In, à Nishi Ochiai, où l'on prie pour les chats du monde entier. Un superbe *maneki neko,* le chat-qui-salue, mascotte des commerçants avisés et des prostituées attentives, veille à la porte du sanctuaire. Le bonze dévoile pour quelque obole les statues de chats offertes - au XVIe siècle par un chef de guerre dont la route avait été coupée par un chat noir (et qui, au lieu d'y voir un mauvais présage comme n'importe quel Européen borné, suivit le chat et fut guidé vers une position stratégique

qui lui fit remporter la victoire) - au XVIIe siècle par un marchand dont le chat, du seul éclat de sa présence qui attirait les clients, fit la fortune - et au XVIIIe siècle par une Belle Dame dont, jusqu'à ce jour, tu n'as pas compris si elle avait un chat, si elle était un chat, ni ce qu'elle venait faire dans l'histoire. Mais tu as appris à ne pas poser de questions. Ce que dit le conte est vrai de ce que le conte dit que ce que dit le conte est vrai, comme conterait la Demoiselle du carrefour de tes voyages.

Quand tu es revenu pour la première fois en Europe avec tes histoires de chats japonais, tes amis y ont vu la preuve qu'un maniaque trouve toujours de quoi alimenter sa manie. Il a fallu leur montrer les images de Ji Cho In, du cimetière des chats à Go To Ku Ji, avec ses douzaines de maneki neko étagés, leur prouver que, dans le bloc 1-16-1 de Ginza Chuo-ku, les enfants ont dessiné une marelle à chats, et qu'un vrai chaton est venu y faire sa sieste, leur jurer qu'une chatte avait laissé ses initiales dans le béton de Shimbashi. C'est tout de même en ouvrant devant eux le livre publié en 1980 par Keibunsha, et qui fait le recensement méthodique, plans à l'appui, de tous les lieux de Tokyo connectés au Chat, que tu les as senti un peu ébranlés. Voir imprimé sur papier glacé, avec des précautions de géographe, le plus sûr moyen de trouver le restaurant d'Iriya où l'on peut dîner parmi des chats en liberté, ça impressionne. Alors tu as pu leur raconter mieux tes autres rencontres, celle des jumelles dans le train qui te menait à Go To Ku Ji, justement (il pleuvait comme dans Rashomon, tu ne savais pas encore où était le temple, tu arrêtais les passants en disant "neko" et en joignant les mains dans le geste de l'oraison bouddhiste : ils comprenaient tous, mais tous ne savaient pas, il t'a fallu une heure et plusieurs versions, toujours comme dans Rashomon, pour te trouver enfin devant des rangées de chats qui te saluaient, te remerciaient d'avoir fait pour eux tout ce chemin, sous cette pluie... Tu t'en es inquiété plus tard : enfin, dans toute l'Asie, le chat traîne une sale réputation. N'est-il pas le seul animal à être arrivé en retard à la mort du Bouddha? Justement, a-t-on répondu. On doit être d'autant plus compatissant envers lui qu'il porte cette faute. Et cette façon de soutenir le plus faible, to side with the undercat, mise en regard de la réputation établie - et justifiée - de cruauté des Japonais, t'a ouvert une nouvelle fenêtre. À Shinjuku encore (décidément, tu y passes ta vie), sur le toit des petites boutiques qui bordent la sortie sud du tunnel pour piétons, un chat t'a salué des deux oreilles. Depuis, tu n'as jamais pu emprunter ce passage sans penser à lui. Le matin, tu avais photographié l'un des vice-présidents de la riche et puissante secte du Reiyukai Shakaden à l'instant où il vitrifiait un gardien par sa seule entrée, et ce sourire de chat t'a paru incarner tous les contre-pouvoirs du monde. Un autre jour, tes amis japonais, que ta folie intéresse, t'ont emmené au temple laïc des chats, Nekomaya, la boutique où l'on trouve tous les objets, tous les livres, toutes les images et même de la nourriture pour chats, première pierre d'une Internationale qui s'est déployée à San Francisco avec Wholly Cats et à Paris avec Au Chat Dormant, rue du Cherche-Midi, sur le même trottoir que le fleuriste. Entre-temps tu avais appris, non seulement à prononcer "neko" mais à l'écrire. Un grand trait et deux petits, en panache, pour la queue : un animal. Un rectangle consolidé d'une croix : le champ de riz. Deux petits traits verticaux biffés d'une barre horizontale, rageuse, fuyante : la course. Au Japon, le chat est l'animal qui court dans un champ de riz.

Le soleil est haut maintenant sur Tokyo. La télévision en est déjà au feuilleton du matin. Devant les rideaux baissés, les dames doivent attendre l'ouverture du grand magasin Sogo, à Yurakucho, celle de Mitsukoshi et de Sanai au grand carrefour de Ginza (une statue de chat en pierre à l'ombre de la tour de Sanai). Un bloc plus loin, M. Akao va commencer de prêcher contre le communisme international comme il le fait pratiquement tous les jours depuis vingt-cinq ans. Dans les buildings d'Otemachi, le Japon projettera glorieusement, face au palais impérial, l'image à laquelle il se résume pour beaucoup, et pour laquelle beaucoup l'admirent, mais il suffira d'une délégation de campagnards croisés dans le hall du Yiomiuri Shimbun pour que tu ressentes une fois encore ce qu'il reste de soie dans cet empire de marbre. Tu te lèves, tu vas à la fenêtre. Juste au-dessous de toi, sur la tôle ondulée du hangar attenant à l'hôtel, deux chats, un blanc et un noir, te saluent. Au moment où tu prends la photo, celui de droite, le noir, a pour toi un regard qui est si exactement celui du chat Whisky, à l'autre bout du monde, dans une autre vie, que tu chavires un petit instant et que - une fois n'est pas coutume - tu t'approuves d'avoir écrit un jour que le passé, c'est comme l'étranger : ce n'est pas une question de distance, c'est le passage d'une frontière.

- 2 -

Celle-là, tu l'as nommée la Derelitta. Contrairement à une légende tenace, les trains de Tokyo ne sont pas toujours bondés, on n'a pas toujours besoin des pousseurs en gants blancs qu'aucun film ne nous épargne. On peut passer des journées entières à naviguer de train en métro, de souterrain en aérien, sans être beaucoup plus bousculé qu'à Paris ou à New York (et plus courtoisement en tout cas, même si on ne se fait pas de cadeau pour ce qui est d'occuper les places assises), avec de grands passages à vide qui permettent de choisir stratégiquement son angle ou son vis-à-vis. Commence alors la chasse aux dormeurs. Ils te fascinent. Tu prends le train pour les voir, tu oublies tes rendez-vous, tu ignores les correspondances pour rester quelques minutes de plus devant le court-métrage absolu, le gros plan idéal d'un visage de dormeur ou de dormeuse. Leur sommeil libère une gamme d'expressions que la tenue sociale et le souci de l'apparence refrènent à l'état de veille, et tu peux lire sur ces visages endormis toute leur histoire, sourire et crispation, dodelinement et extase. Combien de scénarios as-tu inventé ainsi - cette femme par exemple, entre Kobé et Osaka, dont pendant une heure tu as suivi toutes les saisons, les sautes rapides et confuses comme le balayement d'un tableau d'aéroport où chaque nom de ville se brouille dans l'autre. Pendant une heure tu as guetté ses métamorphoses avec (presque) autant d'attention exigeante que la montée du plaisir sur un visage aimé. Ne cherchez pas, elle n'est pas entre ces pages. Il existe une centaine de photos d'elle, mais les publier, c'était la trahir.

Tu reviens de Hong Kong, huître à cent mille perles, et dès le premier train (celui qui, de l'aéroport de Narita, te mènera droit à ta chère Yamanote Line, court-circuitant l'interminable trajet par la route) la gentillesse japonaise te happe le cœur. Qui saura chanter comme il convient l'hospitalité des xénophobes? C'est parce qu'il y a quelque chose de réellement tragique, d'irrémédiablement fautif dans le malheur de n'être pas Japonais qu'on doit avoir pour l'étranger toutes les prévenances (comme pour le Chat). Tu montes les marches de l'escalier de la gare, et tout d'un coup ton sac pèse moins lourd à ton bras. Une robuste campagnarde s'est emparée de l'anse droite, et t'amènera ainsi jusqu'au quai, où vous échangerez remerciements et courbettes. Un homme tourne

autour de toi : tu le reconnais, c'est celui à qui tu avais demandé, en volapück, le numéro du quai. Ce n'est pas son train, il n'a rien à faire ici, il va repartir dans un instant après nouvel échange de salutations : il est simplement venu vérifier que tu avais bien compris, que tu ne risquais pas de te retrouver à Yamagata, à Aomori, le maudissant. Dans le train, tu t'enquiers du nombre de stations avant la correspondance (tu pourrais regarder sur le plan, mais c'est tellement plus amusant de jouer Passepartout). Un jeune type commence à énumérer sur ses doigts, comme une comptine. Visiblement il se trompe, parce que les filles de son groupe se mettent à rire, la bouche à demi-cachée par la main en coupe, comme rient les Japonaises (le plus sûr moyen de dépister les travelos, c'est de les faire rire). Un autre s'y met, s'embrouille aussi, tout le wagon se marre. Le *sketch* durera jusqu'à la bonne gare, où naturellement tu seras conduit d'une main sûre. Tu as parcouru ainsi le Japon d'Hokkaido à Okinawa, avec comme seul bagage linguistique, outre les indispensables formules d'excuses et de remerciements, les différentes combinaisons du mot *neko,* et de chaque étape tu gardes le souvenir du commerçant qui a quitté sa boutique pour te conduire au pied de l'immeuble que tu cherchais, de la gardienne du cimetière des chats *(neko dera)* à Osaka qui t'a escorté pendant vingt minutes, absolument pas découragée par le caractère limité de ton vocabulaire et te comblant de confidences, pour te laisser sur une grande artère pourvue en autobus (ce qui veut dire aussi, bien sûr, que toi, stupide étranger, tu n'aurais pas été capable de la trouver tout seul - mais comme la condescendance courtoise est plus plaisante que l'égalité hargneuse...). Ce commerce prend aussi des formes plus étranges. Dans un de ces charmants petits trains d'Hokkaido, bois sombre et velours vert, qui auraient plu à Larbaud, tu guignes le magazine que lit ta voisine parce que tu y as entrevu un article illustré sur les *takenoko,* les petits danseurs du dimanche dans le parc de Yoyogi, et qu'il t'a semblé reconnaître une des fillettes que tu avais toi-même photographiées. Sans avoir en rien exprimé ton intention, tu formes dans ta tête le projet de lui emprunter poliment le magazine quand elle sera au bout de sa lecture. Sur quoi, toujours lisant, elle s'assoupit. J'attendrai son réveil, penses-tu. Le réveil a lieu quelques minutes plus tard et immédiatement elle te tend le magazine. Bien reçu. L'harmonie a encore frappé.

Comme tu crains toujours d'avoir l'air d'en raconter plus que tu n'en sais, tu t'abstiendras de vaticiner sur le *hyoshi* (cette "intégration des cadences" -Kenji Tokitsu). Mais ce que ta tête n'est pas sûre de savoir énoncer, ta peau l'a ressenti plus d'une fois. Quand on parle d'harmonie à propos du Japon, tout le monde pense au fameux consensus social, la droite se pâme, la gauche se convulse. Toi tu penses à autre chose, à ce réseau vaporeux de rites, de signes, de cultes auxquels chacun affecte de ne pas croire, ou si peu, mais qui vient si souvent démentir l'arrogance du pragmatisme et de l'efficacité, si gracieusement meubler le vide qui demeure entre l'entreprise humaine et le grand gouffre de la nature. Comme s'il y avait toujours, à l'horizon de tout événement, de toute action, ne disons pas un au-delà, ce serait trop métaphysique, plutôt un entre-deux, qui ne doit pas être loin du je-ne-sais-quoi de Jankélévitch. Comme si, l'hymne à la machine bien clamé, les verrous sociaux bien vissés (et Dieu sait s'ils le sont), il restait encore une place à remplir, une plus-value de l'esprit. Alors cet entre-deux, cet entre-chat-et-loup, cet innommé réparti entre les huit cent huit dieux qui ont la garde du troupeau des rêves, on ne sait pas trop quoi en faire, on ne sait pas bien comment s'adresser à lui, mais du moins on peut être poli. D'où la politesse à l'égard des ancêtres, d'où la politesse envers les bêtes (ces innombrables fêtes de réconciliation avec les oiseaux, quand les danseuses de l'Awa Odori dans Koenji les appellent poliment par leur nom - avec les poissons, quand les hommes de Morosaki au sud de Nagoya les prient de se laisser poliment pêcher), d'où, au cœur de cette société aussi impitoyable qu'une autre, un respect d'autrui qui coexiste paisiblement avec la course de rats. Finalement, la civilisation matérialiste du Japon est peut-être obsédée par l'esprit de la même façon que la civilisation chrétienne l'était par la chair. À travers ses ancêtres, ses dieux, ses bêtes et ses esprits au pluriel, envers du décor si parfaitement agencé qu'on finit obligatoirement par s'interroger sur l'envers de cet envers, c'est peut-être bien l'esprit lui-même, cette abomination spiritualiste si justement dénoncée par toute la pensée moderne, qui est présent et qui enracine tout. Un Japon peut en cacher un autre. Aux temps légendaires de la pensée-maozedong, certaine dévote avait énoncé une proposition dont la profondeur pataphysique n'a jamais cessé de t'émerveiller : il s'agissait de la fameuse lutte entre les deux lignes, et l'une "avait pour caractéristique de se faire passer pour l'autre". (Relisez si vous n'êtes pas sûr de n'avoir pas compris.) Faut-il se demander quel Japon se fait passer pour l'autre ? Ne le demandez surtout pas à un Japonais. Rien ne l'agace et ne l'horrifie autant que ces questions occidentales tranchées : oui, non, l'un, l'autre, le tiers exclu, Aristote et le père Ubu. Ne lui tendez pas le reptile de la Certitude : tout son être se révulse à l'idée d'y toucher. Laissez-le à sa tranquille schizophrénie, à sa façon de voir en toute chose son contraire, et plus vivement ressentie la chose, plus impérativement convoqué le contraire qui court à sa rencontre comme l'ombre de *King Kong* sur l'asphalte de Manhattan. Regardez-le plutôt quand il se déguise en son ancêtre, quand il est figurant de Shohei Imamura dans le film Eijanaika, minutieuse reconstitution de l'époque Edo jusqu'à la reconstruction en dur de l'illustre pont arrondi de Ryogoku, celui qu'on voit sur les estampes. Abolie la façade de modernité, envolée cette pellicule d'américanisation qui le protège par l'imitation de son environnement, comme certaines espèces animales, et vous avez devant vous un Japonais du Moyen Âge, inchangé, peut-être inchangeable. À cela près que la jeune génération, elle... Oui, peut-être. C'est ce que disaient les pères des pères d'aujourd'hui, quand la jeune génération c'était eux. Toi, tu n'y crois pas, à ce Japon américain, tu penses que le Japonais est un guerrier qui s'est fait un bouclier avec un miroir. Et que le "vrai Japon", comme disent les magazines, n'apparaît que par mégarde, dans l'entre-deux encore, quand une interviewée de la télévision, à la question "que souhaitez-vous ?" fait cette réponse qui laisse loin derrière elle tous les mots de stoïciens avec lesquels on a bassiné notre jeunesse : "que ma mort dérange le moins possible".

- 3 -

Ce n'est pas seulement la lecture assidue de Jorge Semprun qui m'a fait employer, depuis le début de ce texte, le tutoiement romanesque. Plutôt l'envie instinctive d'établir une distance entre celui qui, de septembre 1979 à janvier 1981, a pris ces photos au Japon, et celui qui en février 1982 écrit à Paris. Ce n'est pas le même. Pas pour des raisons platement biographiques : on change, on n'est jamais le même, il faudrait se tutoyer toute sa vie. Mais je sais que, si je retourne demain au Japon, j'y retrouverai l'autre, j'y serai l'autre.

Que la politesse japonaise me préserve au moins d'ennuyer le lecteur (hypothétique, car je doute que quelqu'un ait jamais lu le texte qui accompagne des photos) avec mes problèmes de dédoublement. Ou bien il faudrait leur donner la forme fastueuse et colorée des histoires de Doubles japonais, ces contes où le prince se déguise en clochard aveugle, où l'homme se transforme en cheval (l'adaptation télévisée du Si Yeou Ki, avec la sublime Natsume Masako), où le chat se change en femme. Celle-là, c'est la Bake-neko, la sorcière-chatte, et vous n'y couperez pas.

Je ne sais pas combien il s'est fait de films sur la Bake-neko. Qu'ils soient tous ignorés en Europe en dit long sur la culture de cette petite péninsule caractérielle. (En Amérique, on peut les voir sur la côte Ouest, grâce aux stations de TV japonaises.) Le déroulement est toujours le même : un homme est assassiné. Le chat, témoin du meurtre, fait entrer son esprit dans le corps d'une femme - et là, quelle que soit la version, il y a toujours une scène prodigieuse, celle où la femme commence à mêler, dans ses gestes, le comportement du chat au sien, quand elle se met à griffer lentement l'air avec sa... patte, quand elle se met à laper au lieu de boire. Cette femme va devenir l'instrument de la vengeance, et les meurtriers, elle va leur faire passer le goût du saké. Mais ce qui est très caractéristique, c'est que ce personnage de vengeresse somme toute sympathique au regard de la morale populaire va inévitablement en faire trop. La vengeance déchaînée s'étend à d'autres innocents, le sang coule à flots, et rituellement (après qu'on ait eu droit par exemple, pour citer un des plus beaux fleurons du genre, à sa tête coupée volant au-dessus des maisons) le conte s'achève par la mort cruelle de la femme-chat qui reprend son apparence, comme le Docteur Jekyll et l'homme invisible. La violence une fois lâchée, le désordre est partout, il ne peut pas se satisfaire d'une élémentaire loi du talion, meurtre pour meurtre, toute idée de justice, de réparation est dérisoire, la violence ne s'achèvera qu'en s'engloutissant elle-même, comme un volcan.

Quand on est capable de cette violence-là (et les nations occupées par le Japon pendant la Seconde Guerre Mondiale en savent quelque chose) et qu'on a également reçu le don d'apprivoiser toute chose avec son contraire, il n'est pas impensable que s'établisse un très étrange et peut-être précaire équilibre entre une réalité policée et un imaginaire sanguinolent. Cela s'est vu ailleurs, et après tout la catharsis n'est pas brevetée chez Sony. Ce qui est plus troublant au Japon, c'est qu'on a l'impression que l'imaginaire règle ses comptes avec lui-même, que lui aussi est double et que finalement il ne s'agit pas d'exorciser la violence du monde par le spectacle du rêve, mais de livrer dans l'espace du rêve un combat, le spectacle d'un combat dont l'enjeu est précisément le monde. Quand je vois à la télévision les héros des *chambara,* les feuilletons de samouraïs, je les vois "navrés" à la fois dans le sens ancien et moderne du mot, c'est-à-dire trucidés (c'est souvent ce qui leur arrive) et désolés de ne rien trouver d'autre. Comme si les Japonais naissaient navrés, sachant tout sur la violence, sur le monde et sur la mort, n'ayant qu'une vie pour s'excuser de tant d'imperfections, prompts à s'émerveiller devant tout ce qui retarde, fût-ce d'une seconde, l'inévitable catastrophe (un corbeau qui passe, un criquet qui crie, une montre à hibou, la rousseur d'une plante), épouvantés devant l'abîme, résignés pendant la chute. La scène finale du *chambara,* c'est le moment où, tout ayant échoué, l'intelligence, la ruse, le bon sens et l'intrigue, il ne reste plus qu'à se jeter sur l'adversaire, navré d'en arriver là, navré que la vie ne soit qu'une éternelle chute, le sabre en avant, dans une immense flaque de sang, avec sur le visage et dans le regard tous les signes d'une terrible, dérisoire et nécessaire pitié.

Cet été-là, les murs de Tokyo étaient couverts d'affiches aux caractères lézardés, comme le seront ces murs eux-mêmes un jour. La certitude du Big Quake est totale, chez les Tokyoïtes. Cela leur donne une forme d'humour assez berlinois. Cela s'accorde aussi pas mal avec ce sentiment de la précarité de toutes choses, ce *Mono no Aware* intraduisible, comme Sehnsucht, comme saudade, ces mots vagues qui détiennent sans doute un sens trop précis (et pourtant, Simone, je t'accorde que le mot nostalgie est un très beau mot, mais il ne couvre pas tout, l'entre-deux est encore là). La rumeur avait même conféré une date au grand tremblement de terre. A la place, nous en avons eu deux petits, deux nuits de suite à la même heure (ce qui est proprement incroyable : le temps de la Terre épousant celui des horloges). Bizarre, de s'endormir dans une chambre calme, et de se réveiller dans la cabine d'un train fou, dont les cloisons secouées jettent par terre les verres, les livres, une scène de ménage de la planète, avec la conscience qui s'essouffle à faire rentrer dans le rang une peur animale, réveillée avant elle, celle précisément des animaux annonciateurs de séismes. Je regardais les corbeaux, leurs cris étaient les seuls signes de vie par-dessus le grondement de la terre, je cherchais à imaginer ce qui se passait dans leur tête. Le lendemain, Keiko m'a dit : *"ça ne m'étonne pas. Tout le monde en parle, tout le monde le prévoit... Alors, là-dessous, quelque chose est remué. (Down there, something is moved.)"* Et Ichiro, me désignant les corbeaux : *"la nuit dernière, je me demandais ce qu'ils pensaient"*.

Nous sommes allés cet après-midi-là au temple des chats à Go To Ku Ji. Derrière le temple, il y a un cimetière humain. Les tombes de chats sont identiques aux tombes d'hommes, elles ont des tailles de chats, c'est tout. Chats et humains sont séparés par un petit muret, j'imagine les ombres de chats assez agiles pour l'enjamber, assez malicieuses pour aller piquer des offrandes chez les hommes et les ramener en ronronnant. K. n'a pas prié : sa mère lui avait bien recommandé de ne pas le faire. Quand on prie dans un cimetière étranger, on risque de ramener, attachées à soi, des âmes étrangères. J'ai quitté Tokyo quelque temps après. Le jour du départ, nous sommes allés rendre hommage aux quarante-sept ronins, ces samouraïs fidèles qui vengèrent leur maître et se suicidèrent ensuite pour que le désordre soit réparé, comme la Bake-neko. Beaucoup de gens viennent prier sur leurs tombes. J'y ai fait ma dernière photo. Comme je pensais à la longueur du trajet jusqu'à Narita, j'ai regardé ma montre. Nous étions trois, les deux filles et moi. Les ronins étaient quarante-sept. Ma montre disait "3:47". Je la leur ai tendue, il n'a pas été nécessaire de dire quelque chose. C'était un moment d'harmonie.

Son cosas de mi pais, comme on dit à Cuba. Mon pays imaginaire, que j'ai peuplé des mythes qui remontent à mon enfance, quand je lisais Flash Gordon et que l'Utopie, pour moi, c'étaient de grandes villes rutilantes, parcourues d'avenues surélevées où des gens un peu chats, un peu Asiates, allaient et venaient sans cesse... Mon pays où des Asiates un peu chats jouent au baseball devant des éléphants en cage, où les villes souterraines sont rafraîchies par des fontaines bordées d'un clavier de dames pleines et de dames creuses. Un enregistrement d'oiseau monté en boucle rappelle que, sept étages au-dessus, les oiseaux existent peut-être. Mon pays où personne ne démêlera jamais les vélos emmêlés, où l'écrivain public ne recevra jamais une réponse d'Alain Delon, où le message confié par le cerf de Nara ne sera jamais transmis, où les gentils gauchistes de Narita n'arriveront pas plus que les autres à faire de leurs catacombes des cathédrales - mais où peut-être O Inari, l'Honorable Renard, qui a son temple entre beaucoup d'autres lieux au sommet du grand magasin Mitsukoshi, protégera la dame qui est venue le prier en faisant ses courses, où peut-être l'accordéoniste arrivera au bout de sa chanson italienne pendant la cérémonie du thé - où peut-être la flèche arrivera au bout de sa course... mais là, ça n'a plus aucune importance. Tout est dans le geste du tireur. La flèche n'a pas plus de but que n'en a la vie : ce qui compte, c'est la politesse envers l'arc. Telles sont les choses de mon pays, mon pays imaginé, mon pays que j'ai totalement inventé, totalement investi, mon pays qui me dépayse au point de n'être plus moi-même que dans ce dépaysement. Mon dépays.

Chris Marker (1982)
Avec l'aimable autorisation de l'auteur

⇨ à voir et revoir

- ***Sans soleil,*** édition Arte vidéo

おニャンば
ネコがいっぱい

tokyorientation

17
17
外堀通り
Sotobori-dori
405
外堀通り
Sotobori-dori
405

Tokyo To

Le Kanto, vaste plaine où s'étend l'agglomération tokyoïte, est la plus grande et la plus densément peuplée des huit régions du pays. Cette région se divise en 7 préfectures, *ken* ou *to,* autant de lieux intéressants à visiter en excursion à partir de Tokyo !

★ TOKYO TO

Population : 12 millions d'habitants.

C'est la ville de Tokyo, composée de 23 arrondissements ou *ku.*

★ KANAGAWA KEN

Capitale : Yokohama.

Population : 8,5 millions d'habitants.

Au sud-ouest de Tokyo, la préfecture occupe une place importante, tant économique qu'historique. Le port de Yokohama Cf. p. 220 est l'un des plus grands du pays, les péninsules de Shonan et Miura abritent la ville de Kamakura Cf. p. 226 et la station thermale de Hakone Cf. p. 234, la plus célèbre du pays.

★ CHIBA KEN

Capitale : Chiba.

Population : 6 millions d'habitants.

La préfecture se trouve au sud-est de Tokyo, et présente un paysage de bord de mer (péninsule de Boso avec de nombreuses plages), de montagnes, de villes historiques et d'attractions modernes *(Disneyland* et grands centres commerciaux). Cf. Chiba p. 246

★ SAITAMA KEN

Capitale : Saitama.

Population : 7 millions d'habitants.

Au nord de Tokyo également, Saitama abrite de très nombreuses administrations japonaises, à moins de 100 km de Tokyo. La préfecture est célèbre pour la ville de Chichibu Cf. p. 238 point de départ d'un pèlerinage de 34 temples et lieu de festivités et pour la ville de Kawagoe, surnommée « Petite Edo », Cf. p. 224

★ IBARAKI KEN

Capitale : Mito.

Population : 3 millions d'habitants.

La préfecture de Ibaraki possède un paysage varié, de l'océan à l'est, aux montagnes du centre et aux plaines au sud. Vous pouvez escalader le mont Tsukuba, vous balader aux abords du grand lac de Kasumigaura ou visiter l'un des jardins les plus renommés du pays, le Kairaku-en dans la ville de Mito.

★ TOCHIGI KEN

Capitale : Utsunomiya.

Population : 2 millions d'habitants.

Tochigi est une région montagneuse, célèbre grâce à la ville et aux temples de Nikko Cf. p. 242. La ville de Mashiko, spécialisée dans la fabrication de céramiques japonaises et les stations thermales de Shiobara et Nasu peuvent être l'occasion d'une excursion le temps d'un *week-end.*

★ GUNMA KEN

Capitale : Maebashi.

Population : 2 millions d'habitants.

Au nord de Tokyo, la préfecture comporte une multitude *d'onsen* (Kusatsu, Ikaho, Minakami entre autres), quelques villes spécialisées dans la production de textile traditionnel (Maebashi, Tomioka) ainsi que de magnifiques volcans (cratère de Yugama).

渋谷駅

地球博

Tokyo Ku

Tokyo est divisée en 23 arrondissements, les *ku*. Dans notre découpage, nous avons préféré à ce classement administratif une approche par quartiers à l'intérieur de ces arrondissements ou à cheval sur plusieurs arrondissements. Pour vous aider à vous repérer, voici un guide des principaux points d'intérêt par arrondissement, les plus centraux étant souvent les plus intéressants et donc les plus détaillés.

★ TAITO-KU

L'arrondissement le plus touristique de Tokyo, comportant de nombreux monuments historiques.

Points d'intérêt :

- Le parc de Ueno, ses temples et ses musées. Cf. p. 186
- Le quartier de Yanaka. Cf. p. 188
- Asakusa et le temple Senso-ji. Cf. p. 192

★ BUNKYO-KU

Cet arrondissement paisible abrite de nombreux parcs et jardins.

Points d'intérêt :

- Le parc Korakuen. Cf. p. 108
- L'Université de Tokyo.
- Le quartier de Nezu, à l'ambiance traditionnelle.

★ CHIYODA-KU

L'arrondissement central, autour du fameux « centre vide » (d'après Roland Barthes dans son essai, *l'Empire des signes*, éd. Points Seuil) que représente le Palais Impérial, est le centre administratif de la ville.

Points d'intérêt :

- Le Palais Impérial et ses jardins. Cf. p. 196
- La gare de Tokyo. Cf. p.196
- Le quartier des libraires de Kanda. Cf. p. 208
- Le quartier de l'électronique de Akihabara. Cf. p. 70

★ CHUO-KU

Entre le Palais Impérial et la baie de Tokyo, Chuo-ku abrite les quartiers les plus chics.

Points d'intérêt :

- Le quartier de Ginza. Cf. p. 202
- Le marché aux poissons de Tsukiji. Cf. p. 130

★ SHINJUKU ET NAKANO-KU

A la fois arrondissement et quartier, Shinjuku est l'un des centres modernes les plus animés et les plus foisonnants de Tokyo.

Points d'intérêt :

- Le shopping à Shinjuku. Cf. p. 176
- La vie nocturne du Kabuki-cho. Cf. p. 176
- Le quartier de Kagurazaka. Cf. p. 120

A l'ouest de Shinjuku, Nakano-ku est un quartier résidentiel paisible.

★ SHIBUYA-KU

De la même façon, Shibuya désigne à la fois un arrondissement et un quartier, qui attire toute la jeunesse du pays, et invente les modes et tendances de demain.

Points d'intérêt :

- Le quartier de Shibuya pour ses magasins, ses divertissements. Cf. p. 160
- Omotesando, Harajuku, Aoyama pour un shopping branché. Cf. p. 168
- Le sanctuaire Meiji dans le parc de Yoyogi. Cf. p. 106

★ MINATO-KU

Minato-ku est un arrondissement résidentiel plutôt aisé et calme, où était installée la noblesse.

Points d'intérêt :

- Le quartier de Azabu et les rues de Azabu-Juban. Cf. p. 172
- Le quartier de Akasaka. Cf. p.198

• Le quartier cosmopolite de Roppongi. *Cf. p. 172*
• La Tour de Tokyo et le temple Zojo-ji. *Cf. p. 172*
• Le quartier moderne de Ebisu.

★ SETAGAYA ET MEGURO-KU

Setagaya est un arrondissement essentiellement résidentiel, plutôt chic et aéré.

Points d'intérêt :

• Le quartier « branché-bohème » de Jiyugaoka. *Cf. p. 166*
• La rivière Tama et ses balades. *Cf. p. 112*

Dans l'arrondissement de Meguro, ne manquez pas de faire un petit tour au bord de la rivière du même nom, bordée de cerisiers, en descendant à la gare de Naka-Meguro.

★ SHINAGAWA ET OTA-KU

2 arrondissements ouverts sur la baie de Tokyo sur leur côté est. Ota est délimité dans sa partie sud par la rivière Tama, dont l'autre berge fait partie de la ville de Kawasaki.

Point d'intérêt :

• L'aéroport de Haneda.

★ SUGINAMI-KU

Arrondissement périphérique et résidentiel, Suginami possède quelques quartiers intéressants.

Points d'intérêt :

• Le quartier étudiant de Shimokitazawa. *Cf. p. 166*
• Le quartier bohème de Kichijoji. *Cf. p.123*
• Le parc de Zempukuji. Accès : gare de Nishi-Ogikubo sur la ligne JR Chuo.

★ SUMIDA, EDOGAWA ET KOTO-KU

Arrondissements populaires, évocateurs de l'époque Edo, à l'écart des circuits touristiques et de la modernité à tout prix, coincés entre 3 rivières, Sumida, Edo et Ara, ils ont gardé un charme désuet.

Points d'intérêt dans Sumida-Ku :

• Le quartier des sumotori et leur stade le Kokugikan. *Cf. p. 192*
• Le musée Edo Tokyo. *Cf. p. 100*

Points d'intérêt dans Koto-ku :

• Le jardin Kiyomisu koen. *Cf. p. 108*
• Le musée Fukagawa Edo, qui expose une reconstitution du quartier à l'époque Edo. *Cf. p. 98*
• Près du parc Kiba le musée d'art contemporain, MOT Museum of Contemporary Art Tokyo. *Cf. p.52*

Points d'intérêt dans Edogawa-ku :

• Le parc au bord de la baie, Kasai rinkai koen. *Cf. p. 112*

★ TOSHIMA, NERIMA, ITABASHI ET KITA-KU

4 arrondissements de la périphérie nord de la ville.

Points d'intérêt dans Toshima-ku :

• Le quartier d'affaires et de shopping d'Ikebukuro. *Cf. p. 182*

Autre point d'intérêt :

• Le vieux tramway Toden Arakawa. *Cf. p. 184*

★ KATSUSHIKA, ADACHI ET ARAKAWA-KU

Arrondissements populaires de l'est de Tokyo. Katsushika-ku abrite le quartier de Shibamata au bord de la rivière Edo, immanquable et hors des sentiers battus ! *Cf. p. 98*

Procurez-vous un plan gratuit au bureau de la JNTO à Paris ou lors de votre arrivée à l'aéroport de Narita. *Cf. Tokyo Mode d'emploi*

Yoyogi Station
30

Naming *TOKYO*

Biographie

Née en 1967
A Lubin (Pologne) ; nationalité suédoise ; vit à New York
Activités : art contemporain, art conceptuel
Passions : les œuvres ouvertes et évolutives, l'art, la vie quotidienne, la société, le mime...
Réalisations à voir sur Internet : www.aleksandramir.info

Description de son œuvre par l'artiste elle-même :

« L'idée est fondée sur le fait que les Occidentaux se plaignent souvent de l'absence de noms des rues de Tokyo. J'ai pensé que ce serait intéressant de leur donner des noms issus de la culture et de la société occidentale pour les aider. Tokyo est une grande ville et j'ai donc demandé à mes amis de m'aider. A titre de remerciements je leur ai promis un quartier portant leur nom. Une fois ce premier travail finalisé sous forme d'un plan, nous nous efforcerons de faire vraiment rentrer ces noms dans les usages. Plusieurs moyens sont possibles, publier davantage d'ouvrages type guide, commencer à se référer aux sites touristiques avec de nouveaux noms de rues, infiltrer la publicité et l'urbanisme et si possible mettre des panneaux de noms de rues sur place. Cela peut prendre du temps mais cela commence avec un plan vierge et ces toutes premières appellations.

Je n'ai jamais été à Tokyo et je ne connais pas bien la ville. J'ai tout simplement étudié les guides pendant une semaine et je me suis fiée à leur sagesse pour attribuer les noms des listes de mes amis aux quartiers adéquats. »

Parmi les dizaines de « nouveaux cartographes de Tokyo » consultés par Aleksandra Mir, certains ont inventé des mots comme Teresa Duncan, scénariste à Los Angeles, d'autres ont tiré leurs noms d'objets ou de personnalités connus comme Jeremy Blake, artiste à Los Angeles, et ses titres de chansons de l'album des Rolling Stones Exile on main street - ***Cf. illustration,*** ou Philippe Jousse, galeriste à Paris, et sa liste de créateurs de mobilier ou encore Polly Staple et les collections de Vivienne Westwood si chères aux Japonaises.

Bon voyage dans ce Tokyo réinventé.

Panneau à partir de la liste de Jeremy Blake. All rights reserved © Aleksandra Mir.

Tokyo baptisé, carte 2004. All rights reserved © Aleksandra Mir.

Tokyo absolument

Il y a beaucoup de choses à faire et à voir à Tokyo. Pour vous aider à tirer au mieux partie de votre séjour, voici nos conseils d'amis !

•• *Itinéraire : à ne pas manquer*

⋆ Faire le tour du « centre » de Tokyo par la ligne circulaire de surface JR Yamanote pour prendre le pouls et la mesure de la ville.

⋆ Une fois la nuit tombée, emprunter le monorail Yurikamome depuis la gare de Shimbashi, et traverser la baie de Tokyo par le Rainbow Bridge pour rejoindre l'île artificielle d'Odaiba. C'est à vous couper le souffle !

⋆ Faire une pause fraîcheur dans l'un des plus beaux et des plus méconnus jardins paysagers de Tokyo, le Kiyosumi Teien avec son vaste étang aux carpes multicolores et sa maison de thé. *Cf. Toyo Oasis p. 108*

⋆ Découvrir ce que l'avenir nous réserve et acheter un porte-bonheur au temple Sensô-ji dédié à la déesse Kannon dans le quartier d'Asakusa. *Cf. Asakusa p. 192*

⋆ Partir à la recherche des tombes du dernier shogun japonais Tokugawa et de l'écrivain Soseki Natsume au cimetière de Yanaka.

⋆ Admirer une exposition au Teien Art Museum, seul bâtiment art déco de Tokyo datant des années 20. Compléter la visite par un tour dans le parc national pour l'étude de la nature, espace de nature vierge en pleine ville - 5-21-9 Shiroganedai, Minato-ku.

Accès : *proche de la gare de Meguro sur la ligne Yamanote*

⋆ Visiter le musée Ota à Harajuku, consacré aux estampes japonaises. *Cf. Harajuku p. 168*

⋆ Se noyer dans la foule bigarrée du carrefour principal de Shibuya, à la sortie de la gare JR. Et rejoindre la petite rue piétonne de Center-gai, toute aussi haute en couleur. *Cf. Shibuya p. 160*

⋆ Assister à un entraînement de sumos un matin dans le quartier de Ryogoku avant d'aller goûter à leur plat quotidien et roboratif, le *chanko ryori*. *Cf. Tokyo Sports p. 126*

★ Flâner et faire du lèche-vitrines dans la rue piétonne Cat Street, qui part de l'avenue Meiji à Shibuya et qui rejoint l'avenue Omotesando. *Cf. Harajuku p. 169*

★ Se perdre dans la gare de Shinjuku ou dans les sous-sols de celle de Tokyo, les plus fréquentées au monde. Essayez de trouver la sortie !

★ Prendre en photo les adolescents adeptes du cosplay dans leur plus beau costume, le dimanche à l'entrée du parc de Yoyogi près de la station d'Harajuku.

★ Siroter un cocktail dans le bar haut perché de l'hôtel Hyatt Park Tower de Shinjuku Ouest - Nishi Shinjuku.
Cf. Shinjuku p. 181

★ Se relaxer dans un *onsen,* source d'eau chaude, ou au *sento,* bain public. Ou s'offrir un moment de bien-être avec un massage de la voûte plantaire…
Cf. notre sélection p. 124

★ Aller dans un *izakaya,* littéralement « maison de sakés », après la sortie des bureaux, pour observer des sorties arrosées entre collègues (et essayer de se faire inviter au karaoké avec eux). *Cf. Tokyo Comptoirs p. 136*

★ S'essayer au *pachinko* - sorte de flipper japonais vertical - ou à un jeu vidéo dernier cri dans un *game center* au milieu de couleurs criardes et dans un bruit assourdissant. *Cf. Tokyo Game p. 80*

★ Goûter à la tradition japonaise à travers une nuit en *ryokan,* auberge traditionnelle, ou un repas dans un restaurant typique. *Cf. Tokyo Pratique p. 253*

Les must-see touristiques

- La tour de Tokyo ***Cf.*** *p. 172*
- Le palais impérial ***Cf.*** *p. 196*
- L'immense marché au poisson de Tsukiji ***Cf.*** *p. 43*
- Le temple bouddhiste de Senso-ji ***Cf.*** *p. 192*
- Nakamise, la rue commerçante menant au temple d'Asakusa ***Cf.*** *p. 192*
- Le musée national et son Trésor, à Ueno ***Cf.*** *p. 100*
- Le musée Edo-Tokyo ***Cf.*** *p. 100*
- Le musée Nezu ***Cf.*** *p. 100*
- Le parc de Shinjuku gyoen ***Cf.*** *p. 180*
- Le jardin de Koishikawa korakuen ***Cf.*** *p. 108*

Tokyo *temps limité*

Tokyo est une ville qui se dévoile petit à petit, au fil des visites. Mais cela ne vous empêchera pas d'en profiter, quelque soit le temps que vous y restiez !

Vous avez quelques heures d'attente à l'aéroport de Narita...

★ *A 15 min. de l'aéroport*, la ville de Narita et son temple ont beaucoup de charme. L'association internationale de Narita organise des circuits de 3 heures autour de différentes thématiques : découverte du saké, visite de la ville de Narita et de son temple bouddhiste *Cf. p. 246* ou de Sakura et ses maisons de samouraïs ou encore découverte du musée en plein-air de *Boso-no-mura*. A partir de 3 000 ¥. Renseignements en anglais sur le site Internet : www.narita-airport.jp/en/whats_new/tours

Une matinée ou un après-midi de libre à Tokyo...

★ **Demi-journée « relax » :** commencez par une promenade dans l'un des nombreux jardins d'agrément que possède la capitale *Cf. p. 108* Pour une détente complète, allez prendre un bain dans un onsen ou un sento *Cf. Tokyo Bains p. 124*

★ **Demi-journée shopping :** si vous souhaitez rapporter des souvenirs traditionnels de votre séjour à Tokyo, direction Nakamise, la rue principale bordée de petites boutiques menant à la grande porte du temple d'Asakusa. Pour un shopping plus branché, allez faire un tour dans les grands magasins de Shibuya et Shinjuku.

★ **Demi-journée culturelle :** direction le quartier de Ueno où parc, temples, musées d'art japonais ou occidental, musée sur la vie quotidienne à l'époque Edo (musée Shitamachi...) vous attendent. Pour découvrir l'histoire de Tokyo, le musée Edo Tokyo *Cf. p.100* dans le quartier des sumos, offre une vision complète et très ludique.

★ **Demi-journée « dans la peau d'un Tokyoïte » :** découvrez les joies assourdissantes des *pachinko* *Cf. p.160* observez la foule traverser le carrefour de Shibuya depuis le café Starbucks Coffee au 1er étage, allez

Asakusa

Shinjuku

essayer les derniers jeux vidéos des *game center* et allez boire une bière dans un *izakaya*.

Quelques itinéraires d'une journée, à combiner selon vos envies !

★ **Autour de Shinjuku :** le matin allez à Harajuku, pour visiter le sanctuaire shinto Meiji-jingu dédié à l'empereur Meiji. Promenez-vous ensuite dans le quartier mode de Harajuku / Omotesando puis allez à Shibuya en empruntant Cat Street *Cf. p. 169* L'après-midi, après un petit tour à Shibuya, prenez la ligne JR Yamanote jusqu'à Shinjuku.
Direction l'observatoire gratuit de l'hôtel de ville *Cf. p. 176* pour une vue globale de la cité. Ensuite, au choix session shopping dans les grands magasins du quartier, ou repos au Shinjuku-gyoen, le parc de Shinjuku qui abrite de nombreux cerisiers. En soirée, allez manger dans les restaurants panoramiques des grands immeubles de Shinjuku ou plongez dans l'atmosphère unique du Kabuki-cho *Cf. p.178* , le quartier nocturne par excellence.

★ **Autour de Asakusa :** le matin, visite du temple bouddhiste Senso-ji, le plus célèbre de Tokyo. Promenez-vous ensuite dans l'artère commerçante Nakamise-dori et les rues adjacentes. Après un déjeuner traditionnel, prenez le bateau sur la rivière Sumida, direction Hama-Rikyu koen, un magnifique jardin japonais. Après la visite, prenez le monorail Yurikamome depuis la gare de Shiodome, jusqu'à Daiba. Vous arrivez sur l'île artificielle de la Baie de Tokyo, dédiée aux loisirs. Outre une magnifique vue sur la baie de Tokyo, vous pourrez faire du shopping, vous défouler dans un *game center* ou vous relaxer dans un *onsen* ! *Cf. Odaiba p. 212.*

★ **Autour de Ueno :** le matin, promenade dans le parc de Ueno *Cf. Ueno p. 186.*, visite des différents temples et sanctuaires. Ensuite, vous avez le choix entre les deux musées qui nous semblent les plus intéressants : Tokyo National Museum *Cf. p. 100* notamment le bâtiment abritant les trésors du temple Horyu-ji de Nara, pour appréhender la richesse de l'art japonais, ou le musée Shitamachi *Cf. p. 98* pour découvrir une reconstitution du quartier de Asakusa à l'époque Edo. Après déjeuner, direction à pied le quartier encore préservé de Yanaka *Cf. p. 188*. Déambulez dans le cimetière à la recherche de la tombe du dernier shogun Tokugawa ou d'écrivains célèbres, trouvez les nombreux temples cachés dans les petites rues avoisinantes. Faites une pause dans un petit salon de thé traditionnel et achetez de jolies poupées ou autres objets artisanaux dans la rue piétonne Yanaka Ginza. Retour à Ueno (à pied ou par la ligne JR depuis Nippori), faites un tour au marché de Ameyoko et dînez dans le quartier.

★ **Autour de Ginza :** le matin, direction Shiodome *Cf. p. 212*, le nouveau quartier de gratte-ciel. Visitez le musée de la publicité, qui retrace l'évolution de la publicité depuis le 19ème siècle au Japon, faites une pause dans l'ancienne gare de Shimbashi transformée en café/restaurant. Puis direction Ginza *Cf. p. 202*, pour un shopping de luxe. Entrez dans les magasins à l'architecture futuriste (la tour en verre Hermès par exemple). Pour une pause culture dans l'après-midi, vous pouvez assister à une partie d'un spectacle de théâtre kabuki au Kabuki-za. Le soir, allez dans l'un des nombreux restaurants installés sous la voie ferrée près de la station de Yurakucho.

アメ横
アメ横センタービル
桜 開花予想クイズ 実施中!
3月7日
酢だこ
Ueno

JCB
NISSAN
SAPPORO
Ginza

おいしさと健康
glico

tokyo facettes

制限高

sunkus

くろさ

Tokyo futur cité

Ville de superlatifs et ville aux multiples identités, Tokyo offre de nombreux espaces d'expression aux créateurs et notamment aux architectes contemporains. Bureaux, boutiques, immeubles d'habitation ou maison individuelle...l'amateur d'architecture sera comblé par l'inventivité et la beauté de nombreuses réalisations d'architectes reconnus ou de jeunes talents, japonais ou internationaux.

•• Itinéraire 1 : au croisement de l'architecture, du shopping et de la mode

Remontez l'avenue Omotesando depuis la gare *JR* de Harajuku jusqu'à la station de métro Omotesando.

⋆ *Sur la gauche :* complexe d'habitations, de bureaux et de commerce par Tadao Ando.

⋆ *Trottoir de droite :* boutique *Chanel* par Peter Marino, *Global store Louis Vuitton* par Aoki Jun, immeuble *Christian Dior* par Seijima Kazuyo, Magasin Tod's par Ito Toyo, immeuble *Hanae Mori* (avec une boutique *La Maison du Chocolat* à l'étage).

⋆ *A nouveau sur la gauche :* bâtiment du *fashion group LVMH* par Kuma Kengo. Vous pouvez continuer avec la promenade au départ d'Aoyama en traversant le carrefour où les avenus Aoyama et Omotesando se croisent, et, découvrez le Magasin *Prada* par Herzog et De Meuron.

•• Itinéraire 2 : à chaque quartier ses chefs-d'œuvre d'architecture contemporaine

⋆ *Shibuya :* le complexe culturel et commercial de Bunkamura par Jean-Michel Wilmotte.

⋆ *Shinjuku :* la mairie de Tokyo par Tange Kenzo.

⋆ *Yoyogi :* le *National Olympic Gymnasium* toujours par Tange Kenzo.

⋆ *Parc de Ueno et ses environs :* la galerie du Trésor d'Horyuji par Taniguchi Yoshio ; le *National Museum of Western Art* par Le Corbusier ; l'hôtel Sofitel par Kiyonori Kikutake.

⋆ *Quartier de Ryogoku :* le musée *Edo-Tokyo* également par Kiyonori Kikutake.

⋆ *Sur la rivière Sumida près d'Asakusa : Asahi Super Dry Hall* et Unhex Nani Nani par Philippe Stark.

⋆ *Shiodome :* siège social de *Dentsu* par Jean Nouvel.

⋆ *Ginza :* la maison *Hermès Ginza* par Renzo Piano et l'immeuble *Ginza Shiseido* par Ricardo Bofill.

⋆ *Yurakucho :* le *Tokyo International forum* par Rafael Viñoly.

Tokyo dans les nuages

La ville de Tokyo ne pouvant plus s'étendre en surface, on a déjà construit sur l'eau et optimisé au maximum l'espace, et ayant besoin d'espaces verts pour lutter notamment contre les chaleurs étouffantes de l'été, les urbanistes se sont naturellement tournés vers des constructions en hauteur. On a donc vu dernièrement se multiplier les gratte-ciel (bâtiments de plus de 152 m de haut) dans les principaux quartiers de la ville, constituant de très belles plate-formes d'observation de la ville, surtout une fois la nuit tombée.

Voici notre sélection :

★ **Roppongi** : la Tour de Tokyo (333 m) et Roppongi Hills Tokyo view à 250 m au-dessus du niveau de la mer.

★ **Ebisu** : Ebisu garden place au 40ème étage de la tour.

★ **Ikebukuro** : Sunshine 60, 240 m d'altitude .

★ **Shinjuku** : l'hôtel de ville, Tokyo Metropolitan Government building à 202 m d'altitude ; Shinjuku Center Building au 54ème étage ; NS Building avec un ascenseur extérieur en verre ; Sumitomo Building, restaurants au 52ème étage ; Nomura Building, restaurants au 51ème étage.

★ **Yokohama** : Yokohama Landmark Tower et son sky garden du 70ème étage à 273 m.

Enfin depuis les derniers étages de nombreux grands magasins ou centres commerciaux, la vue est souvent imprenable !

Tour Mori

⇨ à lire

- ***Tokyo, architecture et urbanisme*** de Livio Sacchi, éd. Flammarion.
- ***Tokyo, architecture & design,*** éd. teNeues.
- ***Top architectes japonais,*** éd. Atrium.

❤ elle aime

L'architecture ronde et douce du Spiral Hall à Aoyama. Le bâtiment abrite un hall d'exposition, un restaurant italien, un magasin de CDs et organise souvent des festivals cinéma. 5-6-23 Minami Aoyama, Minato-ku.
Tél. : 03-3498-1171. ***Accès :*** *5 min à pied depuis la station Omotesando, sur le trottoir de droite en descendant l'avenue Aoyama.*

❤ il aime

L'exubérance techno du magasin Tower Records à Shibuya.
Accès : *10 min à pied depuis la gare de Shibuya en longeant les voies ferrées JR dans la direction de Harajuku.*

Tokyo *art now*

MUSEUM OF CONTEMPORARY ART TOKYO
東京都現代美術館

"Penyo-Henyo" Pyopyo edition with stand, 2005, Mr.
FRP, iron, wood, H.200 x W.80 x D.86.5 cm.
Courtesy Galerie Emmanuel Perrotin, Paris. ©2005 Mr. / Kaikai Kiki Co., Ltd.
All Rights Reserved

A Tokyo, on voit émerger aujourd'hui de nombreux artistes qui utilisent des techniques issues de la culture populaire (manga, animé, objets *high tech...)* et travaillent sur des sujets de la vie quotidienne (la mode, la rue...) pour exprimer leur vision de leur pays et du monde. Vision souvent moins paisible et naïve qu'elle ne le paraît au premier abord...

•• Itinéraire : à la découverte des lieux de l'art contemporain de Tokyo

★ Les musées

MOT MUSEUM OF CONTEMPORARY ART

Un peu excentré, mais certainement l'un des musées les plus intéressants de la ville, ouvert en 1995. Il présente des œuvres japonaises et étrangères d'après 1975, dans un bâtiment spacieux et lumineux. Jolie boutique de souvenirs.

Ouvert tlj sauf lun. de 10h à 18h. Entrée : 500 ¥.
Site Internet en anglais : www.mot-art-museum.jp/english
Metropolitan Kiba Park, 4-1-1 Miyoshi, Koto-ku,
tél. : 03-5245-4111

Accès : *Bus n°20, depuis la gare de Tokyo, sortie Marunouchi nord, arrêt Tokyo-to-Gendaibijutsukan-mae. Ou 10 min à pied depuis la gare de Kiyosumi-Shirakawa, lignes Toei Oedo (sortie A3) ou Hanzomon (sortie B2).*

MUSÉE MORI

Le dernier musée en date à Tokyo, dans le nouveau quartier commercial de Roppongi Hills. Il accueille de grandes expositions contemporaines internationales et abrite un observatoire sur toute la ville de Tokyo. Dans le complexe de Roppongi Hills, vous pourrez aussi admirer la sculpture d'araignée géante de Louise Bourgeois.

Ouvert tlj de 10h à 22h (sauf jeu. de 10h à 17h) ; droit d'entrée en moyenne de 1 200 ¥. Site Internet en anglais : www.mori.art.museum/html/eng
Au 53ème étage de la Roppongi Hills Mori Tower,
6-10-1 Roppongi, Minato-ku, tél. : 03-5777-8600

Accès : *station de Roppongi sur les lignes de métro Hibiya ou Toei Oedo.*

MOMAT NATIONAL MUSEUM OF MODERN ART TOKYO

C'est un peu l'équivalent de notre Centre Pompidou pour découvrir les artistes japonais représentatif de l'époque moderne.

Ouvert tlj sauf lundi de 10h à 17h. Entrée 420 ¥. Site Internet en français : www.momat.go.jp

The National Museum of Modern Art Tokyo,

3-1 Kitanomaru-koen, Chiyoda-ku.

Accès : *3 min à pied de la station Takebashi sur la ligne Tozai.*

John Lennon Museum

Ouvert en octobre 2000, ce musée unique au monde expose de nombreux objets ayant appartenu à John Lennon : guitares, costumes, œuvres d'art... Si vous êtes fan, c'est un passage obligé !

Ouvert tlj sauf mar. de 11h à 18h. Entrée 1 500 ¥.

4ème étage de Saitama Super Arena, 8 Shintoshin, Chuo-ku, Saitama, tél. : 048-601-0009, site Internet : www.taisei.co.jp/museum/index_e.html

Accès : *gare de Saitama Shintosin (lignes JR Keihin Tohoku, Takasaki ou Utsunomiya) ou Kita-yono (ligne JR Saikyo).*

A savoir : les grands magasins, ainsi que certains sièges sociaux de grandes entreprises, possèdent soit des espaces d'exposition (dernier étage du magasin Parco à Shibuya, par exemple), soit des collections privées exposées dans de mini musées. Par exemple : retrouvez Les Tournesols de Van Gogh, les toiles de Gauguin et de Cézanne au 41ème étage de l'immeuble GI.

1-26-1, Nishi-Shinjuku, Shinjuku-ku, tél. : 03-5777-8600.

Ouvert tlj sauf lundi, de 10h à 18h, entrée 500 ¥.

Museum of Contemporary Art Tokyo

★ Les galeries d'art

Le marché de l'art contemporain à Tokyo s'appuie surtout sur un réseau de galeries, souvent petites mais très pointues. En voici une petite sélection par quartier :

★ ***Aoyama :*** *Röntgen Kunstraum* est la plus petite galerie de Tokyo. 3-14-13-103 Minami Aoyama, tél. : 03- 3401-1466.

★ ***Ginza :*** *Koyanagi*, qui présente des artistes plutôt établis. *The Ginza Artspace*, qui dépend de Shiseido, est également renommé. 104-0061, 1er sous-sol de l'immeuble Miyuki, 5-1-15 Ginza.

★ ***Daikanyama :*** *Ota Fine Arts* accueille des artistes japonais (Yayoi Kusama). 2-8-11 Ebisunishi Shibuyaku, tél. : 03-3780-0911. Site Internet : www.otafinearts.com. Non loin, *Hillside Forum* a une architecture intéressante.

★ ***Roppongi :*** *boostées* par l'ouverture du musée *Mori*, les galeries affluent. A noter le *Complex* qui regroupe plusieurs galeries intéressantes dans un bâtiment blanc à deux pas de *Roppongi Crossing*.

★ ***Gakugeidaigaku :*** *Galerie Deux* possède un grand espace architectural, tél. : 03-3717-0020.

★ ***Ueno :*** *Scai The Bathouse*, situé dans un ancien sento dans le quartier préservé de Yanaka.

Tél. : 03-3821-1144, tlj de 12h à 19h.

★ La Factory Tokyoïte

Menée par l'artiste Murakami Takashi, la *KaiKai Kiki,* résurrection de la *Factory* de Warhol, permet l'éclosion de jeunes artistes japonais sur la scène internationale. *KaiKai Kiki* aide les artistes, commercialise des produits dérivés et organise de nombreuses expositions. Parmi les artistes les plus célèbres désormais, nous vous proposons d'en découvrir 4 à travers l'une de leurs œuvres.

Murakami Takashi
Né en : 1962 à Tokyo.
Activités : peintre, sculpteur, entrepreneur.
Réalisations : ses oeuvres s'inspirent des animés japonais. On l'a nommé chef de file du style *« kawaii »* - mignon - (appelé également école superflat) pour les couleurs vives et les formes rondes enfantines, bien qu'en réalité, ses œuvres comportent une part sombre bien plus importante. Il a également collaboré avec Louis Vuitton pour une série de sacs.

Mr
Né en : 1969 à Cupa.
Activités : peintre et performeur.
Réalisations : ses oeuvres s'inspirent des animés japonais.

Takano Ayo
Née en : 1976 à Saitama.
Activités : peintre et dessinatrice.
Réalisations : ses dessins mélangent une inspiration manga à un « japonisme » plus traditionnel et à un univers imaginaire personnel.

Aoshima Chiho
Née en : 1974 à Tokyo.
Activités : peintures numériques.
Réalisations : nombre de ses oeuvres sont conçues, puis élaborées, sur ordinateur à l'aide du programme Illustrator avant d'être finalement reproduites de manière digitale sur une multitude de supports.

Pour en savoir plus sur ces artistes, site Internet en anglais :
www.kaikaikiki.co.jp/index-en.html

❤ elle aime

- ***Mori Mariko,*** pour ses photos et installations oniriques, mariant tradition et technologie.
- ***Tsuzuki Kyoichi,*** pour ses photos sur les fashion victims et la vie urbaine japonaise.

❤ il aime

- ***Nara Yoshitomo,*** pour ses dessins d'enfants faussement innocents et franchement inquiétants.
- ***Kusama Yayoi,*** pour ses installations de boules miroir, ses objets bizarre et son univers clos.

www.yayoi-kusama.jp/e

Planet 66: Summer Vacation, 2005

Takashi Murakami

Acrylic on canvas mounted on board. 150 x 150 x 5 cm

A Night Walk - A Pink Moon Emerged, 2005

Aya Takano

Acrylic on Canvas, 53 x 45.5 cm. Courtesy Galerie Emmanuel Perrotin, Paris

City Glow, 2005

Chiho Aoshima

Chromogenic print, 170 x 170 cm, edition of 6. Courtesy Galerie Emmanuel perrotin, Paris/Blum and Poe, Los Angeles

★★ **Parcours 3 :** *Mizuma Art Gallery*

Etabli depuis 1994 à Tokyo, cette galerie d'art contemporain présente le travail de jeunes artistes japonais et asiatiques aux sensibilités et aux univers singuliers. Ils puisent dans leurs origines et leurs racines, ce qui confère une atmosphère unique à leurs œuvres. Celles-ci sont toutefois très éloignées d'un simple exotisme orientaliste et proposent au contraire une ouverture sur de nouvelles possibilités et un pont vers l'universalité de l'art.

Artistes représentés : Aida Makoto, Aoyama Satoru, Ikeda Manabu, Kato Ai, Ujino Muneteru, O JUN, Okada Hiroko, Kurashige Jin, Konoike Tomoko, Komainu, Kondoh Akino, Jun Nguyen-Hatsushiba, Tanada Koji, Tsutsui Shinsuke, Tenmyouya Hisashi, Matsukage Hiroyuki, Motomiya Kaoru, Yamaguchi Akira.

Galerie ouverte de 11h à 19h, tlj sauf dimanche, lundi et jours fériés. Au 1er étage du Fujiya Bldg., 1-3-9 Kamimeguro Meguro-ku, tél. : 03-3793-7931.
Plus d'infos en anglais sur http://mizuma-art.co.jp
Contact en direct par e-mail à gallery@mizuma-art.co.jp
Accès : *3 min à pied de la gare de Nakameguro sur la ligne Toyoko.*

Aida Makoto

Né en 1965 à Niigata, il est diplômé de l'Université des Beaux-arts de Tokyo en 1989, section peinture. Il utilise le sarcasme et l'humour à travers différentes formes d'expression pour révéler les tabous et contradictions inhérents à la société japonaise.

Depuis ses débuts officiels en tant qu'artiste en 1993, Aida Makoto a toujours impressionné son public par ses attaques violentes envers le décorum bourgeois. Aida utilise par exemple la forme la plus classique pour aborder la popularité jamais démentie que suscite la pornographie. Son utilisation subversive de sujets liés à la sexualité renforce son côté iconoclaste, bien loin des sujets classiques d'une activité artistique respectable. Caractérisées par une satire incessante de l'hypocrisie développé par l'hygiène morale, les toutes premières œuvres d'Aida font montre de sentiments de colère, d'un certain nihilisme et d'un humour sardonique.

Son utilisation outrancière et méchante des stéréotypes attachés aux étrangers cherchent à montrer comment les préjugés des adultes peuvent facilement influencer la sensibilité des enfants. Il a participé notamment à l'exposition triennale de Yokohama en 2001, à la biennale de Sao Paolo en 2002, à l'exposition Coloriage de la Fondation Cartier pour l'art contemporain de Paris, ou encore au Whitney Museum de New York.

© Makoto Aida "Harakiri Yellow". Avec l'aimable autorisation de la Galerie Mizuma.

Tokyo formes

Pays du design, paradis de l'emballage et autres packagings, le Japon et Tokyo ne se limitent pas à des créations d'inspiration zen ou minimaliste. Le foisonnement dans tous les domaines, design industriel, design graphique, est de mise. La rue même avec ses devantures, ses publicités et ses enseignes fait le bonheur des graphistes. Les influences également sont multiples : revisiter les traditions, concilier beauté et utilité, s'inspirer du manga ou de la haute technologie sont quelques-unes des pistes suivies par les designers nippons.

•• Itinéraire : diversité du design nippon

LE MUSÉE DE LA PUB À SHIODOME (ADMT)

D'une agréable scénographie, on y découvre l'évolution du graphisme et de la pub au Japon depuis les années 30. Ouvert tlj sauf dim. et lun. de 10h à 18h (17h le sam.). Entrée gratuite. Advertising Museum of Tokyo, 1er sous-sol de l'immeuble Caretta, 1-8-2 Higashi-Shimbashi, Minato-ku, tél. : 03-6218- 2500, site Internet en anglais : www.admt.jp

Accès : *gare de Shiodome sur la ligne de monorail Yurikamome.*

LA BOUTIQUE MEISTER

C'est un magasin proposant un choix de grande qualité de meubles japonais et de céramiques, au design pur et raffiné, où la texture et la matière prévalent sur le reste. 4-11-4 Meguro, Meguro-ku, Tokyo, tél. : 03-3716-2767, site Internet en anglais : www.meister-mag.co.jp

Accès : *gare de Meguro sur la ligne Toyoko.*

GINZA GRAPHIC GALLERY (GGG)

Cette galerie propose de nombreuses et variées expos sur le design.

Au rez-de-chaussée de l'immeuble DNP Ginza, 7-7-2 Ginza, Chuo-ku, tél. : 03-3571-5206, fax : 03-3289-1389, site Internet en anglais : www.dnp.co.jp/gallery/ggg/index_e.html

Accès : *en face de la sortie A3 du métro Ginza sur les lignes Ginza, Hibiya ou Marunouchi.*

THE UNIVERSITY ART MUSEUM

La collection de la principale école des beaux-arts, de musique et de design du Japon regroupe des œuvres riches et diverses et propose de nombreuses expositions thématiques.

Tokyo National University of Fine Arts and Music, 12-8 Ueno Park, Taito-ku, tél. : 03-5685-7755.

Site Internet en anglais : www.geidai .ac.jp/museum

Accès : *10 min à pied de la sortie Park de la gare de Ueno ou de celle de Uguisudani, sur la ligne JR Yamanote.*

Moshi Moshi

Chaque fois que votre mobile sonne, il diffuse une légère odeur : c'est grâce au Keitai KunKun, à l'effigie de votre personnage préféré, le chat-robot Doraemon ou l'égérie du kawaii, Hello Kitty... Design gracieux et épuré, objet pratique, ludique, fonctionnel et miniaturisé : le keitai, téléphone portable, est un symbole du savoir-faire japonais en matière de design et de technologie ; et aussi de tendance de société. Le mouvement est un des éléments clés de la culture japonaise : peuple nomade toujours près à fuir pour échapper aux catastrophes, peuple fasciné par le passage du temps et de toute chose...La sub-culture d'aujourd'hui se nourrit de ces traits traditionnels à travers notamment la culture keitai, celle des téléphones mobiles, extrêmement perfectionnés, cumulant les fonctions : TV, Internet, moyens de paiement et d'identification.

⇨ surfer

toutes les adresses du design à Tokyo sur :
www.tokyoartbeat.com/index-en

⇨ à lire

- sur l'esthétique japonaise traditionnelle, ***Eloge de l'ombre*** de Tanizaki Junichiro, éd. POF ;
- sur le design contemporain : ***Design Japonais 1950-1995,*** éd. du Centre Pompidou ;
- sur le design graphique : ***Tokyo grahique,*** éd. Thames and Hudson.

Tokyo *fashion*

Yohji Yamamoto, Junya Watanabe, Rey Kawabuto... autant de grands noms qui ont révolutionné durablement le monde de la mode. Mais on ne peut réduire la mode japonaise à ses créateurs. Ici, la mode se vit avant tout dans la rue, portée par des Japonais(e)s toujours prêt(e)s à lancer de nouvelles tendances dans un perpétuel jeu de miroir avec le travail des designers. Les *edokko*, les gens de Tokyo, ont la réputation d'être des gens raffinés, plutôt réservés et très attentifs à leur apparence.

Voici un parcours dans les lieux - quartiers, boutiques, magazines, où ceux qui font la mode et ceux qui la porte se rencontrent.

•• Itinéraire 1 : des quartiers « spécialisés »

- Pour une mode jeune et rebelle, influencée par les medias et la musique J-pop : **Shibuya.**
- Pour une mode jeune et branchée : **Harajuku.**
- Pour les boutiques des grandes marques internationales : **Omotesando.**
- Pour le nec plus ultra de la création japonaise : **Aoyama.**
- Pour une mode inventive et tendance : **Daikanyama.**
- Pour les boutiques, l'atmosphère et les avenues les plus chics de la capitale : **Ginza.**
- Pour les grands magasins : **Shinjuku** (sortie Est) ou **Ikebukuro.**

•• Itinéraire 2 : où trouver des grands magasins à la pointe de la mode ?

- ***Shinjuku Est :*** *Isetan,* habillage néo-gothique pour ce temple de la consommation de grandes marques ainsi que *Marui* et sa succursale spécialisé pour les hommes *Marui Men* sur 6 étages.
- ***Shinjuku Sud :*** *Takashimaya Times Square,* le grand magasin par excellence avec un dernier étage consacré à la restauration.
- ***Shibuya :*** *Parco I, II* et *III,* 3 espaces où trouver le top du top des marques japonaises et internationales ; *Magasin 109 (ichi maru kyu),* le rendez-vous des jeunes japonaises et japonais aux looks délurés.
- ***Ginza :*** *Waco* qui offre la vitrine la plus chic et la plus emblématique de Tokyo. *Matsuya Ginza* à la devanture élégante toute en transparence, un rez-de-chaussée consacré aux produits de beauté et un sous-sol à l'alimentation, à proximité vous trouverez aussi *Mitsukoshi, Hankyu, Seibu* et même le Printemps.
- ***Harajuku :*** *La Forêt,* le spot des jeunes gens branchés qui passent leur week-end dans ce quartier.

COMME des GARÇONS

Importance de la mode de la rue : les styles les plus populaires

Les adolescents japonais, adeptes du total look, se retrouvent tous les dimanches et les soirs de concert à **Harajuku** près de l'entrée du sanctuaire Meiji. Ils sont en général ravis de prendre la pose devant l'objectif des touristes !

Gothik ou Visual Rock : dentelles noires, accessoires rétro, chaussures à semelle compensée, maquillage blafard...tout un art !

Lolita : le rose et le blanc sont prédominants.

Gothuloli : joyeux mélange des deux, avec beaucoup de dentelle.

Wamono : mélange de style japonais et occidental.

Cyber : couleurs vives, vêtements futuristes en plastique.

Decora : look agrémenté de bijoux et jouets en plastique ajoutant une note musicale au vêtement.

Punk : vêtements détournés, déchirés, customisés.

Cosplay : à chacun son déguisement de serveuse, d'infirmière ou de personnages manga.

Kawaii : rose bonbon pour lolita en herbe.

Rap et hip hop : influence américaine oblige !

Skate : look relâché et cool.

Gals : cheveux décolorés, peau caramélisée, elles se concentrent à Shibuya, avec leur pendant masculin, les Center Guy.

⇨ à lire (ou plutôt à regarder)

• ***Fruits*** *et* ***Fresh fruits*** de Shoichi Aoki, éd. Phaidon. Série de photos de mode de la rue issue de plusieurs années de travail dans un célèbre magazine du même nom.

❤ elle aime

Les petits prix des basiques de ***Muji, Comme ça Store*** et ***Uniqlo*** (le Gap japonais).

❤ il aime

• ***Takeo Kikuchi,*** designer de mode japonais mêlant avec bonheur les inspirations occidentales et celles de la sub-culture japonaise pour créer avec sa marque TK des T-shirts qui sont aussi de jolis souvenirs de voyage. Environ 5000 yens par T-shirt. Distribué chez *Marui Men* et dans ses boutiques en nom propre.

• La marque de vêtement streetwear pour hommes ***Gorouta,*** nichée au 3ème étage d'un petit bâtiment entre Daikanyama et Naka-meguro.

3F Daikanyama Sanbankan, 1-10-3 Kamimeguro Meguro-ku ,tél. : 03-3780-5606, site Internet : www.gorouta.com

Accès : *gare de Nakameguro, ligne Toyoko au départ de Shibuya.*

Au bonheur des magazines : une petite sélection

Art et culture : *Kateigaho,* édition en anglais.

Design et décoration intérieure : *Casa, Pen et Crea traveller.*

Magazine « style de vie » : *An An,* cible les jeunes femmes d'une vingtaine d'années. *Olive* s'intéresse aux adolescentes. *Croissant* est conçu pour des femmes plus âgées. *Ginza* est un magazine de mode et de marques. *Brutus* est un magazine pour les hommes entre 25 et 35 ans (mode, santé, nourriture, art, culture), édition en anglais. *Popeye* vise les garçons plus jeunes. *Relax* est un magazine de subculture, tous les sujets sont bons à prendre du moment qu'ils sont « cool », ex. : les sandales de plage, Doraemon...

Sur l'avenue Omotesando

Tokyo *shopping*

Tokyo, le paradis des acheteurs frénétiques ! Les magasins envahissent les bâtiments du sous-sol aux derniers étages, et proposent des produits à tous prix. Ils sont généralement ouverts 7 jours sur 7 de 11h à 20h.

•• Itinéraire 1 : les nouveaux centres commerciaux démesurés

ROPPONGI HILLS

Dernier grand complexe en date construit à Tokyo, il regroupe un centre commercial, un musée d'art contemporain, des cinémas, un hôtel, des bureaux et des habitations, une tour d'observation sur la ville...

www.roppongihills.com/en/information

Accès : *station Roppongi sur la ligne de métro Hybia. Sortie 1C.*

SHIODOME

Ce quartier récent regroupe dans un ensemble de gratte-ciel des bureaux, un siège de télévision *(Nippon Television Tower)*, des hôtels, un musée de la publicité très intéressant *(Dentsu* dans l'immeuble *Caretta)*, des restaurants et de multiples magasins.

www.shiodome.st/english/top.html

Accès : *station Shiodome sur la ligne de monorail Yurikamome ou station Shimbashi sur la JR Yamanote.*

ODAIBA

Sur le même modèle, cette île artificielle accueille de grands centres commerciaux couplés avec des centres de loisirs (cinéma, jeux vidéos, aquarium...). Le plus célèbre de ces centres, *Venus Fort*, tente de recréer l'atmosphère d'une ville italienne.

Accès : *ligne Yurikamome ou ferry depuis Hamamatsucho.*

OMOTESANDO HILLS

Cf. p. 170

•• Itinéraire 2 : à la découverte des Kottoichi *(marché aux antiquaires)* et des Nominoichi *(marché aux puces)*

Ils se tiennent presque tous les dimanches dans l'enceinte de certains temples, de 9h au milieu d'après-midi.

★ *Shinjuku Chuo Koen :* au coeur de Shinjuku, ces puces attirent plus de 200 exposants et 5 000 jeunes Japonais. On y trouve tout le bric-à-brac sorti des greniers des vieilles maisons.

★ *Meiji Koen :* à 5 min. de la gare *JR Harajuku.* Plus de 600 exposants et 20 000 visiteurs en moyenne, c'est l'endroit idéal pour faire des affaires à Tokyo.

⋆ *Hanazono Jinja :* à 3 min. du métro Shinjuku 3-chome. Tous les dimanches. Peu d'antiquaires, mais beaucoup d'objets «kitsch» des années 60, des jouets en fer-blanc...

⋆ *Nogi Jinja :* à 1 min. de la station de métro Nogizaka, dans le quartier de Akasaka. 2ème dimanche du mois. Ces puces sont spécialisées dans les belles antiquités.

Les enseignes

Loft, Muji, Franc Franc et ***Three Minute Happiness :***
4 grands noms de la décoration, de la maison et du design accessible.

Tokyu Hands : entre BHV, Leroy Merlin et le Vieux campeur !

Uniqlo : sorte de Gap à la japonaise avec des basiques à prix doux.

Les grands magasins

Seibu : classique

Marui (et 109) : jeune et branché (voire déluré pour le 109)

Takashimaya : chic

Parco : plus jeune que Seibu

Mitsukoshi : célèbre pour ses kimonos

Tokyu : un peu vieillot

Où acheter...

★ Une bonne bouteille de saké, nihonshu

A Shimbashi, au « musée » du *saké*, **SAKE PLAZA**

Le plus grand magasin consacré au *saké* : verres, bouteilles de toutes les préfectures, livres...

Pour 515 ¥, vous pouvez goûter 5 sakés différents.

Ouvert du lun. au ven. de 10h à 18h.

Sake Plaza, 1-21-1 Nishi-Shimbashi. tél. : 03-3519-2091.

Accès : *gare de Shimbashi sur la ligne JR, sortie Hibiya.*

Ou à *Shochu Authority*, dans la gare de Tokyo,

Cf. p. 200.

★ Des souvenirs traditionnels bon marché

A **NAKAMISE**, allée piétonnière menant à la grande porte du temple d'Asakusa. Cette artère très touristique propose tous les souvenirs traditionnels japonais : des peignes en bois, des poupées traditionnelles, des *maneki-neko* (chats porte-bonheur), des biscuits...

Accès : *station de Asakusa, ligne de métro Ginza.*

ORIENTAL BAZAAR

Vous trouverez ici tous les souvenirs pour touristes : papeterie, *kimonos* d'occasion, poterie, librairie...

Ouvert tlj sauf lun et mar de 10h à 19h.

5-9-13 Jingumae, tél. : 03-3400-3933.

Accès : *sur la grande rue Omotesando en descendant de la gare de Harajuku, ligne JR, ou de la station Meiji-Jingumae, ligne de métro.*

★ Du thé vert

Cf. Tokyo Délices p. 130

★ Un kimono et ses accessoires

Un *kimono* neuf est hors de prix, mais vous pouvez trouver facilement des *kimonos* d'occasion bon marché, dans les petites boutiques d'Asakusa ou dans les derniers étages des grands magasins. Le magasin **SUNAGA** propose de beaux *yukata (kimono* d'été) ainsi que de nombreux accessoires originaux en tissu de *kimono.*

Ouvert tlj sauf mardi de 11h à 20h.

2-1-8 Azabu Juban, Minato-ku, tél. : 03-3457-0323.

Accès : station de Azabu-Juban sur la ligne de métro Oedo.

Pour admirer de magnifiques kimonos neufs, direction le magasin **MITSUKOSHI** à Marunouchi *Cf. p. 200.*

★ Une poupée traditionnelle

Direction le quartier de NO**INGYOCHO**, la ville des poupées. De nombreux artisans vendent dans de petits magasins de magnifiques poupées. Le quartier est particulièrement animé lors de la Fête des filles.

Accès : *station de Ningyocho, ligne de métro Hibiya ou Asakusa.*

★ Un sabre japonais

JAPAN SWORD propose des armes anciennes de samouraïs. Comptez au moins 20 000 ¥ pour une reproduction de qualité.

Site Internet en anglais : www.japansword.co.jp/

Ouvert tlj sauf dim. de 9h30 à 18h. *Japan Sword,* 3-8-1, Toranomon, Minato-ku, tél. : 03-3434-4321 .

Accès : *station de métro Toranomon, ligne Ginza, sortie 2.*

NB : Il existe un petit musée près du parc de Shinjuku. Entrée 525 ¥. Ouvert tlj sauf lun. de 9h à 16h.

Token Hakubutsukan, 4-2510 Yoyogi, Shibuya-ku

Accès : *gare de Sangubashi, ligne Odakyu.*

★ Des cosmétiques japonais

Dans les grands magasins ou les petites échoppes ou encore dans les pharmacies comme **MATSUMOTO KIYOSHI**. Achetez des sels de bains, des savons au *hinoki* (cèdre japonais)...

★ Des appareils électroniques dernier cri

Dans les chaînes **BIC CAMERA** ou **YODOBASHI CAMERA** ainsi que dans le quartier de Akihabara.

Cf. Tokyo Hi Tech p. 70

★ Du papier japonais

A Ginza au magasin **ITO-YA** (le plus connu de Tokyo). Vous y trouverez des cartes postales, des rouleaux de *washi* (papier japonais), des petits objets recouverts de *washi* ainsi que des *kakejiku* (peintures murales à pendre).

Ito-ya, 2-7-5 Ginza, tél. : 03-3561-8311 (+ 2 autres magasins à Tokyo). Ou au magasin Kyukyodo, 5-7-4 Ginza, tél. : 03-3571-4429.

Accès : *gare de Ginza.*

A Yanaka, près de Ueno, chez **ISETATSU** , magasin de *chiyo-gami,* papiers de couleurs ou motifs traditionnels. Maison fondée en 1864, dont les papiers furent utilisés notamment par Vincent Van Gogh.

2-18-9 Yanaka, Taito-ku, tél. : 03-3823-1453.

Accès : *gare de Nishi-nippori, ligne JR.*

★ Des produits dérivés de manga et d'animé

Cf. Tokyo Manga p. 76

★ Des antiquités

En dehors des marchés aux puces, le magasin **ART PLAZA** propose une bonne sélection d'antiquités.

Art Plaza Magatani, 10-3-5 chome Toranomon.

Accès : *station de Kamiyacho, ligne de métro.*

★ Un fundoshi

Les sous-vêtements des sumos (lointains cousins du string) font leur come-back au Japon (grâce à une émission de télévision) et vous en trouverez de nombreux modèles de 500 à 2 000 ¥ dans les grands magasins.

Kappabashi, surnommé Kitchen Town

Il s'agit d'une grande artère non loin du temple de Asakusa et qui regroupe 200 magasins de gros liés à la restauration : vous y trouverez de magnifiques plats et autre vaisselle et ustensiles de cuisine (notamment les couteaux très réputés), des *noren* (rideaux de porte), des coussins, des sushis en résine, des lampions...le tout à des prix défiant toute concurrence.

Magasins ouverts tlj sauf dim. De 10h à 19h.

Nishi-Asakusa 1-chome and 2-chome

Accès : *station de Tawaramachi sortie 1, ligne de métro Ginza.*

Notez à la sortie de métro que vous arrivez dans le quartier des objets religieux shinto et bouddhistes (autels, encens...).

❤ il aime

Pour en apprendre encore plus sur la fabrication des faux mets en résine, je vous conseille de voir le film de Wim Wenders, ***Tokyo Ga,*** éd. Wild Side Video.

Tokyo hi-tech

Folie des robots, miniaturisation, jeux vidéo, téléphonie nouvelle génération, son et image, le Japon, même s'il est de plus en plus menacé par la concurrence chinoise ou coréenne, reste un pays de référence en matière de high-tech. L'exigence des consommateurs débouche sur un impératif de renouvellement constant de l'offre et les magasins spécialisés abondent en gadgets et autres petits bijoux technologiques.

•• *Itinéraire : l'« Electronic Town » de Tokyo, Akihabara*

Akihabara est le laboratoire des grandes marques d'électronique. C'est ici que sont testés les produits de demain. Le quartier est entièrement dédié à l'électronique sous toutes ses formes et applications. Les grandes enseignes (Laox, Akky, Takarada...) vous proposeront des produits destinés à l'export (et des vendeurs anglophones). Mais les meilleures affaires se font dans les petites ruelles derrière la gare : vous pourrez y trouver des prototypes et des modèles dernier-cri à bas tarif (il vaut mieux être un spécialiste pour acheter...).

Attention, pensez qu'il vous faudra certainement un transformateur (de 110 en 220 volts) pour utiliser votre appareil en France. Pour préparer votre visite à Akihabara, visitez le site Internet en anglais : www.akiba.or.jp/english

Accès : *gare de Akihabara, sur la ligne JR Yamanote ou sur la ligne de métro Hibiya.*

Les showrooms des spécialistes de l'électronique grand-public

★ Sony Building

Vous pouvez tester les produits nouveaux-nés de Sony dans son showroom à Ginza installé sur plusieurs étages et acheter ces prototypes au sous-sol au magasin AVIC.

Ouvert tlj de 11h à 19h. Entrée gratuite.

Showroom Sony, 5-3-1 Ginza, Chuo-ku, tél. : 03-3573-2371

Accès : *station de Ginza, sortie B9.*

★ Panasonic Center

Le centre est consacré aux technologies du futur. Elles sont exposées à travers une représentation de la vie quotidienne de demain et une exposition des dernières inventions du groupe Matsushita. Ouvert tlj sauf lun de 10h à 18h. Entrée gratuite.

2-5-18 Ariake, Koto-ku. tél. : 03- 3599-2600

Accès : *3 min. à pied de la station Ariake sur la ligne Yurikamome.*

A noter que le même groupe Matsushita a ouvert un deuxième centre, *National Center*, dans le quartier de Shiodome (ouvert tlj de 10h à 19h) qui présente sur 4 étages les solutions technologiques adaptées à la maison de demain.

さくらや
6/17
リニューアルオープン!!
effs
さくらや全店
マイルが2倍貯まる
JALカード特約店
2F
ホームエステ
メイクコスメ
理美容関連
フレグランス
1F
携帯電話
メモリー
オーディオ
歩30秒!
FOMA
901iS
Debut!
東口駅前店
au by KDDI
さくらや

激安
激安
アダルトDVD
ソフト大量展示
パソコン
LAOX
WATCH
CAMERA

国内最大級の品揃
Panasonic CM放映中

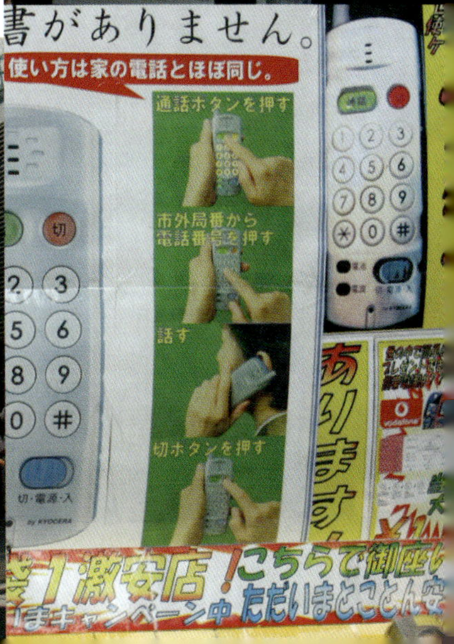
書がありません。
使い方は家の電話とほぼ同じ。
通話ボタンを押す
市外局番から電話番号を押す
話す
切ボタンを押す
ありますっ

Tokyo jeunesse

Le Japon est un pays vieillissant…Et pourtant, c'est la jeunesse qui crée les modes, les tendances, monopolise les émissions télévisuelles avec les *talento* (jeunes, voir très jeunes, talents, animateurs, chanteurs, danseurs, acteurs), anime les rues et les quartiers. A croire que les Japonais veulent oublier leur problème démographique en survalorisant et en surexposant leurs « jeunes ». Mais cette jeunesse n'est pas homogène et en se promenant dans la ville, on rencontre des « tribus » qui se côtoient sans trop se parler.

•• Itinéraire 1 : une tribu djeunz, un quartier

- *Les Jpop à Shibuya*
- *Les arty à Shimokitazawa,* Shimokita pour les intimes
- *Les bohêmes à Inokashira,* toujours prêts à sortir la guitare
- *Les littéraires à Iidabsahi, Kanda*
- *Les bon chic bon genre à Ginza*
- *Les branchés mode à Daikanyama ou Aoyama*
- *Les gothiques à Harajuku* (surtout le week-end sur l'esplanade entre la gare et l'entrée du sanctuaire Meiji)

•• Itinéraire 2 : un parcours type - réalisable dans tous les grands quartiers

- *Game center :* jeux électroniques + *pericura* (photomaton ultraperfectionné)
- *Kawai :* le mignon, le *« cute »* comme diraient les anglais, c'est le critère d'évaluation de toute chose pour toute une génération. Les boutiques *Hello Kitty* ou *Pingu* en représentent l'archétype.
- *Kissaten :* café + manga
- *Izakaya :* bière + plats simples + bonne humeur
- *Karaoke :* cocktails + chansons d'amour

Autres spots très courus : les parcs d'attraction comme *Tokyo Dysneyland* et *Disney Sea,* le parc Fuji ou celui de Korakuen, les grandes roues d'Odaiba (Palette Town) et de Yokohama (Minato Mirai).

La Jpop

La musique pop japonaise, qui a fait des émules en Chine et en Corée, se nourrit de jeunes talents, les *talento,* produits dès l'âge du berceau puis exploités à toute les sauces par les chaînes de télévision commerciales et les radios. Le quartier de Shibuya est le quartier le plus « pop » ! Parmi les artistes populaires, on peut citer notamment Utada Hikaru ou le groupe *SMAP,* véritable institution. Et d'autres plus récents comme *Flow, BoA, Hitomi Shimatani…*

A l'entrée du parc Yoyogi,
un dimanche matin

Le malaise des jeunes Japonais

Etre un très jeune enfant au Japon est bien agréable, quand tout le monde s'occupe de vous et cède à vos moindres désirs. Mais dès l'âge de l'école arrivé, tout bascule : pression infernale de la société et de la famille pour intégrer les meilleures écoles puis collèges du pays qui ouvriront les portes des universités les plus prestigieuses, obligation de faire des heures supplémentaires d'études après les cours (*juku* pour les petits qui veulent entrer au lycée, *yobiko* pour entrer à l'université), difficulté de se sentir bien à l'école (*hajime*, ou le mépris et le harcèlement d'un groupe d'élèves envers un des leurs)...cette pression est lourde pour de frêles épaules. C'est d'ailleurs le pays où le taux de suicide des moins de 18 ans est le plus fort du monde. Cela peut peut-être expliquer le refus des jeunes aujourd'hui à suivre les traces de leur père dans un travail salarié et à rechercher d'autres alternatives où la pression sociale serait moins forte. On constate que nombre de jeunes accumulent les petits boulots, *arubaito,* refusant le modèle traditionnel et vivant en marge en *furita, freeters*. Autre manière de rester dans l'enfance : pourquoi s'émanciper quand on peut vivre chez ses parents et dépenser tout son argent de poche dans l'achat de produits de luxe et de voyages en bon *parasaito singuru !*

➪ à voir

- *Suicide Club* de Sono Shion
- *Nobody knows* de Koreeda Hirokazu
- *Les gosses de Tokyo* de Ozu Yasuhiro

➪ à lire

« Etrangement, je me sentais protégé par ces rythmes violents, ce bruit débordant. [...] Cette musique violente qui se déversait dans mes tympans à travers les écouteurs fut la seule amie à même d'apaiser tant soi peu mes angoisses. »
Extrait de ***Tokyo décibels*** de Tsuji Hitonari, éd. Naïve.
A lire également, les romans de la jeune romancière Risa Wataya, ***Appel du pied*** et ***Install,*** éd. Picquier, qui décrivent le manque de repères et la dérive des jeunes Japonais.
Pour une analyse de la jeunesse au japon, ***Crise d'une autre modernité*** de Philippe Pelletier, éd. Belin, apporte des informations complètes sur le sujet.

Tokyo *mini*

Il n'y a pas que des jeunes, il y a aussi des très jeunes à Tokyo ! Si vous voyagez avec vos enfants en bas âge, ils ne manqueront ni d'attention de la part des Japonais que vous rencontrerez, ni d'opportunités pour s'amuser.

•• Itinéraire : Tokyo avec des enfants

N'hésitez pas à voyager avec vos enfants, ils seront gâtés par toutes les animations qui leur sont consacrées.

★ Les parcs d'attraction

TOKYO DISNEYLAND ET DISNEYSEA

Cf. Chiba p. 246.

HANAYASHIKI

Le parc le plus ancien de Tokyo (depuis 1853) comporte une roue, une maison hantée et d'autres animations pour vos enfants, à deux pas du temple Senso-ji de Asakusa.
Ouvert tlj sauf mar. de 10h à 18h. Entrée 900 ¥ (400 ¥ pour les enfants), 100 ¥ en plus pour chaque attraction.
2-28-1 Asakusa, Taito-ku, tél. : 043-3842-8780.
Accès : *5 min. de la station de Asakusa, ligne de métro Ginza.*

TOKYO METROPOLITAN CHILDREN'S HALL

Le plus grand parc gratuit de Tokyo avec de nombreuses activités intérieures et extérieures pour les petits.

Ouvert tlj de 9h à 17h. Entrée gratuite.

Tokyo-To Jido Kaikan, 1-18-24 Shibuya, tél. : 03-3409-6361.

Accès : *7 min. de la gare de Shibuya ou 3 min. de la sortie 11 de la station Hanzomon.*

LE CHÂTEAU DES ENFANTS

Kodomo no shiro, un immeuble complet consacré aux enfants, avec de nombreuses activités sportives et culturelles, et même une clinique et un hôtel. *Cf. p. 174*

★ Aquariums

AQUARIUM DE LA TOUR SUNSHINE

à Ikebukuro

TOKYO SEA LIFE PARK

Situé dans le parc Kasai Rinkai dans la Baie, l'aquarium possède des poissons venus des trois océans. Le parc contient également un jardin japonais, une petite plage et la plus grande roue de Tokyo (700 ¥ le tour).

Ouvert tlj sauf mer. de 9h30 à 17h. Entrée 700 ¥ (350 ¥ enfants, gratuit pour les moins de 12 ans).

6-2-3 Rinkai-cho, Edogawa-ku, tél. : 03-3869-5152.

Accès : *5 min. de la gare de Kasai Rinkai Koen, ligne JR Keiyo.*

★ Zoos

UENO ZOO

Le plus vieux zoo du Japon (depuis 1882), situé dans le parc de Ueno, est aussi le plus connu, grâce à son panda géant, cadeau de la Chine. Et ses singes, ours, girafes, éléphants, tigres…

Ouvert tous les jours du mar. au sam. de 9h30 à 17h.

Entrée 600 ¥, (200 ¥ pour les enfants)

Ueno Park, Taito-ku, tel : 03-3828-5171.

Accès : *4 min. à pied de la gare de Ueno sur la ligne JR.*

★ Magasins de jouets

HAKUHINKAN TOY

Un magasin exposant des jouets sur 5 étages !

Ouvert tlj de 11h à 20h.

8-8-11 Ginza, Chuo-ku, tél. : 03-3571-8008.

Accès : *sortie 1 de la gare de Shimbashi, ligne JR.*

YAMASHIROYA

Plus tourné vers les personnages de mangas que le magasin précédent, Yamashiroya s'étend sur 7 étages, à côté du grand magasin Marui.

Ouvert tlj de 10h à 21h30.

6-14-6 Ueno, Taito-ku, tél. : 03-3821-2320.

Accès : *gare de Ueno, ligne JR.*

KIDDYLAND

Le plus central et l'un des magasins de jouets les plus connus de Tokyo.

Ouvert tlj de 10h à 20h. 6-19 Jingumae, Shibuya-ku, tél. : 03-3409-3431.

Accès : *gare JR de Harajuku ou station de métro Jingumae.*

Sans oublier les nombreux magasins dédiés à des personnages animés : *Hello Kitty, Snoopy* (en face de la gare de Harajuku), *Doraemon*…

⇨ à leur faire lire

Aoki, Hayo et Kenji vivent au Japon, éd. La Martinière Jeunesse.

Tokyo *manga*

Au Japon, on vend 102 millions d'exemplaires de *mangas* par mois, il y a 170 000 nouveaux titres par an ! En France aussi, la bande dessinée japonaise est aujourd'hui partie intégrante du paysage éditorial (32% du marché de la BD). Tokyo est à la fois un lieu de production et de consommation de mangas, ainsi qu'une intarissable source d'inspiration.

•• Itinéraire manga à Tokyo : le parcours du parfait otaku

★ Où acheter des mangas et leurs produits dérivés

La Mecque des *otaku* se trouve à Nakano Broadway ! Le magasin le plus connu du quartier s'appelle *Mandarake*. De tout (*mangas*, jouets, figurines...) à tous les prix.

5-52-15 Nakano, Nakano-ku, tél. : 03-3228-0007, également présent à Ikebukuro, site en français : www.mandarake.co.jp

Accès : *gare de Nakano.*

Pour des mangas plus indépendants et plus étranges, direction *Taco Che*, qui distribue également des auto-éditions.

Accès : *gare de Nakano.*

Et tout ce que vous ne trouverez pas à Nakano, vous le dénicherez à Akihabara. *Tora no Ana*, avec sa grande affiche de petite fille manga en hauteur, est le magasin le plus célèbre (filiales à Shinjuku et Ikebukuro). Mangas neufs, d'occasion, figurines de toute sorte...

4-3-1 Sotokanda, Chiyoda-ku, tél. : 03-5294-0123.

Accès : *gare de Akihabara, ligne JR Yamanote ou métro.*

Autre magasin à Akihabara : *Cospa geestore Akiba ten*, un magasin spécialisé dans les *cosplay*, tous les costumes pour ressembler à vos héros préférés.

Ouvert tlj de 11h à 20h. Immeuble MN, 3-15-5 Sotokanda, Chiyoda-ku.

Pour les nostalgiques des *mangas* de Ozuka Tesamu ou autres maîtres de l'après-guerre, Odaiba a recrée une artère commerçante de l'ère Showa 1926-1988, avec de nombreux goodies de l'époque. ***Cf. Odaiba p. 214.***

Autre magasin à Odaiba : *Donguri Kyowakoku Sun Walk Odaiba*, de nombreux goodies tirés des films du studio *Ghibli*.

Ouvert tlj de 11h à 20h.Palette Town, Aomi 1, Koto-ku .

Accès : *gare de Aomi, ligne Yurikamome Rinkai.*

NERIMA 練馬
Ligne Seibu-Ikebukuro 西武池袋線
目白 MEJIRO
TAKADANOBABA 高田馬場
早稲田 WASEDA
神楽坂 KAGURAZAKA
NAKAI
新大久保 SHIN-OKUBO
若松河田
OGIKUBO 荻窪
NAKANO 中野
新宿三丁目
YOYOGI 代々木
HARAJUKU 原宿
国立競技場 KOKURITSU KYOGIJO
明治神宮前
SHIBUYA 渋谷
OMOTESANDO 表参道
Ligne Tokyu Oimachi
とうきょう
Tokyo-chan®
スーパー ヒーロー
A tribute to Tokyo manga
Tokyo-chan, designed by Misteratomic
© 2006 Atomic Soda Design

Pour des mangas d'occasion, les magasins *Book Off* sont les spécialistes (par exemple le *Book Off* de Harajuku près du magasin *Laforêt),* de même que les petites échoppes des gares.

★ Pour les plus jeunes

POKÉMON CENTER

Un magasin consacré à *Pokémon* et ses amis.

Ouvert tlj sauf mer. de 10h à 19h. 3-2-5 Nihonbashi.

Accès : *gare de Nihonbashi.*

SANRIO SHOP

Le magasin est dédié au personnage phare de *Sanrio : Hello Kitty.* Ouvert tlj de 11h à 20h30. Nishi Ginza Department Store, 4-1 Ginza.

Accès : *station de Ginza.*

SANRIO PUROLAND

Un parc d'attraction entièrement consacré aux personnages de *Sanrio,* situé dans la ville nouvelle de Tama. Toutes les infos en anglais sur : www.sanrio.co.jp/english

Accès : *5 min. à pied de la gare de Tama Center sur les lignes Keio Sagamihara et Odakyu Tama en direct au départ de Shinjuku.*

★ Où lire des mangas à Tokyo

Si vous ne souhaitez pas vous encombrer, vous pouvez fréquenter les *manga kissa* ou « Internet cafés » *(Cf. Tokyo comptoirs p. 136)* : vous payez à l'heure, et vous avez libre accès à Internet, à des milliers de magazines et de mangas et à des boissons gratuites. Ouverts 24h sur 24, la plupart sont équipés de fauteuils très confortables et de douches. La chaîne la plus connue s'appelle Gera Gera. Levez les yeux et cherchez dans les étages la mention en katakana Internet : インターネト vous y êtes !

•• Itinéraire 2 : les musées consacrés aux mangas et animés

LE MUSÉE GHIBLI

Ouvert en 2001, c'est le premier musée dédié à Miyazaki Hayao qui a participé activement à sa création. Le musée expose de nombreux personnages et objets tirés de ses animés. On peut également visiter le bureau de *Miyazaki* avec des dessins originaux et voir quelques courts-métrages du studio. Petite boutique intéressante.

1-1-83 Shimorenjaku, Mitaka-shi. tél. : 0422-40-2233. Site Internet en japonais seulement : www.ghibli-museum.jp. Ouvert tlj sauf mardi de 10h à 18h. Billet 1 000 ¥. Réservation obligatoire, plusieurs mois à l'avance auprès de TP France, tél. : 01 53 45 93 37, e-mail : mydesk@jtb.fr

Accès : *gare de Mitaka sur la ligne JR Chuo. Puis 15 min. de marche le long du canal Tamagawa ou navette spéciale depuis la gare.*

TOKYO ANIME CENTER

Ouvert en 2006, ce centre accueille une salle de spectacles, une galerie évènementielle et un magasin officiel, le tout dédié à l'animation japonaise. Entrée gratuite. 4ème étage de l'immeuble Akihabara UDX, Akihabara Cross Field, 4-14-1 Soto Kanda, Chiyoda-ku, site Internet en anglais : www.animecenter.jp

Accès : *en face de la gare d'Akihabara.*

MUSÉE DE L'ANIMATION SUGINAMI

Ouvert en 2005, ce musée s'est installé dans le quartier des compagnies de production des animés.

Suginami Animation Museum, 3-29-5 Kamiogi, Suginami-ku, tél. : 03-3396-1510. Ouvert tlj sauf lun de 10h à 18h, entrée gratuite.

Accès : *station de Ogikubo sur la ligne JR Chuo ou sur la ligne de métro Asakusa.*

MUSÉE BANDAI

Ouvert en 2003, le musée expose les héros de la firme Bandai : Gundam, Mazinger, Power Rangers…

Ouvert tlj sauf mar et mer, entrée gratuite.

Bandai Museum, Piaza Matsudo Building, 1230-1 Matsudo, Chiba-ken, tél. : 047-331-7501.

Accès : *gare de Matsudo, ligne JR Joban.*

D'où vient le manga ?

Le *manga*, ou « images dérisoires », est né une première fois au début du 19ème siècle, mais la forme du manga, comme on le connaît aujourd'hui, s'est fixée peu de temps après la seconde Guerre Mondiale issue d'un croisement entre les estampes traditionnelles, *ukiyo-e,* les images du monde flottant, et les dessins occidentaux venus directement des Etats-Unis. Aujourd'hui les histoires sont publiées sous forme de feuilleton d'une vingtaine de pages, pré-publié dans de gros magazines hebdomadaires de 350 pages environ sur un papier de qualité médiocre, comme *Shonen Jump*. Chaque *mangaka,* aidé ou non de son studio, doit soutenir un rythme effréné afin de publier une quinzaine de pages par semaine.

Sur les traces des héros de mangas

- La Tour de Tokyo : *Tokyo Babylone, Sakura, Sailor Moon, Gantz…*
- Shibuya et Harajku : *Gals, Digimon, Paradise Kiss…*
- Shinjuku : *Demon City Shinjuku, City Hunter, X…*
- Akihabara : *Di Gi Gharat…*
- Yokohama et Kamakura : *Sailor Moon, Garasu no kamen, Yokohama Shopping Trip, Slam Dunk, Love Hina…*
- Jimbocho : *ROD (Read or Die).*

❤ il aime

La série mythique ***Akira*** de Otomo Katsuhiro pour son suspens et pour sa vision d'une Tokyo d'après l'apocalypse : néo-Tokyo, éd. Glénat en 6 tomes.

⇨ à lire

- ***Manga, 60 ans de bande dessinée,*** éd. du Rocher.
- Pour lire en VO, ***Apprendre le japonais*** par les mangas, éd. Glénat.
- En anglais, ***Cruising the Anime City, an otaku guide to neo Tokyo,*** éd. Stone Bridge Press, la bible - toute nouvelle - des passionnés.
- A l'occasion de la sortie de l'album ***Spirou et Fantasia à Tokyo*** , les auteurs Morvan, Munuera, Ooshima et Boris ont sorti ***Le guide de l'aventure à Tokyo,*** éd. Dupuis : une approche originale de la ville.

Tokyo *game*

Après une journée stressante, il faut savoir s'amuser ! Jeux vidéos de pointe, culture populaire axée autour des jeux et de l'enfance, importance du loisir ludique en tant que lien social... Tokyo est un grand parc d'attraction.

•• Itinéraire : une virée dans le monde virtuel des jeux !

Les possibilités ludiques sont infinies à Tokyo...voyage dans les différents univers :

LES GAME CENTER

Jeux policiers, pilotage d'avion, conduite de bolides, tambours, guitares, platines de DJ, tapis de danse, skate...tout existe et tout se trouve dans les *game center* innombrables de la ville. Ouverts très tard dans la nuit, ces lieux de divertissements électriques et électroniques attirent les jeunes Japonais qui viennent s'y défouler. Les modes sont changeantes, aujourd'hui on revient aux jeux d'équipe avec utilisation de cartes selon votre niveau...

Parmi les chaînes les plus connues : *Taito* à Shibuya et Shinjuku.

Tokyo Joypolis, à Odaiba. Sur 3 étages, ce centre géré par *Sega* propose différentes attractions autour des jeux vidéos, du sport et de la réalité virtuelle.

Decks Odaiba. Ouvert tlj de 10h à 23h. Entrée 500 ¥ (attractions en supplément) ou 3 800 ¥ le passeport journée.

Accès : *3 min. à pied de la station de Odaiba-Kaihin-koen sur la ligne Yurikamome.*

LES PACHINKO

Les centres de *pachinko* sont les casinos du Japon. Le *pachinko* n'est pourtant pas une machine à sous, mais une sorte de flipper vertical. Le but du jeu est de récolter le maximum de billes possible, et de les échanger ensuite contre des cadeaux ou de l'argent. Vous en trouverez partout dans la ville : avec une architecture agressive, des néons, et des décors aux couleurs criardes, ils ne passent pas inaperçus, ni pour les yeux, ni pour les oreilles, cacophonie garantie ! Il existe deux sortes de *pachinko* : les « traditionnels » et les « slots machine », inspirés des machines à sous de casinos.

Faites un tour à *Maruhan Tower* à Shibuya, ou dans les salles d'Asakusa derrière le temple Sensô-ji par exemple.

La presse japonaise se penche régulièrement sur la dépendance des joueurs aux *pachinko* et sur les drames familiaux et financiers dont ils sont responsables. Il n'est pas rare de voir, devant un *pachinko,* à l'heure d'ouverture, des dizaines d'hommes d'une cinquantaine d'années - les *pachi-puros* - attendre fébrilement l'ouverture de leur établissement favori...

LES KARAOKÉS

Si vous vous faites des amis japonais, n'hésitez pas et allez avec eux au karaoké. Plusieurs formules vous permettent, pour un coût modique (moins de 25 euros de l'heure) de louer une salle pour votre groupe et de boire à volonté. Tous les karaokés offrent un large choix de chansons anglophones et quelques classiques français. Ambiance garantie !

Parmi les chaînes les plus répandues : *Karaoke-Kan* (plusieurs à Shibuya notamment). A Ginza, un karaoké est entièrement dédié à *Hello Kitty.*

❤ elle aime

Afin d'immortaliser un moment passé entre amis, je finis toujours mes soirées par les perikura*, un photomaton évolué où je personnalise à l'envie des instantanés. Pour un grand moment de kitsch, n'oubliez pas les perikura présents dans tous les* game center *!*

Tokyo polar

Tokyo est une ville très sûre, elle a le taux de criminalité le plus bas de toutes les grandes métropoles internationales...Et pourtant cela n'empêche pas les écrivains japonais ou occidentaux de prendre la capitale comme toile de fond pour imaginer les polars les plus sombres, où évoluent *yakuzas*, tueurs en série et détraqués en tout genre ! Entrez dans les zones d'ombres de la ville.

•• Itinéraire : un quartier, un polar

★ Sumida et Shitamachi

Tokyo des ténèbres de Viviane Moore, éd. J'ai lu ; ***Ombre japonaise*** de Viviane Moore, éd. Flammarion. Les enquêtes du journaliste français Jean Sénac aidé de l'inspecteur Tanaka, entre traditions ancestrales (les tatouages dans *Ombre Japonaise)* et quartiers et hôtels modernes.

★ Kanda

La librairie Tanabe de Miyabe Miyuki, éd. Philippe Picquier. Les aventures d'un libraire devenu détective amateur par hasard... Du même auteur : ***Une carte pour l'enfer***, l'histoire d'une usurpation d'identité.

★ Shinjuku

Nuit sur la ville de Hara Ryô, éd. Philippe Picquier. Dans la lignée des grands détectives américains à la Philip Marlowe, Sawazaki enquête sur une disparition avant d'être entraîné dans une affaire de politique et de guerres de pouvoir...

★ Ginza et Shinjuku

Meurtre à Tokyo de Guy Stanley, éd. Philippe Picquier. Un journaliste, Araki, enquête sur un meurtre et part aux trousses des *yakuzas* et hauts responsables, dans les lieux interlopes de Tokyo.

★ Ikebukuro

Ikebukuro West Gate de Ishida Ira, éd. Philippe Picquier. *Cf Ikebukuro p. 184*

★ Tokyo moderne

Tokyo chaos, Tokyo Atomic, Tokyo mirage de Anne Rambach, éd. Pocket. Les enquêtes d'une jeune lesbienne japonaise, en prise à des catastrophes écologiques imminentes et des meurtres mafieux.

★ **Tokyo gare**

Tokyo Express de Matsumoto, éd. Philippe Picquier. Un classique du genre, qu'on dit à l'origine de la passion de certains Japonais pour les horaires de train.

Un été japonais de Romain Slocombe

Cf. p. 84

⇨ à lire

- ***La submersion du Japon*** de Komatsu Sakyo, éd. Philippe Picquier. Datant de 1973, ce roman de science-fiction/anticipation s'appuie sur des données sismiques vraisemblables pour développer un récit catastrophe où le Japon dans son intégralité sombrerait dans l'océan suite à un mouvement des plaques tectoniques. Fascinant et terrifiant.

⇨ à voir

- ***Tokyo Eyes*** de Jean-Pierre Limosin.

Un tueur surnommé *Le Bigleux* se promène dans les rues de Tokyo, portant des lunettes déformantes qui lui font rater ses victimes. Une vision de Tokyo au quotidien, avec ses petites rues et ses marchands de quartier.

Tokyo blue*

* titre d'un album de photos paru en 2004 aux éditions Isthme

Biographie

Né à Paris en 1953

Activités : écrivain, graphiste, peintre, illustrateur, auteur de BD, photographe, réalisateur de films...

Passions : le Japon, le bondage et l'érotisme japonais

Réalisations : une trentaine d'ouvrages publiés - livres pour enfants, BD, romans et livres de photos, des films et documentaires, des expositions.

Dont ***Un été japonais,*** éd. Gallimard, ***Regrets d'hiver,*** éd. Fayard, ***Prisonnière de l'armée rouge,*** éd. Le Lézard Noir, ***Carnets du Japon,*** éd. PUF

Plus d'infos sur http://primalinea.com/slocombe/

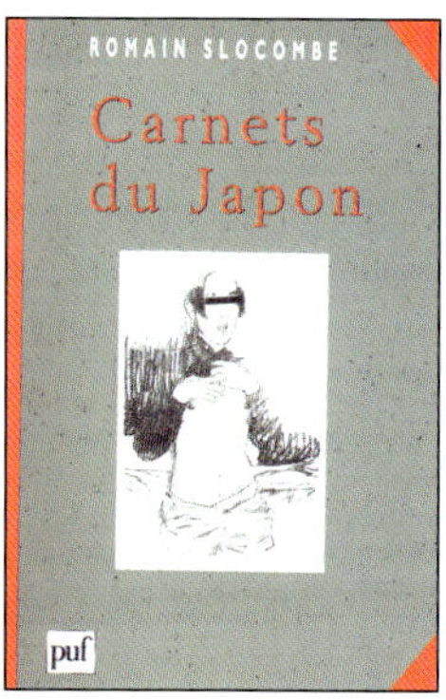

Pour introduire les photos inédites de Romain Slocombe, voici un extrait de ***Carnets du Japon :***

« KABUKI-CHÔ

Marcher vers le centre de Shinjuku : là-bas sur l'avenue Yasukuni les lumières de *Kabuki-chô*.

Flotilles de taxis sous les kanji ruisselant des néons.

Sur les trottoirs et entre les trottoirs la foule, les éclats de rire des femmes soûles, des *salary-men* titubants qui se soutiennent, le plus malade vomit contre un lampadaire.

Assis immobiles hiératiques les diseurs de bonne aventure fixent l'avenir devant leur petite lanterne posée sur une caisse.

Tout près, le crépitement des billes de pachinko [...], les rabatteurs des boîtes de *strip*, des *pink-salons*, des image clubs, frappent dans leurs mains, distribuent des prospectus.

... »

菊正宗
中華
ふじしん
名物
味自慢の店
三角

メヒコ
サントリー 純生
メヒコ

無線
東京137
自交
メンソール好きの1mg
ネクストメンソール

3F

二十五年祭
憂国忌
郵便
POST
年賀はがき
発売中

Tokyo *nuits*

Avec ses bâtiments biscornus éclairés par les néons des enseignes de bars et autres lieux de divertissement, Tokyo, la nuit, prend une toute autre dimension. Le monstre vibre de toutes ses énergies. C'est le moment de faire tomber le masque, de se libérer des contraintes sociales et de profiter de la vie au rythme endiablé de la capitale.

•• *Itinéraire 1 : dansez, maintenant !*

⋆ Shibuya

WOMB, situé au coeur de la colline des love hotels près de Dogenzaka.

Studio Arias, 2-16 Maruyama-cho, Shibuya-ku, tél. : 03-5459-0039.

Infos en anglais sur www.womb.co.jp

⋆ Aoyama

LOOP, pour les amateurs de house-music et de garage.

2-1-13 Shibuya, Shibuya-ku, tél. : 03-3797-9933.

⋆ Daikanyama

AIR, club très tendance, dans un quartier également tendance.Au 2ème sous-sol de l'immeuble Hikagawa,

2-11 Sarugaku, Shibuya-ku.

Infos en anglais sur www.air-tokyo.com

⋆ Shinjuku

LIQUID ROOM, club, salle de concert, immense boîte dans le quartier de nuit.

3-16-6 Higashi, Shibuya-ku, tél. : 03-5464-0800.

Infos en anglais sur www.liquidroom.net

⋆ Roppongi

SPACE LAB YELLOW, au coeur du quartier de nuit le plus fréquenté par les occidentaux.

1er et 2ème sous-sol de l'immeuble Cesaurus Nishiazabu, 1-10-11 Nishiazabu, Minato-ku, tél. : 03-3479-0690 .

Infos en anglais sur www.club-yellow.com

Le « pays du savon »

Si vous vous promenez, une fois la nuit tombée, aux alentours de Roppongi ou du Kabuki cho, et si un rabatteur vous propose un tour au bain turc ou au *soap land,* soyez prévenus : il s'agit d'un établissement de massages sexy, une version moderne des maisons closes. Ce ne sont pas des établissements de massages « sérieux » (***Cf. Tokyo bien-être p. 118***), ni des bains publics (***Cf. Tokyo bains p. 124***).

Tokyo : ouvert toute la nuit

Les *combini,* ou *convenience store,* sont des supérettes présentes à proximité de la sortie de quasiment toutes les gares dans chaque quartier. Ouvertes 7 jours sur 7, 24h sur 24, on peut y acheter des plats chauds, des produits de base, des magazines, on peut aussi y payer ses factures, utiliser leur service de livraison de bagage *takyubin* (très pratique quand on a des bagages lourds, pour se faire livrer directement à l'hôtel).

Les principales chaînes de *combini* sont : 7-Eleven (depuis 1973, plus de 10 500 points de vente dans tout le Japon), Lawson (depuis 1975, 7 900 points de vente), Family Mart (depuis 1981, plus de 6200 points de vente), am-pm (depuis 1990, 1 420 points de vente), Sunkus (depuis 2001, 3 200 points de vente), Circle-k (depuis 2001, 2 900 points de vente).

•• Itinéraire 2 : Tokyo love

Conçus initialement pour offrir de l'intimité aux jeunes couples, les *Love Hotels* sont rapidement devenus des refuges pour couples non officiels ou même parfois des attractions touristiques ! Il faut dire que les concepteurs de ces drôles d'hôtels rivalisent d'imagination pour attirer et fidéliser la clientèle : du design le plus kitsch aux chambres les plus spacieuses et les mieux équipées de la capitale.

Love hotel mode d'emploi : on peut y faire une courte pause (2 à 3 heures) ou y passer la nuit (à partir de 22h), discrétion assurée...

⋆ Shibuya

De nombreux *love hotels* sont regroupés sur la colline de Dogenzaka.

P&A PLAZA HOTEL. On y trouve des cabines pour se faire bronzer et des équipements sportifs. Pause de 2 heures à partir de 4000 ¥, nuit sur place à partir de 9000 ¥.

Accès : *depuis la gare Shibuya, près de Bunkamura sur la colline des love hotels, Dogenzaka.*

⋆ Shinjuku

Les *love hotels* sont concentrés dans le quartier de Kabuki-cho, et sont généralement plus chers qu'à Shibuya. **HOTAL PAL** , 7 800 ¥ la pause, 10 000 ¥ la nuit. 2-30-3, Kabuki-cho, Shinjuku-ku, tél. : 03-3200-4844.

Accès : *gare de Shinjuku.*

⋆ Uguisudani

9 HOTEL SEKISHU. Cet hôtel offre une atmosphère relaxante, avec des bains de style *onsen* dans chaque pièce. Pause de 3 heures à partir de 5 000 ¥, nuit sur place à partir de 6 900 ¥.

Accès : *juste en face de la sortie nord de la gare JR de Uguisudani.*

⋆ Akasaka

HOTEL NEW AKASAKA. Cet hôtel propose des chambres de style japonais luxueuses agrémentées de grands miroirs. Pause de 2 heures à partir de 7 000 ¥, nuit sur place à partir de 11 000 ¥.

Accès : *au sud-ouest de la station de Akasaka sur la ligne Chiyoda.*

•• Itinéraire 3 : Tokyo out

Shinjuku Ni-chome, Ni-chome tout court pour les intimes, est le quartier gay de Tokyo situé à proximité de la gare de Shinjuku 3-chome entre le parc de Shinjuku et l'avenue Yasukuni. C'est peut-être l'un des plus grands quartiers gay du monde en terme de nombre d'établissements mais la taille de ces établissements est souvent très réduite et beaucoup fonctionnent en clubs, fermés aux visiteurs de passage. Parmi les bars populaires et ouverts à tous, voici une sélection :

GB'S : avec un grand bar circulaire centrale au 1er sous-sol du Shinjuku Plaza Building, 2-12-3 Shinjuku, tél. : 03-3352 -8972.

ARTY FARTY : spacieux, avec une petite piste de danse rarement utilisée au 1er étage du n° 33 Kyutei Bldg, 2-11-7 Shinjuku, tél. : 03-536- 9720.

ADVOCATES : le seul bar ouvert sur la rue, au rez-de-chaussée de l'immeuble Dai-7 Tenka Building, 2-18-1 Shinjuku, tél. : 03-3358-3988.

DRAGON : au 1er sous-sol en face du GB, Shinjuku 2-18-5, tél. 03-3341-0606.

Si vous voulez danser gay, deux soirées parmi tant d'autres : ***Red*** au club ***Spiral*** dans le quartier de Roppongi. Spiral, 1er et 2ème sous-sol de l'immeuble TSK, 7-15-30, Roppongi, Minato-ku, tél. : 03-5786-4412.

Soirées ***Friends*** au Club ***Complex Code*** de Shinjuku, situé au cœur même du Kabuki-cho.

Club complex Code, 3ème étage, 1-19-2 Kabuki-cho

JAZZ

5F
スリーファイブ
キャスコ
4F

Tokyo *underground*

Biographie
Né en 1970
Activités : directeur des éditions Le Lézard Noir, spécialisé dans l'avant-garde japonaise
Passions : toutes les contre-cultures
Réalisations : éditeur français de Maruo Suehiro, Aida Makoto, etc.
Plus d'info : www.lezardnoir.org
Ecrivez à Le Lézard Noir, Bp 294 - 86007 Poitiers cedex

•• *Itinéraire :* **Tokyo underground**

« Tokyo est une ville parcourue de trains, cousue de fils électriques, elle montre ses veines. »
(in *Sans Soleil* de Chris Marker)

★ Nakano - Koenji

À quelques stations de Shinjuku sur la Chuo line, une journée de visite s'impose dans la grande galerie commerciale *Nakano Broadway*. Outre la dizaine de boutiques Mandarake, chacune spécialisée dans un pan de la culture *manga*, vous y trouverez aussi une multitude de magasins de figurines pour collectionneurs de *bearbrick* et autres *Quees* de 2 à 500 euros, des antiquaires de jouets et poupées vintage de *Peko chan*, et encore de nombreux magasins de disques et de DVD d'occasion. Ma préférée : la petite boutique *Taco-ché*, accolée à un magasin de *sailor fuku*, ces fameux uniformes de collégiennes qu'affectionnent les hommes touchés par le *lolicon*, ou complexe de lolita. *Taco-ché* (il y aurait eu un restaurant de *Taco-poulpe* à cet emplacement auparavant) est l'équivalent de notre *Regard Moderne* parisien. Suehiro Maruo, Keiti Oota, Toshio Saeki ou encore l'anglo-japonais Trevor Brown qui réside a deux pas, sont parmi les artistes qui y exposent régulièrement. À une station de Nakano, se trouve le quartier de Koenji, quartier plutôt branché et *« punk »* où se trouve le vidéoclub *Auviss*. On peut y louer des films incroyables et plutôt durs à trouver notamment le fameux *Kurotokage, le Lézard Noir*, de Fukasaku avec Mishima et Maruyama. A visiter également, les boutiques *Baroque* (moitié librairie spécialisée en art extrême et moitié *sex-shop*) et *Animaru*, la friperie bouquinerie du dessinateur Daisuke Ichiba.

★ Ginza

À Ginza, quartier plus bourgeois, on ne manquera pas la *Span Art Gallery (SAG)* de Shinama Tanemura. Cette petite galerie impeccable propose régulièrement des expositions des grands noms de *l'ero-guro* (contraction de érotique et grotesque). Maruo, Saeki et Trevor Brown bien sûr, mais aussi Kuniyoshi Kaneko, illustrateur de

Bataille au Japon, (sa minuscule galerie *Bijutsu Club Higurashi* à Jinbochô est incontournable et les amateurs de son trait pourront trouver au sous sol du printemps de Ginza, la boîte de chocolats *Queen Alice* qu'il a illustrée), Akira Uno (fameux avec entre autres le sérigraphe Yokoo Tadanori pour avoir fait certaines des plus belles affiches de *l'Angura*, mouvement théâtral expérimental et avant-gardiste dont le Tenjo Sajiki de Shujy Terayama fut un des fers de lance), le parisien Yoshifumi Hayashi ou encore Takato Yamamoto.
Toujours à Ginza la *Vanilla Gallery*, spécialisée en art érotique et fétichisme expose Asaji Muroi et des dolls artistes comme *Bee Kanno*, inspiré par les travaux d'Hans Bellmer.

★ Shinjuku

Situé à la lisière du quartier des plaisirs du Kabukichô, le *Golden Gai* semble sorti d'une autre époque. Dans ce quartier, composé de quelques ruelles, où s'aventurent rarement les touristes, sont empilés quelques 300 bars dont certains ne contiendraient pas plus de 8 personnes. Si d'aventure vous vous risquiez à pénétrer dans un club sans avoir été guidé par un habitué des lieux, la surprise pourrait être de découvrir au moment de la note, un droit d'entrée élevé (courant dans certains endroits touristiques au Japon) et un tarif prohibitif des consommations.

Désert le jour, le *Golden Gai* devient plus inquiétant et fascinant la nuit. Cet îlot, épargné au milieu du béton, est aussi célèbre pour ses chats qui sont le sujet régulier des émissions de TV japonaises que pour avoir été le quartier général des activistes contestataires et cinéastes engagés des années 60-70. Le *Golden Gai* ne semble pas avoir changé depuis cette époque et ses rues ne dépareilleraient pas au Musée Shitamachi d'Ueno. A l'étranger, le plus connu du quartier est sans conteste le bar *La Jetée*, en hommage au film éponyme de Chris Marker, devenu presque aussi légendaire que le film du mythique cinéaste français. Au mur du bar de Tomoyo Kawai qui s'exprime dans un français soigné, des images du film de Marker, et quelques bouteilles signées par de grands cinéastes de passage comme Wim Wenders qui lui a rendu hommage dans son *Tokyo Ga*. On trouve aussi dans le *Golden Gai*, de petits théâtres d'une cinquantaine de places tout au plus. C'est dans un de ces cabarets miniatures que se réunissent tous les deux mois une poignée d'initiés qui viennent assister à une session de *shibari*, l'art du bondage japonais, elle sont dirigées par un des plus respectés sensei de cette tradition érotique. Haruki Yukimura. Toujours impeccablement habillé dans des *yukatas* modernes, Yukimurai sensei donne à cet art séculaire et underground une dimension quasi métaphysique en ne perdant jamais de vue l'esprit japonais du *wabi sabi*.

En retournant sur Shinjuku, entre la grande librairie Kinokunya sur l'avenue Shinjuku dôri et la gare JR sortie est, se trouve en sous-sol d'un building le bar *cosy Rouge* dont la particularité est d'avoir été « habillé » par le photographe Araki. On y sert des cocktails dans de petites alcôves capitonnées de velours rouge décorées d'un cliché d'une scène de bondage. Ici aussi un droit d'entrée est demandé.

C'est probablement dans un club de ce style que l'acteur travesti Akihiro Maruyama-Miwa aurait taquiné l'écrivain Mishima Yukio lors d'un slow. Maruyama lui aurait lancé un *« mais où es-tu ? je ne peux te trouver tellement tu es petit »*. Blessé en son for intérieur, Mishima serait parti indigné et aurait décidé de se « forger » un corps. Quelques années plus tard, métamorphosé par les arts martiaux et le body-building, Mishima se donnera la mort au siège des forces d'autodéfense Jietai à Ichigaya au terme d'une tentative de coup d'état avorté qui se solda par un *seppuku* que certains qualifient d'homo-érotique en compagnie de son fidèle lieutenant Morita de la *Tatenokai (la Société du Bouclier*, la milice privée de l'écrivain). Cet événement fut vécu comme un véritable choc national qui a marqué jusqu'à aujourd'hui les consciences. Il est possible de visiter le centre *Jietai* après plusieurs démarches administratives même si les guides ne font pas la promotion de cet événement tragique.

Côté musiques avant-gardistes, cet immense quartier abrite l'un des principaux magasins de musiques *noise* de Tokyo. *Neds* est fiché dans un building moderne d'une grande avenue où chaque box-appartement est un magasin type (boutique de disque, *sex shop* spécialisé...) d'une taille de quelques tatamis. On trouve à prix parfois prohibitifs, les vinyls les plus recherchés de la mouvance industrielle. Particularité, le boss est aussi fasciné par les trains et il expose ses photos de locomotives au milieu de pochettes de disques expérimentaux et autres attirails SM. On peut même trouver un bac de disques d'enregistrement de trains !

⋆ Yoyogi

Dans un petit quartier résidentiel proche de la station de Yoyogi, en retournant vers le parc Meiji, se trouve *Densatsu,* la boutique du regretté Koji Tano (1961-2005), figure clé du *japanoise* (rendu célèbre par les groupes *Merzbow, Masonna, Gerogerigegege, CCCC...*) grâce à son projet *MSBR.* C'est en se frottant à Tokyo, à ses périphériques qui lacèrent la vue, à ses néons et écrans publicitaires géants, au bruit constant sortant des magasins et des haut-parleurs déversant leurs *« Irashaimase »* que l'on comprend comment une telle musique a pu naître ici. Mais aussi les liens qui unissent parfois le bondage japonais et le *noise.* Masami Akita de Merzbow fut longtemps assistant de Nureki Sensei, un des grands maîtres du *shibaru,* l'art du ligotage, et Mayuko Hino du groupe *CCCC* fût actrice renommée des *pinku* des studios *Nikkatsu,* roman-porno - genre typique des années 70. Ce petit magasin, qui édite la revue spécialisée du même nom et où l'on se déchausse avant d'entrer, fonctionne comme une coopérative ou chacun paie une partie du loyer et reçoit un pourcentage sur les ventes des disques qu'il apporte.

⋆ Shibuya

Shibuya est le paradis de tout amateur de nouveautés musicales et vestimentaires. Le *Tower Records* (le mieux fourni avec celui de Shinjuku) de 5 étages est inévitable tout comme le *HMV,* mais on trouve également plusieurs *Reco Fan,* chaîne de *second-hand,* dont un avec d'incroyables bacs de disques vinyles d'occasion. Pour les amateurs de musiques inclassables, une visite s'impose au *Kurara Audio Arts.* Cette boutique lilliputienne située dans un appartement se trouve à deux pas du grand magasin *Parco* qui possède par ailleurs un excellent musée au dernier étage et au sous-sol une librairie avec un rayon art très bien fourni. Les cinéphiles se rendront au cinéma *Uplink Factory,* non loin de la gigantesque librairie *Book 1ST,* qui projette des films d'avant-garde et des *pinku,* et possèdent dans le même building une salle de concert et une galerie. Toujours à Shibuya mais en remontant sur l'Aoyama dori, l'*ABC (Aoyama Book Center),* puis le *Nadiff* près d'Omotesando et, en pénétrant plus dans Harajuku, la librairie *On Sundays* dans le Watarium Museum sont incontournables. Ces librairies, références en art contemporain, design et avant-garde proposent en outre de très bonnes expositions temporaires.

under ground
ph/fx: +81 3 3403 8639
4-32-1 jingumae, shibuya-ku,
tokyo 150-0001 japan
Photoshop free !!

Tokyo *nostalgie*

Comme nous vous l'avons présenté jusqu'ici, ce sont la modernité, le renouveau et le changement qui dominent à Tokyo. Pour autant, on peut trouver de nombreuses traces du riche passé de la capitale japonaise, de son folklore et de ses traditions. Les Japonais excellent à perpétuer leur artisanat, à reconstituer le passé dans de nombreux musées et à vivre leur tradition au moment des grandes fêtes de quartiers, liées à un sanctuaire ou à un temple, les *matsuri*.

•• Itinéraire 1 : *l'ère Edo (1603-1867) à Tokyo*

Il y a à peine 150 ans que le Japon est sorti d'une époque peuplée de guerriers *bushi* (ou samouraï) au sens de l'honneur et aux valeurs très stricts, et de belles courtisanes en kimono... Tokyo, ville phénix, est née une deuxième fois de ses cendres après les bombardements de la Seconde Guerre Mondiale. Mais l'héritage de la remarquable période de Edo est encore palpable. Suivez le guide.

★ *Traits caractéristiques de l'époque Edo :*

1. Une ère de grande stabilité politique,
2. Une époque régie par le code moral des *bushi*, les guerriers au service des seigneurs locaux,
3. Une période de fort isolationnisme,
4. Le développement d'une culture unique,
5. La création de la grande ville de Tokyo, sous le nom d'Edo.

★ *Faites comme les gens d'Edo, Edokko*

• Admirez les *estampes du monde flottant*, ukiyo-e, au *Musée Ota de Harajuku*. *Cf. p. 169.*

• Allez au bain dans un cadre entièrement reconstitué à *l'Onsen Edo Monogatari*. *Cf. Tokyo Bains p. 124.*

• Découvrez la vie de la capitale avant la révolution de Meiji au musée *Edo Tokyo* dans le quartier de Sumida-ku (ci-dessous).

• Réservez une place pour un tournoi de sumo au stade *Kokugikan*. *Cf. p. 192.*

• Essayez-vous à un cours d'arrangement floral, *ikebana*. Plusieurs écoles à Tokyo : *Chiko School*, 1-27-2 Koei Tomoda, Minami Otsuka, Toshima-ku, Tél.: 03-3941-0917 ; *Ichiyo School*, 4-17-5 Nakano, Nakano-ku, tél. : 03-3388-0141. Plus d'adresses encore sur le site en anglais : www.ikebanahq.org

• Rendez-vous au spectacle le plus populaire de cette époque, le *kabuki*, au théâtre de Kabukiza

de Ginza. Cf. p. Ou un spectacle plus élitiste de *Nô*, au *National No Theater,* 4-18-1 Sendagaya, Shibuya-ku, tél. : 03-3423-1331.
Accès : *sortie sud de la gare JR de Sendagaya sur la ligne Chuo.*

★ Tout le raffinement d'Edo dans ses produits artisanaux

KAMAWANU

Design raffiné des éventails et des *tenugui,* petites serviettes japonaises.
Accès : *3 min. à pied de la gare de Harajuku sur la JR Yamanote, derrière le grand magasin Laforêt.*

IBASEN

Cf.Tokyo Marunouchi p. 200.

ISETATSU

Cf. Tokyo Shopping p. 69.

MATSUTSUNA

Le roi des *kimonos,* Edokomon.
Matsutsuna, 4-4-32 Shimo-ochiai Shinjuku-ku.
tél. 03-3951-3721.

★ Restaurants pour goûter aux spécialités culinaires d'Edo :

OEDO

Restaurant spécialisé dans les anguilles grillées, *unagi,* depuis 1800. 4-7-10 Nihonbashi Honmachi, Chuo ku, tél. : 03-3241-3838.
Accès : *1 min. à pied de la gare JR Shin Nihonbashi.*

CHINYA :

Restaurant *sukiyaki* (plats de viande en marmite) depuis 1880. Chinya, 1-3-4 Asakusa, Taito-ku, tél. : 03-3841-001.
Accès : *1 min. de la sortie 1 de la station d'Asakusa sur la ligne Ginza.*

SANSADA

Le roi des *tempura* depuis 1837. Légères et croustillantes. 1-2-2 Asakusa, Taito-ku.
Accès : *gare de Tobu Asakusa.*

KOMAGATA DOJO

Spécialisé dans les *dojo,* sardines. *Cf. Asakusa p. 194.*

ASADA

Restaurant spécialisé dans les *soba* depuis 1855.
2-29-11 Asakusa bashi, Taito ku, tél. : 03-3851-5412.
Accès : *gare de Tobu Asakusa.*

SUSHISEI

Goûtez les *sushis* d'Edo, *Cf. Ginza p. 206.*

Assistez à une cérémonie du thé

Les grands hôtels de Tokyo proposent tous des cérémonies : ***l'Impérial Hotel,*** tlj sauf dim. de 10h à 16h, 1 500 ¥ (réservations au 03-3504-1111, www.imperialhotel.co.jp).
L'hôtel ***Okura*** tlj sauf dim. de 11h à 16h, 1 000 ¥ (réservations au 03-3582-0111, www.okura.com/tokyo).
Si vous souhaitez un cadre plus traditionnel, essayez les cérémonies de *Chado Kaikan* à 11h30 et 14h les mar. mer. et jeu. 2 000 ¥, réservations au 03-3361-2446.
Le bâtiment originel date du 14ème siècle.
3-39-17 Takadanobaba, Shinjuku-ku.
Accès : 10 min. à pied de la gare de Takadanobaba, ligne JR Yamanote.
Et s'il fait beau, pourquoi ne pas profiter du charme du jardin *Happoen.* Cérémonies tlj de 11h à 16h, 2 100 ¥, réservations au 03-3443-3111. 1-1-6 Shiroganedai, Minato.
Accès : 15 min. à pied de la gare de Meguro, ligne JR Yamanote).

•• Itinéraire 2 : un goût de suranné à Tokyo et ses environs

Tout l'esprit de la ville basse, *Shitamachi,* ne se retrouve pas seulement dans les deux quartiers les plus touristiques de Ueno et Asakusa que nous vous présenterons en détail. Cette vie du petit peuple d'Edo prospérant en dehors du château, loin des hauteurs de la colline de la Yamanote, désormais très occidentalisée, vous en trouverez aussi des exemples à Katsushika et Yanaka. Plus ancien, découvrez le zen à Kamakura. Plus récent, les années 60 à O-ume marugoto.

★ Katsushika / Shibamata :

quartier au charme fou au bord de la rivière Edo. Le temple Shibamata Taishakuten vaut à lui seul le détour. Entre la gare de Shibamata et le temple, vous pourrez admirer la statue de Tora-san, personnage de fiction TV le plus populaire du Japon dans les années 70-80. Les alentours sont charmants, avec les nombreux magasins en bois de *sembei* et autres objets traditionnels. Après votre visite du temple, poursuivez jusqu'aux berges de la rivière. De l'autre côté de la gare de Kanamachi, ne manquez pas les sanctuaires Kasaijinja et Handa Inari, ainsi que l'étang du parc Mizumoto. Une belle journée de balade en perspective !

Accès : *gares de Shibamata et l'arrêt suivant de Kanamachi sur la ligne Keisei au départ de Ueno, 30 min. de trajet.*

★ Yanaka

quartier paisible dominant le parc de Ueno et accueillant un cimetière digne de notre Père-Lachaise. Atmosphère début de siècle assurée. *Cf. p. 188.*

★ Kamakura

la première ville du bakufu, gouvernement de la tente (prise de pouvoir du Shogun) et ses temples Zen.

Cf. p. 226

★ O-ume marugoto

plongez dans les années 60, époque où les films en noir et blanc de Kurosawa passaient au cinéma et où le *mangaka* Fujio Akatsuka remportait ses plus grands succès, dans ce « musée » rétro à ciel ouvert.

Accès : *à 1h30 de Shinjuku descendre à la gare de O-ume sur la ligne JR Chuo.*

•• Itinéraire 3 : les musées gardiens de la tradition

★ Musées et jardins de reconstitution

MUSÉE SHITAMACHI

Reconstitution aux moindres détails d'une rue d'Asakusa au 19ème siècle.

Ouvert tlj sauf lun. de 9h30 à 16h30, entrée 300 ¥.

2-1 Ueno-koen, Taito-ku, tél. : 03-3823-7451.

Accès : *sortie Shinobazu de la gare JR de Ueno, près de l'étang de Shinobazu.*

MUSÉE FUKUGAWA EDO

A proximité du magnifique jardin japonais de Kiyosumi Teien. Sur le même modèle mais de réalisation plus récente que le Shitamachi, tout un quartier reconstitué.

Ouvert tlj sauf lun. de 9h30 à 17h00, entrée 300 ¥.

1-3-28 Shirakawa, Koto-ku, tél. : 03-3630-8625.

Accès : *station Monzen-Nakacho sur la ligne de métro Tozai.*

Kamakura

MUSÉE EDO-TOKYO

Construit sur pilotis sur le modèle des greniers à riz traditionnels, mais dans des proportions gigantesques, le musée se situe à deux pas du stade national de sumo. Vous trouverez à l'intérieur une réplique à taille réelle du fameux pont en bois de Nihonbashi et bien d'autres bâtiments d'époque Edo (un théâtre de kabuki…). Des volontaires francophones ou anglophones seront ravis de vous guider dans votre visite (renseignements à l'entrée du musée). Ouvert tlj sauf lun. de 9h30 à 17h30 (20h les jeu. et ven.), entrée 600 ¥.

1-4-1 Yokoami, Sumida-ku, tél. : 03-3626-9974,
site Internet en anglais :
www.edo-tokyo-museum.or.jp/english

Accès : *2 min. à pied de la gare de Ryogoku sur les lignes JR Sobu et Oedo.*

Sans oublier :

- Le Musée d'architecture en plein-air *Edo-Tokyo*
- Le parc *Nihon Minka* en à Kawasaki
- Le jardin *Sankeien* de Yokohama

Pour ces 3 jardins d'architecture ***Cf. Tokyo oasis p. 110***

★ *Musées d'art traditionnel*

LE MUSÉE NATIONAL DE TOKYO

Le plus grand musée de Tokyo, qui regroupe 80 trésors nationaux, des vestiges archéologiques des époques Jomon et Yaoi, des kimonos, des statues de Bouddha... Ne manquez pas à gauche en entrant dans l'enceinte du musée la fabuleuse galerie des trésors issus du temple Horyuji.

Ouvert tlj sauf lun. de 9h30 à 17h, entrée 420 ¥.
13-9 Ueno Koen, Taito ku, tél . : 03-3822-1111,
site Internet en anglais : www.tnm.go.jp/en

Accès : *dans le parc de Ueno, à 10 min. à pied des gares JR de Ueno ou d'Uguisudani.*

NEZU INSTITUTE OF FINE ARTS

Dans son écrin de verdure en plein cœur d'Aoyama, à mi-chemin entre l'avenue Omotesando et Roppongi Hills, ce musée propose de superbes expositions temporaires en plus de ses collections de peintures, calligraphies, sculptures, céramiques, textiles, laques, art bouddhiste.

Ouvert tlj sauf lun. de 9h30 à 16h, entrée 1 000 ¥.
6-5-1 Minami-Aoyama, Minato-ku, tél. : 03-3400-2536,
site Internet en anglais :
www.nezu-muse.or.jp/index_e.html

Accès : *station de métro Omotesando, ligne Ginza.*

★ *Musée sur l'artisanat et le folklore japonais*

NIPPON MINGEIKAN

Musée d'artisanat populaire, installé dans une belle maison recouverte de chaux de style traditionnel où vous pourrez admirer des objets du passé de la vie quotidienne des Japonais.

Ouvert tlj sauf lun. de 10h à 17h, entrée 1 000 ¥. 4-3-33 Komaba, Meguro ku, tél. : 03-3467-4527.

Accès : *5 min. à pied depuis la gare de Komaba Todaimae sur la ligne Keio Inokashira. Sortie Université de Todai, tournez à gauche une fois en face du grand portail de l'université.*

くろさ
準備中

下馬

•• Les principales fêtes traditionnelles, matsuri, de Tokyo

• **4 janvier :** *Kagura,* danses acrobatiques au sanctuaire Fukagawa-Hachiman. **Accès :** *station de Monzen-Nakacho, ligne Tozai.*

• **24 - 25 janvier :** *Usokae-Shinji,* statuettes d'oiseaux attribuées cérémonieusement au sanctuaire Kameido Tenjin. **Accès :** *station de Kameido, ligne Yamate.*

> ***Setsubun, les 3 ou 4 février***
> Ce jour marque le dernier jour de l'hiver pour le calendrier lunaire. Dans la plupart des grands temples du Japon, des haricots sont jetés de façon à symboliquement repousser les démons, chasser le mal et attirer la fortune.

• **11 et 13 février :** *cérémonie de repiquage du riz,* respectivement aux sanctuaires Kitano Ten puis Suwa Jinja à Itabashi.

• **mi-février à mi-mars :** *fête des pruniers* au sanctuaire Yushima jinja.

• **18 mars :** *grande fête du temple Senso ji* d'Asakusa.

• **31 mars et 1er avril :** *Kanamara Matsuri,* festival du Phallus d'acier, à Kawasaki dans le sanctuaire Wakamiya Hachiman-gu. **Accès :** *prendre le bus n°23 depuis la gare JR de Kawasaki.*

• **fin mars à mi-avril :** *floraison des cerisiers, Ohanami,* à Ueno, Asakusa...

• **8 avril :** *anniversaire du Bouddha* au temple Gokokuji. **Accès :** *station de Gokokuji, ligne Yurakucho.*

• **13 au 16 mai :** *Kanda matsuri* au sanctuaire Kanda Myojin. **Accès :** *station Ochanomizu, ligne JR.*

• **17 au 18 mai :** *Sanja matsuri* au sanctuaire Asakusa jinja. L'un des plus grands festivals de Tokyo accueillant une parade avec des milliers de participant, des processions de *mikoshi,* temple shinto portatif. **Accès :** *station Asakusa, ligne Ginza.*

> ***Bon Odori, en juin***
> Danses traditionnelles au temple Tsukiji Honganji. Pour y aller, prendre la ligne de métro Hibiya et descendre à la station Tsukiji.

• **10 au 16 juin** : *San no matsuri* au sanctuaire Hie jinja. **Accès :** *station Akasaka Mitsuke, ligne Ginza.*

• **en juillet-août :** grands feux d'artifice (Sumida, Yokohama...).

> ***Tanabata Matsuri ou hoshi matsuri en août***
> Festival des étoiles, Hikoboshi et Orihime. La ville se pare de branches de bambou décorées de bandes de papier multicolores sur lesquelles on inscrit ses vœux. La tradition veut qu'à la fin de cette fête, on jette ces véritables « arbres de noël d'été » dans un cours d'eau pour éloigner la malchance. La légende veut que les deux étoiles représentent des amoureux qui ne peuvent se rencontrer qu'une seule fois par an, le jour de Tanabata Matsuri.

• **21 au 23 août :** *Kappa matsuri* au temple Sogen ji. **Accès :** *station Tawaramachi, ligne Ginza.*

• **15 septembre :** *fête du sanctuaire Hikawa.* **Accès :** *station Roppongi, ligne Hibiya.*

• **11 octobre au 15 novembre :** Asakusa Kannon Matsuri au temple Senso ji.

• **16 au 18 octobre :** *Oeshiki* au temple Kishibojin. **Accès :** *prendre le tramway depuis la gare d'Ikebukuro.*

• **1er au 3 novembre :** *grande fête du sanctuaire Meiji.* **Accès :** *gare de Harajuku, ligne JR Yamanote.*

> ***Shichi Go San, 7-5-3, le 15 novembre***
> Les petites filles âgées de 3 et 7 ans et les petits garçons de 3 et 5 ans sont célébrés ce jour-là. On les emmène au temple shinto pour prier, revêtus de leur plus beau kimono.

• **14 décembre :** *commémoration de l'exploit des 47* rônin *au temple Sengaku ji.* **Accès :** *station Sengaku ji sur la ligne Asakusa Toei.*

L'histoire des 47 rônin

Les *rônin* étaient de paysans errants sans terre et par extension des *samouraïs* sans maîtres se vendant au plus offrant. Les 47 *rônin*, immortalisés au cinéma par Kenji Mizoguchi et au kabuki dans la pièce la plus populaire du répertoire *Chushingura*, étaient 47 samouraïs du 18ème siècle devenus rônin suite à une décision injuste du *shogun* envers leur seigneur, le *daimyô*, Asano Naganori. Ils décidèrent de venger la mort de leur maître. Une fois leur vengeance accomplie, ils furent, comme leur maître, condamnés au suicide. Cette histoire toucha profondément le peuple japonais et ils furent tous inhumés au côté de leur maître dans le temple Sengaku ji.

❤ elle aime

Hina Matsuri, le 3 mars

Hina Matsuri est le festival des poupées ou la fête des petites filles. Cette fête est célébrée le 3 mars partout dans le Japon. On souhaite beaucoup de bonheur aux petites filles du foyer en décorant son pas de porte avec des poupées et en ornant son intérieur de branches de pêchers en fleur. Ce jour-là, on a aussi coutume de boire un saké très doux et de manger un *chirashizushi*, bol de riz recouvert de morceaux de poissons crus et d'omelette.

❤ il aime

Koinobori, le 5 mai

Koi signifie carpe, et *nobori* drapeau. Et ce sont bien des fanions en forme de carpes, qui se gonflent au vent, plantés sur des mâts près de chaque maison lors de la fête des garçons : *Tango no Sekku*. Selon une ancienne légende d'origine chinoise, une carpe entreprit de remonter le Fleuve Jaune à contre-courant, c'est pourquoi elle est aujourd'hui symbole de force, longévité et persévérance, qualités que l'on souhaite à chaque petit garçon.

⇨ à lire

- ***Chronique d'Asakusa*** de Kawabata Yasunari, éd. Livre de Poche, pour retrouver toute l'ambiance de ce quartier historique du nord-est de Tokyo dans les années 1920.
- ***La Sumida*** de Kafu Nagai, éd.Gallimard - dans leur excellente collection Connaissance de l'Orient - vous emmènera au début du 19ème siècle, tournant du siècle et époque de rupture et de changement de civilisation au Japon.
- Même thématique pour ***Je suis un chat*** de Soseki Natsume, éd. Gallimard. Immergez-vous avec beaucoup d'humour dans le monde littéraire et la vie d'un professeur du début du siècle dernier à travers les commentaires de…son chat !
- ***Aux origines du monde, contes et légendes du Japon,*** éd. Flies France, pour découvrir les contes traditionnels du pays.

Tokyo sacré

De prime abord, Tokyo semble être LA ville matérialiste où les seuls dieux vénérés s'appellent Vuitton ou Gucci. Pourtant, on s'aperçoit vite que le sacré occupe une place, même diffuse, dans la vie des Japonais et dans l'environnement urbain. Chaque quartier possède plusieurs sanctuaires Shinto et temples bouddhistes, lieux de prières mais aussi de *matsuri*, fêtes traditionnelles.

•• *Itinéraire : temples et sanctuaires au départ de la gare JR Ueno*

LE SANCTUAIRE TOSHOGU

Ouvert tlj de 9h à 16h30, entrée 200 ¥, dans le parc de Ueno.

Construit en 1651 et dédié au shogun Tokugawa Ieyasu qui installa sa capitale à Edo, c'est l'un des seuls sanctuaires de Tokyo à avoir résisté aux tremblements de terre, incendies et guerres. On y accède par un chemin bordé de lanternes, en pierre et en fer, dons des différents *daimyo* - anciens seigneurs féodaux locaux.

LES TEMPLES BOUDDHISTES KAN-EIJI ET BENTEN-DO

Toujours dans le parc de Ueno, le temple de *Kan-Eiji* fut construit en 1625 par le fils de Tokugawa Ieyasu, afin de protéger la ville des épidémies. Une grande partie du temple a été détruite sous l'ère Meiji, il ne reste plus qu'une pagode à 5 étages et quelques bâtiments.

Le temple *Benten-do* est dédié à Benzaiten, la déesse des arts et de la sagesse (symbolisée souvent par un *biwa,* la harpe japonaise). Avant les examens de fin d'année, les étudiants se pressent ici pour s'attirer les grâces de la déesse.

Depuis la station de métro Ueno, direction Asakusa (5 min. de trajet pour la station de métro Asakusa, ligne Ginza).

LE TEMPLE BOUDDHISTE SENSO-JI

C'est le temple le plus connu de Tokyo et le plus fréquenté également. Il fut créé en 628 près de l'endroit où des pêcheurs avaient trouvé une statue de Kannon (déesse de la miséricorde). Il fut détruit par les bombardements américains pendant la Seconde Guerre Mondiale, puis reconstruit dans le même style.

Ouvert tlj de 6h à 17h, entrée gratuite.

Vous pouvez déjeuner à Asakusa. Ensuite, depuis la station de métro Asakusa, prenez la Toei Asakusa puis Toei Mita jusqu'à Shiba-koen (25 min. de trajet environ).

LE TEMPLE BOUDDHISTE DE ZOJOJI

Temple bouddhiste près de la Tour de Tokyo. Construit en 1605 dans le style chinois de la dynastie Tang, c'est le

Parc de Ueno

temple le plus important de la secte bouddhiste Jodo. La porte d'entrée a été épargnée par les ravages du temps et des guerres, et le jardin comporte des milliers de *jizo,* petites statues protectrices des enfants malades ou décédés. Si vous avez un peu de temps, n'hésitez pas à monter au sommet de la tour de Tokyo afin d'avoir une vue à 360° de la métropole. *Cf. p. 172*
Ouvert tlj de 6h à 17h30.

De la station de métro Shiba-koen, prenez la Toei Mita puis Toei Shijuku jusqu'à Ichigaya (20 min. de trajet environ).

LE SANCTUAIRE DE YASUKUNI

Ce sanctuaire est au centre d'une polémique renouvelée chaque année au 15 août, jour de la défaite du Japon dans la Seconde Guerre Mondiale. En effet le sanctuaire abrite les cendres de nombreux criminels de guerre et la visite du Premier Ministre est toujours controversée. Le sanctuaire comporte également un petit musée dédié à la guerre.
Ouvert tlj de 6h à 19h.

De Ichigaya, prendre la ligne JR jusqu'à Harajuku (15 min. environ de trajet).

LE SANCTUAIRE MEIJI-JINGU

Le sanctuaire le plus célèbre de Tokyo est consacré à l'empereur Meiji, mort en 1912. Détruit en 1945, il fut reconstruit en 1958, toujours au cœur du grand parc de Yoyogi. Les bâtiments en bois sont d'une belle simplicité. Les Tokyoïtes viennent y prier en masse pour la nouvelle année chaque 1er janvier.

Les noms des sanctuaires shintos se terminent généralement en gu, jinja ou jingu, ceux des temples bouddhistes en ji, do, tera ou dera.

Le shintoïsme, la voie des dieux

Le shintoïsme est la religion indigène du Japon. Il regroupe une multitude de croyances et de dieux, *kami.* Religion animiste, non révélée, sans prophète ni fondateur, axée autour de rituels, elle ne s'est jamais appuyée sur des édifices religieux pour se développer mais plutôt sur une multitude de lieux sacrés. Le shintoïsme regroupe un nombre infini de divinités régionales issues des forces naturelles. Les sanctuaires sont d'une architecture très épurée car le lieu en lui-même est sacré, le bâtiment n'est qu'accessoire. L'espace sacré est délimité par le *torii,* portique très caractéristique rouge orangé, et la *shimenawa,* grosse corde tressée avec des petits papiers pliés. Les sanctuaires n'abritent pas de divinités personnifiées, mais quelques objets symboliques (le sabre, la perle, le miroir impérial, les barriques de saké...). L'empereur, considéré comme le descendant de *Amaterasu,* la déesse du soleil fondatrice du Japon, est le gardien du shintoïsme.

Le bouddhisme

Le bouddhisme est apparu au Japon au 6ème siècle, importé de Corée. L'empereur Shotoku fit construire les 3 premiers temples bouddhistes au Japon (l'empereur voulait développer un pouvoir politique similaire à celui pratiqué en Chine et comptait sur le bouddhisme pour l'y aider). Le bouddhisme se développa ensuite, se divisant en différentes « écoles de méditation » ou sectes. Chaque secte prône une ascèse de vie plus ou moins contraignante pour atteindre l'Illumination (sectes Tendai et Shingon créées au 8ème siècle, Jodo et Zen créées au 10ème siècle...). Le zen bouddhiste prône que l'Illumination est possible dans notre monde profane. Les temples bouddhistes sont souvent richement décorés et abritent de nombreuses statues de Bouddha, de *bosatsu (boddhisatvas,* moines ayant atteint l'Illumination et préféré rester sur terre pour enseigner plutôt que de se fondre dans le Nirvana), de moines...

elle aime

Je rapporte toujours de mes voyages des petites amulettes et porte-bonheur vendus dans les temples et sanctuaires, protections pour les transports, les études, la santé, l'argent...

Faites du zazen !

Quelques temples à Tokyo proposent des séances de zazen aux extérieurs. Au temple bouddhiste Soun'in Rinzai-shu, vous pouvez participer à une séance de zazen tous les soirs de 19h à 21h. Le temple Taisoji Soto propose des sessions tous les samedis de 7h40 à 9h.

Soun'in Rinzai-shu, Bunkei Yamamoto, 4-1-12 Higashi Ueno, Taito-ku, tél. : 03-3844-3711. **Accès :** *gare de Ueno.*

Taisoji, 7-1-1 Komagome, Toshima-ku, tél. : 03-3910-8234, **Accès :** *gare de Sugamo ou Komagome, lignes JR ou métro.*

Parc de Ueno

à lire

- ***Le BA-ba du Shinto,*** de Bernard Marillier, éd. Pardes
- ***Shintoïsme et bouddhisme au fil des temples japonais,*** de Aurore Chaillou, éd. L'Harmattan

Tokyo oasis

Pour tous ceux qui croient que Tokyo n'est que béton, verre et goudron et qui ont oublié l'art et la passion des Japonais pour la nature et les jardins, voici deux itinéraires verts et enchanteurs.

•• Itinéraire 1 : une pause nature lors de vos pérégrinations urbaines dans le centre de Tokyo

★ Depuis Shiodome et Shimbashi

HAMARIKYU TEIEN

Ce jardin fréquenté à l'époque Edo par l'aristocratie qui y chassait le canard sauvage est un havre de tranquillité dans un quartier commercial en plein essor. Il comporte une maison de thé traditionnelle, située au centre du lac Shiori alimenté par la Baie de Tokyo.

1-1 Hama-Rikyu Teien, Chuo-ku, tél. : 03-3541-0200.

Ouvert tlj de 9h à 17h, entrée 300 ¥.

Accès : *station de Shiodome, sortie 5 ou 6, sur les lignes Toei Oedo ou Yurikamome.*

★ Depuis Ikebukuro

RIKUGIEN KOEN

Rikugien, littéralement le jardin des six poèmes, reproduit en miniature 88 scènes tirées de poésies chinoises renommées. Conçu au 17ème siècle, c'est aujourd'hui un des plus beaux jardins japonais de Tokyo avec son pavillon de thé au bord de l'étang. Ouvert tlj sauf lun. de 9h à 17h, entrée 300 ¥. 6-16-3 Hon-Komagome, Bunkyo-ku, tél. : 03-3941-2222.

Accès : *7 min. à pied de la gare de Komagome.*

★ Depuis Shinjuku

KOISHIKAWA KORAKUEN

Le plus vieux jardin de Tokyo (1629) est particulièrement raffiné, même s'il est moins étendu qu'à l'origine. Il comporte des lanternes de pierre, une forêt de bambou, des ponts traditionnels, une petite rizière, et des représentations miniatures de lieux célèbres de Chine et du Japon.

Ouvert tlj de 9h à 17h, entrée 300 ¥.

1-6-6 Koraku, Bunkyo-ku, tél. : 03-3811-3015.

Accès : *8 min. à pied depuis la gare de Iidabashi sur la ligne JR.*

★ A l'est de Tokyo

KIYOSUMI KOEN

Ce parc datant du début 18ème siècle fut racheté par le fondateur du groupe Mitsubishi. Il décida en 1878 de le transformer afin de pouvoir accueillir ses invités et fit apporter 55 rochers. Aujourd'hui le parc est très plaisant avec sa maison de thé, son lac et ses petites îles.

Ouvert tlj de 9h à 17h, entrée 150 ¥.

1-23-3-9 Kiyosumi, Koto-ku, tél. : 03-3641-5892.

Accès : *3 min. à pied depuis la station de Kiyosumi-Shirakawa sur les lignes Hanzomon ou Oedo.*

Vivre au rythme de la nature et des saisons

Mois	*Végétation*	*Climat*
Décembre - janvier	Narcisse et Camélia	Hiver sec et frais, ciel dégagé, possibilité de voir le Mont Fuji depuis Tokyo
Février	Fleurs de pruniers, *ume*	
Mars - avril	Fleurs des cerisiers, *sakura*, *ohanami* = fête des cerisiers	Printemps agréable
Mai - juin	Iris et ajisai	Saison des pluies, *tsuyu*, mi-juin à fin juillet
Juillet - août	Nénuphars, fleurs de lotus, Hibiscus	Eté chaud et humide
Septembre	Chrysantème, *otsukimi* = observation de la pleine lune	Début septembre période des typhons
Octobre - novembre	Erable, *momiji*, *koyou* = rougeoiment des feuilles d'érable	Automne chaud et agréable

•• Itinéraire 2 : 3 jardins-musées accueillant des villas du 17ème siècle, des fermes traditionnelles ou des bâtiments de l'époque Edo en dehors du centre de Tokyo

SANKEIEN YOKOHAMA

Peut-être le plus beau jardin de Tokyo et ses environs. Le jardin fut créé par un homme d'affaires et ouvert au public en 1904. Il comporte un lac, de magnifiques fleurs, une résidence seigneuriale et différents bâtiments : temples de Kamakura démontés et reconstruits, maisons de thé... Ouvert tlj sauf lun. de 9h à 17h, entrée : 500 ¥.
Sankeien Koen, 58-1 Honmoku-Sannotani, Naka-Ku, Yokohama.

Accès : *30 min. de bus (n°8 ou 125) de la gare de Yokohama jusqu'à l'arrêt Honmoku Sankeien-Mae.*

KAWASAKI NIHON MINKA EN

Plus de 20 maisons traditionnelles de l'Est japonais dont un ancien théâtre de *kabuki* campagnard, un moulin à eau et des fermes à toit haut servant d'espace de stockage, le tout disséminé dans un grand parc vallonné.

Ouvert tlj sauf lun. de 9h30 à 16h30. Entrée 300 ¥.
Kawasaki Nihon Minka-en, 7-1-1 Masugata, Kawasaki.
tél. : 044-022-2181.

Accès : *gare de Mukogaoka-Yuen sur la ligne Odakyu. 12 min. à pied de la sortie Sud.*

EDO-TOKYO TATEMONO HAKUBUTSUKAN

La "succursale" du musée Edo-Tokyo *Cf. p. 100* fait découvrir, dans le joli parc Koganei, de belles et variées maisons de l'époque Edo, entièrement visitables, dont un *sento*, bain public, qui aurait servi de modèle à Miyazaki pour son dessin animé *Le voyage de Chihiro*. Avis aux amateurs...

Ouvert tlj sauf lun. de 9h30 à 17h30, entrée 500 ¥
3-7-1 Sakura-cho, tél. : 042-388-3300.

Accès : *depuis Shinjuku, 30 min. sur la ligne Chuo jusqu'à Musashi Koganei. Puis 15 min. à pied.*

⇨ à lire

- ***Jardins japonais contemporains,*** éd. Flammarion.
- ***La légende du jardin japonais,*** éd. Albin Michel Jeunesse.

Sankeien - Yokohama

Tokyo aqua

Grand port industriel, ville parcourue par des dizaines de rivières et de canaux, Tokyo, abritée des *tsunamis* par sa large baie, a les pieds dans l'eau. L'océan Pacifique n'est pas loin non plus. Mais ses habitants préfèrent souvent le confort de la piscine la plus proche au sable noir des plages de Kamakura, de Chiba ou de la péninsule de Boso. Nous vous proposons 6 itinéraires pour découvrir ce Tokyo aquatique.

•• Itinéraire 1 : la baie de Tokyo

La baie de Tokyo, placée entre la péninsule de Boso à l'est et la péninsule de Miura à l'ouest, s'étend sur 30 km d'est en ouest et 80 km du sud au nord. On peut la traverser en voiture via *l'Aqualine*. La municipalité de Tokyo a longtemps négligé son bord de mer. Des constructions diverses ont recouvert le littoral et il n'y a plus trace de ce qu'était la côte à son origine. Toutefois des initiatives récentes ont visé à réhabiliter les espaces côtiers et le front de mer et de recréer des plages au sable noir caractéristique de cette région volcanique.

★ A voir au fil de la Baie :

LE QUARTIER DE TSUKIJI et son marché au poisson depuis 1923.

LE JARDIN HAMARIKYÛ, ancienne villa de la famille Tokugawa. *Cf. Tokyo oasis p. 108.*

LE RAINBOW BRIDGE et l'île artificielle d'Odaiba.
Cf. p. 212.

LE PARC KASAI RINKAI : parc récent ouvert sur la baie avec une plage où quelques téméraires véliplanchistes osent parfois s'aventurer.
Accès : *1 min. à pied de la gare Kasai Rinkai Koen sur la ligne JR Keiyo ou 50 minutes en ferry depuis le port de Hinode près de la gare de Hamamatsu-chô.*

LE TOKYO PORT WILD BIRD PARK : créé en 1978 sur une île artificielle située non loin de l'aéroport de Haneda, ce parc est idéal pour observer les oiseaux migrateurs en hiver ou admirer la floraison des cerisiers au printemps. Ouvert tlj sauf lun, de 9h00 à 16h30, entrée 300 ¥.
Accès : *gare de Ryutsu Center depuis la gare de Hamamatsu-chô en Monorail.*

•• Itinéraire 2 : les rivières, Sumidagawa et Tamagawa

Les rivières qui traversent Tokyo sont également l'occasion de belles découvertes, en bateau ou à vélo.

Rivière Sumida

★ ***En croisière sur la rivière Sumida***

Les 2 lignes les plus intéressantes sont :

- *au départ d'Asakusa* (ligne Ginza, suivre la sortie de l'embarcadère) jusqu'au jardin de Hamarikyû pour 620 ¥ pour un aperçu original de la ville vue de l'eau.

- *au départ du port de Hinode* (gare de Hama-matsuchô sur la ligne Yamanote) jusqu'à l'île artificielle d'Odaiba pour 400 ¥ pour une traversée de la baie et une vue imprenable du Rainbow bridge.

Plus de renseignements sur le site en anglais :
www.suijobus.co.jp/english/index.html

★ ***En vélo sur les berges de la rivière Tama***

Balade champêtre de 11 km depuis le pont de Marukobashi jusqu'à celui de Daishibashi, possibilité de louer des vélos sur place.

4-23-3 Nishi Rokugo, Ota-ku, tél. : 03-3731-9388.
Accès : *gare de Rokugodote sur la ligne JR Keihin-kyuko.*

•• Itinéraire 3 : étangs et canaux

Exemples même de la maîtrise de la nature par l'homme, les étangs de Tokyo permettent de très agréables promenades.

★ ***Ueno***

4 bonnes raisons pour se promener au bord de l'étang de Shinobazu : les cerisiers au printemps, les fleurs de lotus en été, la maison de thé *Hasumi-jaya* (au bord de l'étang, près de la salle de concert *Suijo-Ongaku-do)* et le temple Bentendo sur la petite île plantée au beau milieu de l'étang.

★ ***Iidabashi***

2 bonnes raisons pour une excursion au canal d'Iidabashi (tout près de la gare *JR Iidabashi)* : les petites barques en location et le bar-restaurant italien, le *Canal café.*

★ ***Takebashi***

3 bonnes raisons de se rendre près des douves du Palais impérial à Takebashi (sur la ligne Tozai) : le Musée national d'art moderne et son café, les jardins Est du Palais impérial, le parc *Kitanomaru* et son impressionnante salle de sport / concert octogonale, le *Budokan.*

•• Itinéraire 4 : Tokyo piscine

Les Tokyoïtes ont le choix entre de nombreuses piscines publiques ou privées pour s'adonner aux joies de la natation.

La plus belle piscine est certainement celle du ***YOYOGI NATIONAL GYMNASIUM*** entre Shibuya et Harajuku, dans le magnifique stade imaginé par Kenzo Tange pour les jeux olympiques de 1964. C'est l'endroit le plus en vue pour se faire bronzer en été...

Ouvert tlj de 12h à 21h, entrée 500 ¥ (bonnet de bain obligatoire). Jinnan 2-1-1, Shibuya-ku , tél. : 03-3468-1171.
Accès : *gare de Yoyogi, ligne JR Yamanote.*

Celle du ***TOKYO GYMNASIUM*** à Sendagaya est également agréable avec un toit à structure métallique impressionnant. Ouvert tlj de 9h à 21h, entrée 600 ¥.

Sendagaya 1-17-1, tél. : 03-5474-2111.
Accès : *à la sortie de la gare de Sendagaya, ligne JR Sobu.*

La plupart des Tokyoïtes préfèrent les piscines des clubs de sport ou des hôtels aux piscines publiques. Dans cette catégorie, les plus populaires sont celles des clubs ***FITNESS*** (Shibuya et Shinjuku, notamment).

Enfin la plus incroyable des piscines est sans doute celle de l'hôtel ***HYATT PARK TOWER*** située au sommet d'une des trois tours que comptent cet hôtel de Shinjuku, rendue célèbre depuis son passage dans le film de Sofia Coppola, *Lost in Translation*...

Ouvert de 6h à 22h, tél. : 03-5323-3434, 7 000 ¥ l'entrée comprenant l'accès au club fitness.

Accès : *gare JR Shinjuku ou station Nishi Shinjuku.*

❤ elle aime

Toutes les heures dans les piscines publiques, branle-bas de combat. Tout le monde sort pour laisser place aux maîtres-nageurs qui, sous prétexte de nettoyer le fond et la surface de l'eau, font une véritable présentation de leur savoir-faire !

•• Itinéraire 5 : Tokyo Pacifique

Aller à la plage lors d'un séjour à Tokyo, c'est tout à fait possible ! Les plages les plus proches sont à Kamakura (sable noir) ou Chiba (sable blanc).

Pour Kamakura prendre la ligne *JR Yokosuka* et descendre à Kamakura ou Zushi. Depuis Kamakura prendre la ligne Enoden qui longe la côte et descendre au gré de son inspiration.

Pour Chiba, plage d'Onjuku (sable blond, compter 4 000 ¥ environ pour la location d'une cabine de plage et d'un transat), Hebara et Ichinomya, pour les surfers, Taito-Misaki et Kamogawa, plus familiale. Depuis la gare de Tokyo en 1 heure et demie par la ligne *JR Sobo Express* (deux fois plus chère mais deux fois plus rapide que la ligne *Sobo* omnibus). Descendre à la gare d'Onjuku, puis marcher ou prendre le bus qui longe la côte.

❤ il aime

Les plages de Chiba sont ouvertes sur l'océan Pacifique et donnent l'impression d'être dans une véritable station balnéaire, à deux encablures de la mégapole !

Rainbow Bridge

•• Itinéraire 6 : Tokyo archipel

Envie de partir naviguer au large de Tokyo ? Direction les îles de la baie !

★ Les îles d'Izu

L'île volcanique d'Oshima est la plus grande et la plus proche de Tokyo des 7 îles volcaniques du parc national de Fuji Hakone Izu (Oshima, Toshima, Nijima, Kozujima, Miyakejima, Mikurajima, et Hachijojima). Les jeunes Tokyoïtes s'y rendent en bande l'été pour camper, faire du surf et se retrouver entre amis. L'une des plus jolies îles - et des plus préservées - est Shikinejima, où l'on circule à vélo (location 1 000 ¥ par jour) : 4 plages de rochers (avec un terrain de camping gratuit) et 3 onsens attendent les voyageurs.

Accès : *en ferry depuis le port de Takeshiba (à proximité de la gare JR Hamamatsu-chô). Choisir le terminal de ferry Tokai Kisen. Compter entre 3 800 et 11 430 ¥ selon le trajet. Des ferries plus rapides font également le trajet entre Tokyo et les îles d'Izu en 1h45. Réservations par téléphone au 03-5472-9009. Informations sur les hébergements sur les îles Izu au 03-3436-6955.*

★ Les îles d'Ogasawara

Beaucoup plus lointaines (environ 1 000 km de la capitale) mais aussi beaucoup plus sauvages, les îles de Chichijima et Hahajima sont des petits coins de paradis à 25h en ferry de la capitale.

Accès : *par le port de Takeshiba et la compagnie Ogasawara Kaiun. Se renseigner sur les horaires de départ peu fréquents au 03-3451-5171. Compter entre 22 570 et 53 490 ¥.*

★ Sarujima, l'île du singe

Petite île dans la baie de Tokyo, idéale pour un barbecue en été ! C'est la seule île de la baie à avoir conservé son aspect original et naturel.

Accès : *en ferry par le port de Mikasa Pier à Yokosuka. Un départ par heure, compter 10 min. pour la traversée. Pour joindre le port de Mikasa, 15 min. à pied de la gare de Yokosuka Chuo sur la ligne JR Keihin Kyuko.*

Tokyo *bien-être*

C'est peut-être parce que Tokyo constitue l'archétype de la mégapole vibrante qui ne s'arrête jamais, que ses habitants ont depuis longtemps érigé le « soin de soi » en un véritable art de vivre. Et c'est certainement pour la même raison qu'on y trouve pléthore d'instituts de beauté et que les cosmétiques japonais sont de renommée mondiale.

•• *Itinéraire : faites-vous plaisir !*

★ *Massages*

Les massages occupent une place importante dans les soins japonais depuis des siècles. Vous pouvez bien sûr vous offrir un massage shiatsu ou occidental, mais si vous n'avez ni le temps ni l'argent, optez pour les *massage parlour* qui proposent des massages rapides (1 000 ¥ les 10 minutes). Le must : le massage des pieds. Essayez *Temomin* (1-20-8 Jinnan, 3ème étage, ouvert tlj sauf dim de 11h à 21h, accès : gare de Shibuya) ou le 8ème étage du magasin *Keio* de Shinjuku (ouvert tlj de 10h30 à 19h, accès : gare de Shinjuku). En outre, les grands magasins ont presque tous développé aujourd'hui des petits salons de massage.

★ *Coiffure*

Certes, on part rarement en vacances à l'autre bout du monde pour aller se faire couper les cheveux, mais si l'occasion se présente, n'hésitez pas, c'est une belle expérience : massage approfondi de la tête et des épaules, coupes tendances et ambiance jeune garantie. Vous trouverez de nombreux salons à Harajuku et à Jyugaoka.

★ *Produits de beauté*

Les Japonaises sont les clientes les plus dépensières et exigeantes au monde en matière de cosmétiques. Cela explique l'excellence des produits japonais, qu'ils soient traditionnels ou contemporains. Si vous aussi vous voulez être aussi pimpante qu'une *geisha,* essayez donc quelques uns de ces produits :

• le savon noir à base de *hinoki,* cèdre japonais.
Il laisse la peau incroyablement douce et parfumée.
Chez *Loft,* dans les *onsen* et les pharmacies.

• les produits de la marque *Kanebo,* moins connue en France que *Shiseido.*

• les feuilles à passer sur le visage pour enlever l'excès de sébum sans le maquillage, *aburatorigami.*
Essayez les produits de la marque *Yojiya.*

• les lingettes qui ont chacune une utilisation particulière : démaquiller, rafraîchir, assainir…

❤ elle aime

Quand je suis fatiguée d'avoir marché toute la journée, direction les étages électroménagers des grands magasins ou des magasins d'électronique type Bic Caméra. Je peux alors me relaxer gratuitement dans les larges fauteuils de massage ou profiter des bains de pied !

SHISEIDO
風

ONOKO
SHOP

Tokyo *France*

Biographie

Michel SAGAZ a toujours été intéressé par les langues et les cultures étrangères, ainsi que les voyages. Il est enseignant de français langue étrangère, actuellement en poste à Tokyo.

•• *Itinéraire : Kagurazaka, de bas en haut*

Depuis quelques années, la colline de Kagurazaka se développe et s'internationalise mais, loin de ressembler aux grands centres tels que Shinjuku ou Shibuya, la rencontre entre les traditions japonaises, la modernité et l'étranger s'est faite dans ce microcosme de façon tout à fait harmonieuse, en y préservant une vie de quartier.

Je vous conseille d'arriver à Kagurazaka en fin d'après-midi afin d'avoir le temps de flâner dans les rues et de faire du lèche-vitrine avant d'aller dîner dans l'un des nombreux restaurants.

Une autre possibilité est de prévoir une balade à Kagurazaka en journée avec une pause-déjeuner. On préfèrera cette deuxième option pour un déjeuner en terrasse (alors qu'elles sont rares dans la capitale nippone, plusieurs restaurants dans ce quartier ont une - vraie ! - terrasse), pour une promenade sous les cerisiers en fleurs (début avril) le long de *Soto-Bori*, possible jusqu'au parc de Soto-Bori, près de la gare de Yotsuya, ou si vous prévoyez de visiter un autre quartier dans la même journée ***Cf. Infra.***

Kagurazaka est situé dans une zone vallonnée. Le mieux est de commencer votre itinéraire au bas de la rue principale de ce quartier (Kagurazaka shita), du côté de Iidabashi (gare JR Iidabashi, sortie Ouest, ligne S bu, station de métro Iidabashi, sortie B2 / B3, lignes *Tozai, Yurakucho, Toei Oedo, Namboku).* Vous pouvez ensuite très facilement marcher jusqu'à la station de métro Kagurazaka (ligne *Tozai).* Pour ce faire, vous allez gravir une « côte » *(zaka* en japonais), arriver à un grand croisement et remonter une nouvelle côte jusqu'à la station Kagurazaka.

Cette rue principale est bordée de divers petits commerces japonais : porcelaine, artisanat, vêtements... Ne manquez pas de faire une visite au temple dédié au dieu Bishamonten (entrée gratuite ; prospectus en français disponible gratuitement au guichet sur la droite du bâtiment principal). N'hésitez pas également à vous engouffrer dans les ruelles transversales, certaines pavées, pour y découvrir des ambiances authentiques du Japon. Il n'est pas rare de croiser des Japonais en vêtements traditionnels. La rue Kagurazaka est interdite aux voitures le dimanche.

★ *Où manger ?*

On peut constater dans ce quartier une concentration inhabituelle de restaurants français. Si vous souhaitez déguster un plat « du pays », vous y trouverez sans doute ce qu'il vous faut !

CAFÉ LE RÊVE

Endroit idéalement placé pour prendre un café pas cher (200 ¥) avant de commencer votre visite.

Tlj sauf dimanche.

LE SAINT-MARTIN

Cuisine familiale. Déjeuner : menu à 1 050 ¥ du lundi au vendredi (samedi : à la carte). Dîner à la carte (plats à partir de 1 300 ¥. Par exemple, confit de canard à 1 600 ¥).

Tlj sauf dim., tél. : 03-5228-2070.

MAISON DE LA BOURGOGNE

Service relax et terrasse agréable. Déjeuner à partir de 1 200 ¥, dîner 5 000 ¥ (vin compris) en moyenne. Un choix de 120 vins exclusivement bourguignons, à partir de 4 000 ¥ environ la bouteille.

Tlj sauf lun., tél. : 03-3260-7280?.

LE TRAIN BLEU

Bar à vin tout en long et comptoir chaleureux. Sommeliers serviables. Grand choix de vin au verre (290 - 1 000 ¥) ou à la bouteille (1 600 - 9 000 ¥). Bières à partir de 480 ¥. Digestifs à partir de 500 ¥. Dîner de 18h à minuit. Tél : 03-3268-1812, tlj sauf dim. et jours fériés. Pendant la journée, ce bar à vin change d'enseigne pour devenir le restaurant de soba *Kagurazaka soba.* Plats à partir de 350 ¥.

Ouvert de 6h à 18h.

CANAL CAFÉ

Situé au bord de l'ancienne douve extérieure du Palais Impérial. Cadre convivial pour un déjeuner / dîner ou simplement pour y prendre une boisson (bière à partir de 600 ¥ ; expresso : 400 ¥ ; café : 500 ¥). Possibilité de louer une barque de 11h30 à 17h (500 ¥ pour 30 minutes). Bon moyen pour admirer les cerisiers en fleurs.

Tlj sauf lun., tél. : 03-3260-8068.

IZAKAYA SEIGETSU

Spécialités japonaises (essayez les viandes et poissons grillés) dans une ambiance et un cadre japonais. Possibilité de vous installer (selon disponibilité) au comptoir (face à la cuisine), à une table à l'occidentale, ou à une table basse à la japonaise (assis sur des tatamis, mais avec un espace pour les jambes - beaucoup moins douloureux que sans !). En moyenne 4 000 ¥ par personne, alcool compris (à la carte ; plats à partir de 500 ¥). Grand choix d'alcools et de sakés, *nihonshu,* japonais : à partir de 380 ¥ le verre. Tél. : 03-3269-4320.

IZAKAYA TAKECHAN

Situé tout près de la station Kagurazaka. *Izakaya* « de quartier » dans lequel on se sent à l'aise. Clientèle japonaise plutôt jeune et ambiance populaire. *Mangas* que l'on peut emprunter le temps du repas. Prix très abordables : bière à 290 ¥ ; plats à partir de 500 ¥.

Ouvert de 17h à 1h (de 16h30 à 23h le dimanche et les jours fériés). Tél. : 03-5229-6721.

SARY

Salon de thé japonais dans une bâtisse restaurée en bois, caché dans une ruelle. Possibilité de déguster divers plats, thés, desserts dans une ambiance japonaise, soit à l'extérieur sur la terrasse de bois, soit à l'intérieur au design délicat et chaleureux. *Lunch set* à partir de 1 000 yens ; desserts à partir de 630 ¥ ; thés / cafés : 500 ¥ environ.

Ouvert tlj., tél. : 03-3266-0880.

BOULANGERIE BACKER

Boulangerie allemande. Grand choix de pains et de viennoiseries sucrées et salées.

Tlj sauf lun. Ouvert de 8h à 20h.

FROMAGERIE ALPAGE

A Tokyo, vous ne trouverez pas une fromagerie à chaque coin de rue. Dans celle-ci, vous aurez un large choix de fromages importés essentiellement de France. Attention toutefois à votre budget... Non loin de la fromagerie, dans la rue principale, un supermarché possède un assez bon choix de vins.

★ Deux raisons de plus d'aller à Kagurazaka !

LIBRAIRIE FRANÇAISE OMEISHA

Fondée en 1947, vous y trouverez un choix de 6 000 références. Pour vous y rendre : depuis la sortie ouest de la gare de train de Iidabashi, sur le pont Ushigome, dos à la gare, ne prenez pas la direction de Kagurazaka, mais partez vers la gauche. Vous rencontrerez un *koban* (poste de police) à 50 mètres. Traversez la rue en continuant tout droit. Prenez ensuite la première rue à gauche (celle opposée au *Café de Crié*), puis à nouveau la première rue à gauche. C'est à une dizaine de mètres.

Tél. : 03-3262-7276.

CINÉMA GINREI

Cinéma qui se distingue des autres par la pertinence de ces choix dans sa programmation. Pour le programme pendant votre séjour : www.cam.hi-ho.ne.jp/ginrei/jyouei.htm (page en japonais seulement, mais très visuelle). Deux films (à voir à la suite) pour 1 200 ¥ ! Même prix pour un seul film.

★ *Poursuivre la découverte du Tokyo paisible*

La situation géographique de Kagurazaka en fait un point de départ idéal pour des promenades loin des quartiers bruyants et des grandes artères de la ville. On accède facilement à pied ou en train/métro aux quartiers de :

★ ***Waseda et Takadanobaba :*** quartiers résidentiels et étudiants ; respectivement à 30 min. et à 1 heure environ à pied, promenade très agréable ; ou bien ligne de métro *Tozai.*

★ ***Kudanshita :*** le quartier du Palais Impérial ; environ à 15 min. à pied ; ou ligne de métro *Tozai.*

★ ***Jimbocho et Kanda :*** quartiers de bouquinistes et de disquaires ; à pied en passant par Kudanshita 25 min. environ ou lignes de métro *Tozai* et *Hanzomon.*

★ ***Ochanomizu :*** quartier étudiant et pour les musiciens (de nombreux magasins d'instruments de musique) ; à pied 35 min. en passant par Kudanshita et Jimbocho ou ligne de train *Sobu.*

Tokyo bains

大江戸温泉物語

Grâce à sa forte activité volcanique, le Japon regorge de sources d'eau chaude naturelle aux vertus thérapeutiques et relaxantes, les *onsen*. Buts d'excursion favoris des couples de tous âges ou de groupes d'amis, il en existe quelques-uns à Tokyo. Parallèlement existent un grand nombre de *sento,* bains publics communs où l'on se retrouvait pour le plaisir d'un bain brûlant et d'une conversation du temps où les maisons n'étaient pas équipées de salle de bain.

•• Itinéraire : quelques adresses d'onsen et de sento sur vos lieux de visite à Tokyo

★ Après avoir visité le temple Senso-ji d'Asakusa :

IMADO ONSEN

Une pause pratique puisque ce *sento* comporte une laverie automatique. Il y a même un bain extérieur (d'où vous pourrez voir le feu d'artifice de Sumida en été.

Ouvert tlj sauf ven., de 15h à minuit, entrée 400 ¥, compter 100 ¥ pour louer un petit drap de bain.

2-8-3 Imado Taito-ku, tél. : 03-3873-3609.

Accès : *station de Asakusa, lignes de métro Asakusa ou Ginza.*

★ Après un shopping harassant à Ginza :

KOMPARU-YU

Un *sento* qui date de l'époque Edo. Classique, il comporte trois bains, de températures différentes (tiède, chaud et très chaud).

Ouvert tlj sauf dim et lun, de 11h à 23h, entrée 770 ¥.

8-7-5 Ginza Chuo-ku, tél. : 03-3571-5469.

Accès : *station de Ginza.*

★ Dans le quartier traditionnel d'Azabu-Juban près de Roppongi :

AZABU-JUBAN ONSEN

C'est *l'onsen* le plus connu de Tokyo. L'eau marron des bains provient d'une source souterraine de 500 m. Plusieurs bains sur plusieurs étages, avec une salle de repos en *tatami.*

Ouvert tlj sauf mar, de 11h à 21h, entrée 1 300 ¥.

1-5 Azabu-Juban Minato-ku, tél. : 03-3404 -2610.

Accès : *station de Azabu-Juban, lignes de métro Oedo ou Namboku.*

★ Le plus grand, construit comme un parc d'attraction, sur l'île d'Odaiba :

OEDO MONOGATARI ONSEN

Ce nouveau complexe ouvert en 2003 propose 20 bains différents, intérieurs et extérieurs. Vous pouvez vous promener en *yukata* (kimono en coton) dans des rues recréant l'ambiance de l'ancienne Edo (boutiques, restaurants traditionnels…). Vous pouvez également passer la nuit dans les salles de relaxation. Il y a même un *onsen* dédié au chien dans le complexe…

Ouvert tlj 24h/24h, dernière entrée à 2h du matin, et fermeture de 9h à 11h, entrée 2 700 ¥. Oedo Monogatari Onsen, 2-57 Oume, Eto-ku, tél. : 03-5000-1126.

Accès : *station de Telecom Center, ligne Yurikamome.*

★ *Le plus récent, après avoir assisté à un match au Tokyo Dome ou visité le jardin Koishikawa Korakuen*

LAQUA

Véritable parc d'attraction qui regroupe restaurants, magasins et spa japonais. Des bains extérieurs, vous avez vue sur le Tokyo Dome, vous pouvez également demander des massages ou des bains à bulles.

Ouvert tlj 24h/24, sauf de 9h à 11h, entrée : 2 565 ¥. LaQua, tél. : 03-5800-9999. Site Internet en anglais : www.tokyo-dome.co.jp/e/laqua

Accès : *1 min. de la gare de Suidobashi, ligne JR ou ligne de métro Mita, ou 9 min. de la station de Korakuen sur la ligne de métro Asakusa.*

★ *Un peu en dehors du centre-ville :*

TOSHIMAEN NIWANOYU

Un joli *rotenburo, onsen* en plein-air, dans un jardin japonais, et aussi une piscine d'eau de la mer Morte.

Ouvert tlj de 10h à 23h, entrée 2 250 ¥.

3-25-1 Mukoyama, Nerima-ku, tél. : 03-3999-4126.

Accès : *à 2 min de la station de Toshimaen, ligne de métro Oedo ou ligne seibu Ikebukuro.*

Tout sur le bain

• **Règle de base** : on se nettoie avec attention de la tête aux pieds, assis sur un tabouret et on n'entre dans le bain qu'une fois abondamment rincé.

• **Attention** : les Japonais aiment prendre leur bain très chaud, 40° en moyenne. Entrez progressivement pour une relaxation maximum.

• **Souvenir** : achetez des sels de bain, pour vous faire une séance *onsen* à la maison en rentrant. On en trouve partout (pharmacies, *100¥ shop*, grandes surfaces…).

⇨ à lire

• ***L'art du bain japonais,*** de Léonard Koren et Maruo Suehiro, éd. Le Lézard noir : ce petit livre/manga vous apportera toutes les informations nécessaires pour vous comporter convenablement dans un bain public japonais.

Tokyo *sports*

Si le football est en train de devenir le sport le plus populaire auprès des jeunes générations, notamment grâce aux bons résultats de l'équipe nationale et de la Coupe du Monde 2002, le baseball reste très présent dans le cœur des supporters et les combats de sumo font toujours salle comble. Quant aux sports pratiqués, on peut difficilement parler du Japon sans aborder les arts martiaux...et le golf dont les nombreux practices juchés en haut des immeubles font partie du paysage urbain !

•• Itinéraire 1 : assister à une rencontre sportive

★ Match de baseball

Allez applaudir l'équipe de Tokyo, les *Yomiuri Giants,* au **TOKYO DOME** (pour les plus passionnés, le *Dome* contient également un petit musée du baseball).

Site Internet en anglais avec calendrier des matchs : www.tokyo-dome.co.jp/e/

Accès : *gare de Suidobashi, ligne JR.*

★ Tournoi de sumo

Si vous êtes à Tokyo lors d'un tournoi de sumo (15 jours en janvier, mai et septembre), essayez d'y assister, c'est une expérience très intéressante. Les tournois se tiennent au **KOKUGIKAN** et se déroulent toute la journée, de 8h30 pour les débutants jusqu'à 18h pour les *Yokozuna,* les grands champions de sumo.

Vous pouvez obtenir des places auprès d'agences de voyages japonaises, dans les *combini* ou au Kokugikan.

tél. : 03-3622-1100. Les billets non réservés coûtent 2 100 ¥ pour la journée. Plus d'informations sur le sumo sur le site Internet : www.sumofr.net

Accès : *2 min. à pied depuis la station de Ryogoku, ligne JR sobu ou métro Oedo.*

Pour assister aux entraînements de sumo,

Cf. Asakusa - Ryogoku p. 192

★ Arts martiaux

Construit en 1964 à l'occasion des Jeux Olympiques et situé dans le parc Kitanomaru, le **BUDOKAN** est utilisé aujourd'hui à la fois comme salle de concert pour les grands artistes et comme salle d'entraînement et de compétition. L'architecture de la salle est copiée sur celle d'un célèbre temple de Nara, le Horyu-ji. Vous pouvez assister gratuitement aux entraînements.

Aïkido et Karaté le jeu. de 17h30 à 18h30, ou le sam. de 14h à 15h et de 17 à 18h ; Judo et Kendo les lun., mer. et ven. de 17h30 à 18h30.

Accès : *2 min. à pied de la station de Kudanshita, sur les lignes de métro Tozai, Hanzomon ou Shinjuku.*

•• Itinéraire 2 : jouez maintenant !

★ Pratiquer le judo

Le Kodokan permet aux étrangers de s'inscrire à des cours (minimum 6 mois). Renseignements sur le site en anglais : www.kodokan.org.

★ Pratiquer l'aïkido

Contactez la Fédération internationale d'Aikido à Tokyo.
17-18 Wakamatsu-cho, Shinjuku-ku, tél. : 03-3203-9236

★ Pratiquer la natation

Cf Tokyo Aqua, p. 114

⇨ à lire

- ***Mémoires d'un lutteur de sumo*** de Kurishima Kazuhiro, éd. Picquier.
- ***Senshusei*** de Robert Twigger, éd. Sully : un Anglais apprend l'aïkido dans un stage de formation de la police anti-émeute de Tokyo.

Manger comme les sumos

Kurishima Kazuhiro, *yokozuna* - lutteur classé dans les plus hauts rangs du tournoi de sumotori - de renom, a ouvert un restaurant spécialisé dans le *chanko,* le plat quotidien du sumotori. C'est une sorte de bouillon où sont mélangés légumes et viandes. Le restaurant s'étale sur 8 étages (salles à l'occidentale, tatamis, salons particuliers avec vue panoramique). Compter au moins 3 000 ¥ par personne.
Chanko Kirishima, 2-13-7, Ryôgoku, Sumida-ku, tél. : 03-3632-8710. ***Accès :*** situé en face de la sortie Ouest de la gare de Ryôgoku.

Tokyo délices

Tokyo est un paradis pour tout gastronome. La cuisine japonaise ne se limite évidemment pas aux *sushis* et aux *yakitoris* (brochettes de poulet) et la variété des mets proposés - de la bonne cuisine familiale roborative jusqu'aux dîners fins, des plats de saison jusqu'aux spécialités régionales, de la cuisine traditionnelle jusqu'aux expérimentations de la *fusion food* et aux cuisines du monde (Brésil, Corée, Chine...) - devrait combler même les plus difficiles. Voici ci-dessous une petite sélection.

★ Les spécialités japonaises

LES CLASSIQUES

Sushi : tranche de poisson cru sur du riz vinaigré.

Sashimi : fine tranche de poisson cru.

Maki : riz et sa garniture roulé dans une feuille d'algue.

Temakizushi : cône d'algue garni de riz, de poisson et d'avocat.

Chirashi : bol de riz recouvert de poisson cru.

Tempura : beignet de légumes et de poisson.

Udon et soba : nouilles de blé et de sarrasin.

Yakitori : brochettes de poulet.

Okonomiyaki : crêpes / pizzas japonaises.

Gyoza : raviolis en forme de petit croissant d'origine chinoise.

Tofu : pâte de soja préparée de différentes façons selon les restaurants. La plus simple est *hiyayakko,* tofu froid recouvert de sauce soja.

Kare : curry brun japonais, prononcez *kalé,* de couleur marron et moins épicé que les versions indiennes ou thaïlandaises.

Onigiri : le pendant de nos sandwichs, boules de riz fourrées à la prune ou au saumon.

Tonkatsu : porc pané servi avec du chou blanc.

Kuroke : croquettes de pommes de terre panées.

Gyudon : bol de riz recouvert d'un mélange de bœuf et d'oeuf.

Ebifurai : crevette panée frite.

Tsukemono : légumes saumurés.

Miso shiru : soupe au miso.

★ La cuisine des saisons

LES PLATS D'HIVER

Ramen : soupe de nouilles avec de l'ail et du porc.

Shabu-shabu et sukiyaki : sorte de pot-au-feu et de fondue à la japonaise.

Oden : légumes cuits dans un bouillon.

Chanko : plat traditionnel et nourrissant servi aux sumos.

LES PLATS D'ÉTÉ

Somen : nouilles fines servies froides.

Kakigori : glace pilée recouverte de sirop.

春のおすすめ

★ Les desserts

Les fruits sont chers au Japon. Néanmoins, en saison les clémentines, *mikan*, les fraises, *ichigo* et les kakis sont bon marchés.
Les gâteaux de style japonais, *wagashi,* sont petits mais généralement très sucrés et destinés à établir un équilibre avec le goût acre du thé vert.
Les desserts japonais sont principalement à base de riz et de pâte de haricot rouge, *azuki*. Les Japonais affectionnent aussi tout particulièrement les patates douces, *satsuma imo,* et les châtaignes, *kuri*.

★ Quelques spécialités de Tokyo

Monjayaki : sorte de crêpes, se rapprochant des *okonomiyaki* en plus liquide
Edomae zushi : les *sushis* à la mode de Tokyo, à côté du marché de Tsukiji

LE MARCHE AUX POISSONS DE TSUKIJI

Tokyo abrite le plus grand marché aux poissons du monde. Tous les jours, 2 500 tonnes de 450 espèces de poissons font l'objet de transactions entre 10 000 vendeurs et acheteurs ! Allez y faire un tour très tôt le matin, entre 5h et 8h30 pour vivre cette frénésie. Vous pourrez ensuite vous régaler des sushis les plus frais du pays dans les échoppes attenantes.
Ouvert tlj sauf dim. de 5h à 10h, site Internet en anglais : www.tsukijimarket.or.jp/youkoso/welcom_e.htm
Accès : *station de Tsukiji, ligne Hibiya*

Vous voulez cuisiner japonais chez vous ?

http://yayoi.free.fr/CUISINE/cuisine_ind.html
Pour découvrir la cuisine japonaise :
www.chez.com/cuisinejapon/
Lexique de cuisine japonaise
www.kaiseki.com

Le thé vert japonais

Les Japonais sont de grands buveurs de thé. Il vous est souvent offert au restaurant et il existe de nombreuses boissons désaltérantes et non sucrées à base de thé dans les distributeurs automatiques et les rayons boisson des *combini*.
Au Japon, trois régions sont réputés pour leurs thés verts : *Shizuoka,* au sud de Tokyo et au pied du mont Fuji ; *Uji,* près de Kyoto ; *Kumamoto* sur l'île de Kyushu.
Variétés de thé japonais :
Macha : thé en poudre à la saveur très amère et herbeuse, servant notamment dans la cuisine et la cérémonie du thé.
Gyokuro : thé vert à infuser, le plus fin grâce au soin apporté à la récolte des jeunes feuilles.
Sencha : thé vert le plus populaire, à la saveur fraîche et légèrement amère.
Karigane : thé vert obtenu avec les tiges et non pas les feuilles du théier.
Hojicha : thé grillé, torréfié, saveur proche d'un café très allongé.
Genmaicha : mélange de thé vert et de grains de riz grillé, goût original de céréale.

Où acheter du thé à Tokyo ?
Boutique *Tea-Tsu.* Vous pouvez goûter des thés de différentes régions du Japon avant de faire votre choix.
Omotesando Tea-Tsu, 3-18-3 Minami-Aoyama,
Minato-ku, tél. : 03-5772-2662.
Accès : *station Omotesando, ligne Ginza*

Où boire un bon thé à Tokyo ?
Green Bird, salon de thé. 18 variétés, chaudes ou froides entre 250 ¥ et 380 ¥. Thés de Shizuoka, Kyoto et Kagoshima.
2-14 Yotsuya, Shinjuku-ku, tél. : 03-5368-0785.
De 7h à 23h.
Accès : *gare de Yotsuya Sanchome, ligne Asakusa*

❤ il aime

Le *natto,* délice des Tokyoïtes et horreur des touristes : graines de soja fermentées, à la texture visqueuse et à l'odeur de fromage, souvent servi au petit-déjeuner mélangé à un œuf cru ou à des tranches de poisson crû. Généralement quand vous dites que vous aimez la cuisine japonaise à un Japonais, la question suivante est : *natto ga suki desu ka* (vous aimez le *natto* ?).

❤ elle aime

Les *sakura mochi,* douceur exclusivement proposée à la période des cerisiers en fleur. Boule de riz pilé fourrée de *azuki,* la pâte de haricot rouge, et enrobée d'une feuille de cerisier marinée qui confère une saveur sucrée/salée à ce dessert de saison.

⇨ à lire

- ***Le gourmet solitaire*** de Tanaguchi Jirô et Kusumi Masayuki, collection Sakka, éd. Casterman. Suivez les coups de cœur culinaire d'un *salaryman* de Tokyo au hasard de ses déplacements dans la capitale. Instructif et appétissant !

Tokyo resto

Tokyo est la plus grande cuisine du monde ! Des sous-sols aux sommets des plus grands immeubles de la capitale, de la petite échoppe à trois couverts aux salles pouvant accueillir des centaines de clients, vous ne tomberez jamais d'inanition à Tokyo, où le prix d'un repas peut aller de 500 à 30 000 ¥ !

•• Itinéraire : un quartier, une spécialité !

★ **Ginza et Tsukiji :** les *yakitori* à Yurakucho, les *sushis* à Tsukiji (notamment le restaurant Sushisei).

★ **Shibuya et Shinjuku :** de nombreux restaurants japonais et étrangers, à la décoration souvent soignée.

★ **Aoyama et Omotesando :** le coin des restaurants chics au design contemporain et à la décoration soignée, japonais ou occidentaux.

★ **Akasaka :** restaurants de haute gastronomie japonaise, parfois en compagnie de *geishas*. Souvent réservé aux habitués.

★ **Asakusa et Ueno :** restaurants traditionnels, du plus simple au plus chic.

★ **Takadanobaba et Shin-Okubo :** de nombreux restaurants coréens.

★ **Yokohama :** le plus grand *Chinatown* du monde pour déguster des brioches de porc.

Les bento

Le gens pressés ou en voyage se contentent d'un *bento*, sorte de plateau repas comprenant entrée - plat - riz - note sucrée. Les *bento* sont souvent proposés dans les trains et les gares, *eki-bento*. Entre 500 et 1 500 ¥.

Les chaînes de restaurants au Japon

Voici pour vous aider quelques noms de chaîne de restaurants testée par vos guides !

En : plusieurs restaurants à Shinjuku, Shibuya, Ikebukuro… toujours dans un décor soigné traditionnel, une cuisine mêlant Japon et Occident, bonne sélection de saké.

Monsoon : plusieurs restaurants servant une cuisine fusion asiatique dans un décor toujours original.

Mo Mo Paradise : spécialisé dans le *shabu shabu*, qu'on peut manger à volonté pour un prix très raisonnable.

Tapa : chaîne *d'izakaya* servant de bons plats.

Yoshinoya : spécialisés dans le *gyudon*.

Pronto, Capricciosa et La Verde : chaînes bon marché spécialisées dans la cuisine italienne.

Doutor : cafés concurrents de *Starbucks Coffee*.

Pour les *sushis : Zen Sushi, Chiyoda Sushi, Kyotaro.*

Pour les *ramen : Ichiran.*

Pour les *tempura : Tenya.*

Site Internet : www. global-dining.com

にっこ KANIKKO
1個 50円
たらこ TARAKO
1個 110円
いわし IWASHI
1個 110円
まぐろ MAGURO
1個 110円
いか IKA
1個 110円
たこ TAKO
1個 110円
ホタテ NIHOTATE
1個 160円
さば SABA
1個 160円
かつお KATSUO
1個 160円
芽ネギ MENEGI
1個 160円
ぶり BURI
1個 160円
春子鯛 KASUGODAI
1個 160円
さより SAYORI
1個 160円
きす KISU
1個 160円
白魚 SHIRAUO
1個 160円
青柳 AOYAGI
1個 160円
甘えび AMAEBI
1個 160円
穴子 ANAGO
1個 160円
貝 SHIROMIRUGAI
1個 210円
とろかじき TOROKAJIKI
1個 210円
すずき SUZUKI
1個 210円
平貝 TAIRAGAI
1個 210円
しゃこ SHAKO
1個 210円
ほっき貝 HOKKIGAI
1個 270円
とろ CHUTORO
数の子 KAZUNOKO
かれい KAREI
いくら IKURA
しまあじ SHIMAAJI
平目 HIRAME
1個 270円

Les différents types de restaurants

• *Les restaurants bon marché*

Il est facile de déjeuner, dîner ou manger sur le pouce pour pas très cher au Japon (entre 500 à 2 000 ¥ le repas), en choisissant bien ses restaurants.

Restaurants « mono-produit » autour d'une spécialité. Par exemple les *udon/soba, les ramen, les gyudon, les yakitori, les okonomiyaki,* les curries, les *sushis* (bon marché dans les *kaitenzushi,* les bars de *sushi* sur tapis roulants). Ils font souvent partie de chaînes nationales. Vous pouvez acheter les tickets à l'entrée et manger sur le pouce.

Les *family restaurants,* eux aussi organisés en chaînes *(Denny's...)* proposent une nourriture japonaise et occidentale de qualité moyenne mais à bas prix.

• *Les restaurants abordables et sympas*

Les *izakaya* se rapprochent de l'esprit du pub anglais dans l'esprit : on y vient pour boire et manger une cuisine familiale sans prétention. Compter 3 000 ¥ par personne boissons comprises.

Un peu plus chic, les *dinners* ou *dining bar* sont des restaurants aux décors très design et à la carte plus raffinée. On y mange très bien pour en moyenne 3 500 ¥ par personne.

• *Les restaurants à thème*

Les Japonais en raffolent. Tous les thèmes sont représentés : culture asiatique, époque Edo mais aussi ambiance église, prison, vampires...

Par exemple : les restaurants *Alcatraz* (sur le thème de la prison), *Christon Cafe* (sur le thème d'une église), *Elephant Cafe* (sur le thème de l'Asie du Sud-Est), tous les 3 à Shibuya. *Gonpachi* (sur le thème des samouraïs) à Roppongi.

• *Les restaurants chics et chers*

Il existe bien sûr des restaurants traditionnels très sélects, les *ryotei,* où généralement les étrangers ne sont pas admis. Si vous avez la chance de vous y faire inviter par un ami japonais, vous pourrez goûter à la cuisine traditionnel *kaiseki,* différents plats disposés sur un plateau autour d'une soupe miso, de riz et de *tsukemono* (légumes saumurés).

Tabehodai et nomihodai

On les trouve souvent dans les restaurants de *shabu shabu, sukiyaki* ou *sushis* ! Pendant un temps donné (le plus souvent une heure), on peut manger et boire à volonté pour un prix déterminé à l'avance (généralement 3 000 ¥). Cela peut-être une bonne opportunité pour un gros appétit !

♥ il aime

L'île de Tsukishima et ses restaurants spécialisés dans les *monjayaki,* crêpes liquides à la Tokyoïte. Essayez celle à l'encre de seiche, une merveille ! Vous pouvez aussi opter pour une croisière sur la Sumida dans un bateau-restaurant de *monjayaki.*

Retrouvez notre sélection de restaurants par quartier.

にぎり
アスパラ天
穴子天

ハンバーグ弁当（焼肉入り）
580円（税込609円）
マヨロース イカフライ弁当
店舗限定!!
イカフライ海老チリ弁当
鮭弁当

寒ブリ
210円

Tokyo *comptoirs*

Les Japonais aiment se retrouver entre amis ou collègues autour d'une bière, d'un cocktail ou d'un café. Les foyers étant souvent petits ou partagés avec d'autres membres de la famille, on se donne rendez-vous dans les bars. Alors travaillez votre vocabulaire de rencontre et consultez notre sélection !

•• *Itinéraire 1 : cafés de jour*

Les *kissaten* sont les salons de thé et café, aujourd'hui de plus en plus remplacés par des chaînes de *coffee-shops* comme *Doutor, Excelsior* (japonais) et *Starbucks* (américain).

Les *manga kissa* sont encore assez populaires : on peut y emprunter et lire pendant des heures un manga tout en sirotant la boisson de son choix, on peut aussi s'y connecter à Internet et même y dormir dans un grand fauteuil (entre 23h et 7h du matin environ, forfait de 1 500 ¥ environ). Essayez, par exemple, un des *manga kissa* de la chaîne *Manga@Cafe Gera Gera* (à Shibuya et Ikebukuro notamment).

★ *Shinjuku*

NAKA NAKA

Très joli bar au décor de bois sombre peint de fleurs de cerisier. Ambiance feutrée et raffinée.

5ème étage du Peace building, 3-34-11 Shinjuku, Shinjuku-ku.

Accès : *gare de Shinjuku sortie Est sur la ligne JR Yamanote.*

★ *Shibuya*

SATEI HATO

Un café de qualité est servi dans une belle porcelaine, en plein Shibuya.

Ouvert tlj de 11h à 23h30. 1-15-19 Shibuya, tél. : 03-3400-9088.

Accès : *gare de Shibuya, ligne JR.*

★ *Ginza*

CAFE DOUTOR

Le Doutor le plus agréable de Tokyo se trouve au carrefour de Ginza, en face des grands magasins Wako et Takashimaya. Vue panoramique depuis le 1er étage.

Accès : *station de Ginza, lignes de métro.*

FUGETSUDO

Un salon de thé traditionnel, avec un large choix de boissons et de gâteaux japonais *(kasutera,* sorte de génoise, *wagashi…).*

Ouvert tlj de 11h à 21h30. 6-6-1 Ginza, tél. : 03-3571-5000.

Accès : *station de Ginza, lignes de métro.*

★ ***Daikanyama***

GLAPE CAFE

Un café situé en terrasse surélevée près de Namikibashi.

Ouvert tlj sauf mer. de midi à 1h du matin.

1-5 Uguisudanicho, tél. : 03-5459-5180.

Accès : *gare de Daikanyama, ligne Toyoko depuis Shibuya.*

★ ***Les plus belles terrasses***

On trouve un bon nombre de cafés avec terrasse dans les rues adjacentes à l'avenue Omotesando et dans le quartier d'Aoyama.

•• Itinéraire 2 : bars de nuit

Les *izakaya* sont des bars-restaurants à l'atmosphère détendue, servant principalement de l'alcool et de la cuisine japonaise de tous les jours. Ils se déclinent sous plusieurs formes, des estaminets traditionnels et populaires signalés par un *noren* (enseigne en tissu) et une lanterne rouge, les *nomiya* et *aka-chochin,* aux immeubles entiers abritant à chaque étage des bars à la décoration moderne. On y boit principalement de la bière - alcool le plus consommé au Japon, du saké, ou du *shochu.*

Sortir dans un bar au design impeccable

★ ***Shibuya / Aoyama***

MISS SIXTY CAFÉ

Un café tout en longueur au design disco, pour les amateurs de boules à facettes !

Au rez-de-chaussée du Jingumae Media Square

6-25-14 Jingumae, Shibuya-ku.

Accès : *gare de Yoyogi sur la ligne JR Yamanote.*

LA FABRIQUE

En plein cœur de Shibuya, une adresse venue tout droit de Paris, le restaurant se transforme en bar-club à partir de 22h.

Au sous-sol du Zero-Gate Building, 16-9 Udagawa cho, Shibuya-ku.

Accès : *gare de Shibuya sur la ligne JR Yamanote.*

BAPE CAFE

Café aux recoins intimistes, très design.

Au sous-sol, 5-3-18 Minami Aoyama, Minato-ku.

Accès : *station Omotesando sur les lignes Ginza, Hanzomon ou Chiyoda.*

★ *Odaiba et Shibuya*

J POP CAFE

Ce café-restaurant est dédié à la Japanese pop, la variété japonaise. De grands écrans diffusent les derniers clips et vous pouvez choisir d'écouter avec vos casques personnels vos morceaux préférés. Les plats proposés sont de bonne tenue. 2 adresses à Tokyo créées par le designer Katsunori Suzuki. Site Internet :

www.j-popcafe.com

J Pop Cafe Odaiba, à côté de Joypolis sur les Decks. Accès : 3 min. à pied de la station de Odaiba-Kaihin-koen sur la ligne Yurikamome.

J Pop Cafe Shibuya, 7ème étage du bâtiment Beam,
Ouvert tlj de 17h à minuit (à partir de midi le week-end)
31-2 Udagawa-cho, Shibuya-ku, tél. : 03-5456-5767.

Accès : *7 min. de la gare de Shibuya.*

SIROTER UN COCKTAIL EN ÉCOUTANT DU JAZZ DANS LE QUARTIER D'AOYAMA

BODY & SOUL

Petit club abordable.

Au sous-sol de l'immeuble Anise Minami Aoyama,
6-13-19 Minami Aoyama, Minato ku, tél. : 03-5466-3348

Accès : *station Omotesando sur les lignes Ginza, Hanzomon ou Chiyoda*

TOKYO BLUE NOTE

Le club de jazz le plus connu de Tokyo.

Au sous-sol de l'immeuble Raika, 6-3-16 Minami Aoyama,
Minato ku, tél. : 03-3485-0088

Accès : *station Omotesando sur les lignes Ginza, Hanzomon ou Chiyoda*

BAR AVEC VUE

WIRED CAFÉ

Au 5ème étage de l'immeuble Q Front - l'immeuble au plein cœur de Shibuya crossing (le carrefour devant la gare JR) accueillant l'écran géant qui donne un air futuriste à tout le quartier, ce café Internet ouvert de 10h à 2h du matin est impressionnant de jour comme de nuit car vous vous retrouvez assis derrière le fameux écran géant et vous pouvez voir sans être vu !

Accès : *juste en face de la gare de Shibuya, sortie Hachiko.*

AIR BLAN SERVICE

Au 6ème étage du grand magasin MYCITY situé dans la gare de Shinjuku sortie est, ce café-salon de thé-restaurant ouvert jusqu'à minuit vous offre une vue imprenable sur la sortie est de Shinjuku, ses magasins et ses écrans lumineux. Les 6ème et 7ème étages sont des espaces de restauration baptisés Shunkan.

Accès : *gare de Shinjuku.*

PEAK BAR ET NEW YORK BAR

Les deux bars situés au sommet de l'hôtel Park Hyatt offrent une vue fantastique sur toute la ville. Le Peak Bar (ouvert tlj de 17h à 23h30, cocktail environ 1 000 ¥) offre une atmosphère plus intimiste ; le New York Bar accueille tous les soirs des artistes de jazz.

Ouvert tlj de 17h à minuit, entrée 2 000 ¥ à partir de 20h.
Park Hyatt Hotel, 3-7-12 Nishi-Shinjuku

Accès : *station de Nishi-shinjuku*

Boire un bon sake

Le saké japonais

Le saké, ou *nihonshu,* est un alcool de riz à environ 14° qui se boit frais - et sa saveur est alors légèrement sucré, ou chaud - il est alors plus salé. Les sakés de Niigata, Takayama et Kyushu notamment ont une bonne réputation. Plus alcoolisé, le *shochu* est fabriqué à base de patate douce ou de riz, il sert de base à de nombreux cocktails, les *chuhai (shochu* + soda + citron par exemple). Autre alcool local, le *umeshu,* ou vin de prune, est très agréable dégusté frais à l'apéritif.

Sasashu

Bel izakaya offrant un large choix de saké.

Sasashu, 2-2-6 Ikebukuro, Toshima-ku, tél. : 03 3971 6796.

Accès : *sortie C5 de la gare Ikebukuro sur la ligne JR Yamanote dans le même pâté de maison que la sortie.*

Takara

Ce bar possède une belle variété de *nihonshu* et propose régulièrement des dégustations dans un décor sobre comprenant quelques pièces privatives en tatami.

Ouvert tlj de 17h à 22h. Sous-sol du Tokyo International Forum, 3-5-1 Maunouchi, Chiyoda-ku, tél. : 03-5223-9888.

Accès : *gare de Yurakucho, ligne JR.*

Chez Aburiya

Dans un décor évoquant les maisons de thés traditionnelles de Kyoto, ce bar propose une belle sélection de sakés, de *umeshu* et de *shochu* et sert également des grillades.

Ouvert tlj de 17h à 2h du matin en moyenne, réservation recommandée car il y a peu de places.

3-12-4 Minami Aoyama, Minato-ku, tél. : 03-5770-5039.

Accès : *station de métro Omotesando, sortie A4.*

Premiers mots pour une rencontre

Ohayogozaimasu	bonjour (avant 10h)
Konnichiwa	bonjour (le reste de la journée)
Sumimasen	excusez-moi de vous déranger
Watashi wa...desu	je m'appelle...
Anata no namae wa nan desu ka ?	comment vous appelez-vous ?
Eigo / furansugo o hanashimasu ka ?	parlez-vous anglais / français ?
Wakarimasen	je ne comprends pas
Nihon / ... ga daisuki desu	j'adore le Japon / ...
Kore wa nan desu ka ?	qu'est-ce que c'est ?
Omoshiroii	c'est intéressant / amusant !
Oishii	c'est délicieux !
...wa doko desu ka ?	où est ... ?

Tokyo *nobody*

Biographie

Né en 1955 à Fukuoka

Activité : photographie

Passions : Tokyo

Réalisation : Tokyo Nobody (2000, ed. Littlemore),
ou la vision de Tokyo de bon matin, sans âme qui vive
Tokyo Windows (2004, ed Kawade Shobo Shisha),
ou Tokyo vu des fenêtres d'appartements, de bureaux, de magasins…

Ces livres sont disponibles sur le site www.2waku.com

Plus d'infos sur le site Internet en anglais :
www.artunlimited.co.jp/nakano/gallery.html

Pour contacter les éditions Little More :
www.littlemore.co.jp/english/indexeg.html

Gaienmae Minato-ku, janvier 1992 © Masataka Nakano in Tokyo Nobody.

Ginza Chuo-ku, janvier 1996 © Masataka Nakano in Tokyo Nobody.

Tokyo windows

Roppongi Minato-ku, 22 novembre 2003 © Masataka Nakano in Tokyo Windows.

Kappa-bashi Taito-ku, 10 octobre 2003 © Masataka Nakano in Tokyo Windows.

Azumabashi Sumida-ku, 10 décembre 2004 © Masataka Nakano in Tokyo Windows.

Tokyo *biz*

Bienvenue dans le monde des *salarymen* et des *OL (office ladies)* ! Avec plus de 800 000 sociétés et quelques 9 millions de salariés, dont 66% travaillent dans des petites et moyennes entreprises, Tokyo est sans conteste le centre économique du pays. La capitale représente 17 % de la richesse nationale et son PNB est l'équivalent de celui du Canada.

•• Itinéraire : *sur les traces des grands groupes japonais*

3 grands quartiers d'affaires où sont implantés de nombreux sièges sociaux :

Marunouchi, autour de la gare de Tokyo *Cf. p. 196.*

Nihonbashi, au nord de Ginza *Cf. p. 196.*

Shinjuku Ouest et ses gratte-ciel *Cf. p. 176.*

2 sièges sociaux :

MATSUSHITA ELECTRIC WORKS

Ce siège social récent (2003) offre un showroom sur quatre étages pour présenter les appareils ménagers et autres matériels domestiques imaginés par cette grande société. *Cf. Tokyo Hi Tech p. 70.*

TOKYO GINZA SHISEIDO BUILDING

Le bâtiment de 56 mètres de haut conçu par Ricardo Bofill fait partie des points forts et des points de repères de Ginza Dori. Achevé en 2001 à l'occasion de l'anniversaire de la création de la société Shiseido - l'un des *leaders* mondiaux de la cosmétique - sur l'emplacement de l'ancien siège social, il accueille non seulement la boutique Shiseido mais aussi des restaurants et une galerie d'art.

8-8-3 Ginza, Chuo-ku.

Accès : *5 min. à pied de la sortie Ginza dori de la station Ginza sur la ligne Ginza.*

Faites des affaires !

Voici quelques aides utiles pour aborder le marché japonais.

Kinko's : vous pourrez imprimer vos documents professionnels, réaliser vos envois postaux et utiliser fax, Internet, ordinateur. Plus de 39 point de vente à Tokyo.
Site Internet en anglais : www.english.fedexkinkos.co.jp

La CCIFJ : la Chambre de Commerce et d'Industrie Française du Japon propose différents services, offres d'emploi, aide personnalisée, accès au réseau des entreprises françaises installées au Japon, études... Site Internet en français : www.ccifj.or.jp

Le JETRO (Japan External Trade Organization) : toute l'information économique, les possibilités d'investissements au Japon... Site en français : www.jetro.go.jp/france/paris/
Une antenne est également installée à Paris.

La mission économique de l'Ambassade de France met à disposition des informations économiques sur le pays collectées par les experts français. Site Internet en français : www.missioneco.org/japon

Les business hotels

La journée d'un *salaryman* se termine souvent tard. En effet, que ce soit pour resserrer les liens sociaux au sein d'un bureau, ou pour créer une relation de confiance avec des clients, une journée de travail se termine généralement autour d'une bière dans un *izakaya*. La bonne humeur et l'alcool aidant, il arrive très régulièrement à nos cadres en goguette de manquer le dernier train et de devoir rester dormir sur place, soit dans un hôtel-capsule soit dans un *business hotel*, souvent situé à proximité des gares. Vous remarquerez que les petites échoppes sur les quais de gare vendent des cravates et des chemises pour les lendemains difficiles !
Une petite sélection de business hotels (chambres simples et fonctionnelles, entre 5 000 et 10 000 ¥ la nuit).

Hotel Tateshina, 5-8-6 Shinjuku, Shinjuku-ku, tél. : 03-3350-5271, fax : 03-3350-5275.
Accès : *5 min. à pied de la station Shinjuku-sanchome sur les lignes Marunouchi ou Shinjuku.*

Shinjuku New City Hotel, 4-31-1 Nishi Shinjuku, Shijuku-ku, tél. : 03-3375-6511, fax : 03-3375-6535.
Accès : *5 min. à pied de la sortie A5 de la station Tochomae sur la ligne Oedo.*

Ginza Capital Hotel, 3-1-5 Tsukiji, Chuo-ku, tél. : 03-3543-8211, fax : 03-3543-7839.
Accès : *1 min. à pied de la station Tsukiji sur la ligne Hibiya.*

Le karoshi

Le *karoshi*, ou mort par excès de travail, touche des cadres surmenés et stressés et est considéré comme une maladie professionnelle depuis les années 1970. On estime que 5% des accidents cardio-vasculaires sont en fait liés à un excès de travail ; le *karoshi* ferait donc environ 1 000 victimes par an...

D'autre part, les Japonais prennent seulement la moitié de leurs congés annuels de 18 jours. Le gouvernement réfléchit à une loi obligeant les entreprises à organiser les congés de leurs salariés.

★ *L'étiquette des affaires au Japon*

- Toujours avoir plusieurs cartes de visite avec soi, à échanger avec chacun de ses interlocuteurs, et si possible bilingues japonais / français.
- Se présenter au nom de son entreprise pour montrer une cohésion de groupe.
- Lire attentivement la carte que l'on vous a donnée et la poser devant soi pendant l'entretien. Ne rien écrire dessus.
- Toujours traduire vos documents en japonais.
- Etayer vos argumentaires de démonstrations chiffrées et citer vos sources.
- Ne pas contredire frontalement ni violemment votre interlocuteur pour ne pas lui faire « perdre la face ».
- Savoir « lire entre les lignes » : une moue dubitative ou un « je vais y réfléchir » est un refus poli.
- Apprendre à se contrôler : les Japonais aiment la maîtrise de soi et sont sensibles aux signes de communication non verbale.
- Savoir être patient. Les prises de décision sont lentes, fruit de longues concertations.
- Veiller à construire des relations de long terme et ne pas hésiter à répondre aux invitations à aller boire un verre après la journée de travail.
- Il est essentiel de trouver le bon contact parce que les visites impromptues ne sont ordinairement pas très fructueuses.
- Axer vos efforts sur une grande qualité, un bon service et l'adaptation aux goûts et aux besoins particuliers des consommateurs japonais, très exigeants.
- Les voies de distribution peuvent être compliquées et les approches indirectes, par l'entremise d'un agent, sont généralement la norme.

CoolBiz / WarmBiz

Eté comme hiver, sous 40° et 90% d'humidité comme dans les frimas, le *salaryman* japonais arborera - quel que soit son niveau hiérarchique - son uniforme obligatoire : chemise blanche à manches longues, costume bleu, gris ou noir et cravate, au risque de suffoquer ou de mourir de froid ! Tant et si bien que le ministère de l'environnement a lancé en 2005 deux campagnes pour lutter contre ce conformisme et ces habitudes bien ancrées du code vestimentaire qui entraînent une utilisation forcenée de la climatisation et du chauffage : « *CoolBiz* » en été invite les travailleurs japonais à privilégier la chemisette et à laisser tomber la cravate ; « *WarmBiz* » dans la saison froide recommande le port d'un petit pull-over !

⇨ à lire

- ***Quand les sumos apprennent à danser,*** de Jean-Marie Bouissou, éd. Fayard, pour tout comprendre du fameux modèle japonais et de la crise des années 90.
- ***Tokyo est mon jardin,*** de Frédéric Boilet et Benoît Peeters, éd. Casterman : l'histoire d'un Français installé à Tokyo, de sa vie professionnelle et personnelle et des manières de mener les affaires à Tokyo, le tout sous forme d'un manga.
- ***Le Japoscope,*** de Claude Leblanc, éd. Ilyfunet, est une radiographie annuelle de la société et de l'économie japonaise.

Tokyo *fauché*

Tokyo, bien que classée parmi les villes les plus chères au monde, offre des espaces touristiques et de divertissement à portée de toutes les bourses. De nombreux monuments sont gratuits et, surtout du fait de la crise économique des années 90, les possibilités de manger et de se loger bon marché se sont considérablement développées.

•• Itinéraire : une journée à budget minimum

9h : visite de Yoyogi park et du sanctuaire Meiji Jingu (gratuit).

11h : trajet sur la JR Yamanote depuis la gare de Harajuku jusqu'à Ueno (250 ¥). Visite du parc de Ueno (gratuit).

Déjeuner dans une chaîne économique de ramen ou soba (600 ¥).

14h : visite du quartier de Asakusa et du temple, éventuellement avec un *volunteer guide* (gratuit).

Shopping dans les différents magasins traditionnels bon marché, notamment de kimonos d'occasion.

17h : vue sur Tokyo depuis les tours d'observation de la mairie de Tokyo à Shinjuku (entrée gratuite).

19h : dîner dans un restaurant populaire *d'okonomiyaki* (1 000 ¥).

23h : nuit dans un *capsule hotel* (2 000 ¥).

Hébergements bon marché

L'hébergement est souvent le poste le plus lourd d'un budget au Japon. Quelques idées à Tokyo :

★ Les auberges de jeunesse

3 500 ¥ par personne en moyenne. La liste des auberges au Japon est disponible sur le site Internet en anglais : www.jyh.or.jp/english

La plus centrale est la **TOKYO INTERNATIONAL YOUTH HOSTEL**, dans l'immeuble Central Plaza.

1-1 Kagurakashi, Shinjuku-ku, tél. : 03-3235-1107, fax : 03-3267-4000, e-mail : tokyo-yh@tokyo-yh.jp, site Internet en anglais : www.tokyo-ih.jp

Accès : *gare de Iidabashi sur la ligne JR Sobu.*

★ Les hôtels capsule

Pour les aventuriers non claustrophobes, direction les capsule hôtels, à l'origine destinés aux employés ayant raté leur dernier train et habitant trop loin pour se payer un taxi. Chambre-caisson à l'espace minimal, les hôtels comportent des bains communs, et le plus souvent un sauna ou un jacuzzi. Généralement réservés aux hommes, il est possible de trouver quelques hôtels capsule mixtes.

Liste des capsule hôtels de Tokyo en anglais : http://gojapan.about.com/cs/accommodation/a/tokyocapsule1.htm

100
YEN SHOP
can★DO

只今
10%off
実施中
店頭価格よりさらに
店内商品（
Matsumoto Kiyoshi
DHC
MAJOLICA

★ Chez l'habitant

Formule moins courante à Tokyo que dans le reste du pays. Faites appel à une agence spécialisée type TCH Voyages (www.tch-voyages.com) ou à votre fort capital de sympathie.

★ L'hôtel le moins cher de Tokyo

Au ***NEW KOYO HOTEL***, la chambre simple coûte 2 500 ¥. Un hôtel de confort simple aux nombreux services annexes : Internet, laverie automatique, bain japonais, location de vélo... Plus d'informations sur :
www.newkoyo.jp

2-26-13 Nihonzutumi, Taito-ku, tél. : 03-3873-0343,
fax : 03-3873-1358.

Accès : *10 min. à pied depuis la station Minoya sur la ligne de métro Hibiya Line.*

Transports au meilleur coût

★ Si vous restez à Tokyo et ses environs

Il existe des pass à la journée, mais ils ne permettent généralement pas de cumuler métro et lignes *JR*. Essayez de vous cantonner à un quartier par demi-journée pour ne pas passer trop de temps ni dépenser trop d'argent dans les transports en commun.

★ Si vous voyagez dans le pays

Dans ce cas, pas d'hésitation : achetez le *JR Railpass*. Valable 7, 14 ou 21 jours (28 300, 45 100 et 57 700 ¥), il vous permet d'utiliser toutes les lignes JR, y compris les trains rapides *shinkansen*. Il faut l'acheter en France avant le départ dans les agences de voyages spécialisées sur le Japon. Plus d'infos sur :
www.japanrailpass.net

Internet gratuit

Vous pourrez surfer gratuitement depuis le café *Marunouchi* - New Marunouchi building, derrière le centre de congrès de Yurakucho. Vous pouvez également aller dans l'un des nombreux cafés Internet où l'on peut rester la nuit bien installé dans un fauteuil, avec des boissons gratuites, et des mangas et revues en lecture libre - environ 500 ¥ par heure, et forfait à environ 3 000 ¥ la nuit. ***Cf. Tokyo Manga p.76.***

Repas pas cher

On peut déjeuner et dîner pour moins de 1 000 ¥ par repas, voire 500 ¥ !

★ Les chaînes économiques

De nombreuses chaînes spécialisées en gyudon (bol de riz et bœuf, spécialité de la chaîne *Yoshinoya* notamment), *soba* et *udon* (nouilles), *ramen* (soupe de nouilles), bento (plateaux-repas complets qu'on peut acheter près des gares en général), *tendon* (bol de riz et tempura)...sont très économiques. On achète un ticket à la machine à l'entrée puis on mange rapidement sur le comptoir, assis ou debout.

★ Manger pas cher pour les gros appétits

Le principe du *tabehodai* (manger à volonté) et *nomihodai* (boire à volonté) est pratiqué dans beaucoup de restaurants. Guettez le *kanji* qui signifie à volonté. Vous aurez alors 1 ou 2 heures pour ripailler sans compter. En moyenne 2 000 ¥ le *hodai*.
Par exemple : la chaîne *Mo-Mo Paradise*, paradis du *shabu-shabu* et du *sukiyaki*. 1 000 ¥ pour le déjeuner, 1 500 ¥ pour le dîner, 2 500 ¥ avec boisson à volonté, en 1h30 maximum.

Visites sans rien dépenser

Il existe des tours gratuits, pré-établis et sans réservation à Asakusa le dimanche à 13h et 15h (rendez-vous devant la porte Kaminarimon du Sensoji) et Ueno à 13h30 et 15h30 les dimanche, mercredi et vendredi (rendez-vous devant la cafétéria *Ueno Green Salon,* sortie Parc de la gare de Ueno).

Si vous souhaitez visiter Tokyo avec un *Volunteer Guide* anglophone ou francophone pour une journée, ou pour visiter d'autres quartiers, adressez votre demande à M. Takahashi (responsable du *Tokyo International Student Guide)* par fax au 03-3235-8226 ou par email à takahashi@tit.ac.jp

Shopping à petit prix

Tokyo ou la tentation *shopping* ! Avec l'éclatement de la bulle financière, des magasins d'un nouveau type se sont développés :

• *Les magasins à 100 yens : Daiso, 100 yen shop...* Vous trouverez tout dans ces magasins, des bains traditionnels aux chaussettes à *geta,* des ustensiles de cuisine et de petits gadgets qui feront de beaux cadeaux au retour.

• *Les magasins à 99 yens :* ceux-ci sont spécialisés dans les produits alimentaires.

• *Les magasins d'occasion :* les Japonais n'aiment pas ce qui est usé ou déjà porté, il y a de belles affaires à faire dans ces petits magasins, que vous trouverez dans des quartiers un peu bohèmes du type Shimokitazawa ou Kichijoji.

• *Les chaînes de discounters :* la plus célèbre, la plus centrale et la plus facilement identifiable par sa devanture jaune est *Don Quichote.*

Certains quartiers sont également connus pour faire de bonnes affaires : le marché *Ameyoko* à Ueno (notamment pour les chaussures), le quartier de *Nippori* pour les textiles bon marché et le quartier de *Sugamo* pour ses brocantes de fin de mois.

Fauché, en japonais, se dit *bimbo !*

à lire

• **Tokyo for free,** éd. Kodansha International. Un guide en anglais qui recense tous les monuments et les activités gratuites à Tokyo.

Tokyo gares

Se repérer à Tokyo… mission difficile ! La ville n'ayant pas de centre au sens européen du terme, on parle généralement d'un quartier en se référant à sa gare principale. Les plus grandes gares, comme celles de Tokyo, Shibuya, Shinjuku ou Ikebukuro, sont aujourd'hui plus que de simples lieux de transit, elles abritent des centres commerciaux, des hôtels, sur plusieurs étages et accueillent des millions de voyageurs chaque jour.

•• Itinéraire 1 : découvrir Tokyo en train

Pour un aperçu global de la ville, prenez la ligne de surface *JR Yamanote*, qui circonscrit le « centre » de la ville et passe par les gares les plus fréquentées du pays (Tokyo, Shinagawa, Shibuya, Shinjuku, Ikebukuro et Ueno qui sont de véritables terminaux desquels partent de nombreuses autres lignes). Le tour complet représente 34,5 km, il s'effectue en une heure et demie environ.

Le monorail *Yurikamome*, ouvert en 1995 et d'une longueur de 14 km, permet d'accéder à l'île artificielle de Odaiba et offre une vue magnifique sur la Baie de Tokyo depuis le Rainbow Bridge.

Les 12,2 km du tramway *Arakawa* entre Waseda et Minowabashi au nord-ouest de la capitale *Cf. p. 185* sont les derniers vestiges de l'ancien réseau de tramway qui sillonnait tout Tokyo.

Acheter un billet de train / métro

A l'entrée de toutes les gares, vous pouvez acheter vos billets aux machines automatiques. Regardez les plans des lignes, repérez la station où vous souhaitez aller (les noms sont en japonais et en alphabet romain) : à chaque station correspond un tarif.

Si vous ne trouvez pas le tarif, mettez le minimum (en moyenne 120 ¥). A la sortie de votre station d'arrivée, dirigez-vous vers la machine *fare adjustment*, glissez votre ticket et payez le montant indiqué. Vous pouvez acheter des cartes *JR* aux machines, à différents montants (1 000, 2 000 ou 5 000 ¥) pour vous faciliter les transports.

ATTENTION : chaque billet correspond à un trajet spécifique pour un opérateur donné. Vous devrez payer un deuxième ticket en cas de transfert entre deux lignes privées. Il existe des *pass* journée mais qui sont toujours limités soit à *JR* soit à quelques lignes de métro, peu pratiques à utiliser lorsqu'on ne connaît pas le réseau en détail.

❤ elle aime

L'hiver, si vous avez la chance de pouvoir vous asseoir, le chauffage des wagons arrive par-dessous les sièges, procurant un bien-être immédiat !

のりかえ
Transfer

Les principales lignes de surface

L'opérateur principal est *JR (Japan Railway)*, dont voici les principales lignes, sur lesquelles vous pouvez utiliser votre *Japan Rail Pass*, avec les gares desservies les plus intéressantes :

- *la Yamanote* (vert pomme) : la ligne circulaire qui délimite le centre de Tokyo,
- *la Chuo* (orange) : la seule ligne à couper la Yamanote. Elle traverse Tokyo d'est en ouest et vous permet de rejoindre notamment les gares de Tokyo, Akihabara, Ochanomizu, Shinjuku, Kichijoji (parc Inokashira) et Musashi Koganei (musée en plein air Edo Tatemono),
- *la Sobu* (jaune), qui double la Chuo dans le centre de Tokyo.
- *la Yokosuka* (bleu foncé) vous emmène à Yokohama et Kamakura.
- *la Tokaido* (orange clair) suit la route historique jusqu'à Kyoto.
- *la Saikyo* (vert foncé), qui file vers le nord de Tokyo, jusqu'à Kawagoe par exemple.
- *Le Tokyo Monorail* 17 km de long au départ de Hamamatsucho pour l'aéroport d'Haneda.

D'autres opérateurs privés, propriétaires de grands magasins et d'hôtels installés au-dessus de leurs gares, gèrent diverses lignes :

- *Keio :* ligne *Inokashira* qui part de Shibuya jusqu'à Kichijoji et ligne *Keio* qui dessert également l'ouest jusqu'au mont Takao notamment.
- *Odakyu :* ligne *Odawara* pour rejoindre le parc national d'Hakone et ligne *Enoshima* pour aller en bord de mer.
- *Seibu :* lignes *Seibu Shinjuku, Seibu Ikebukuro,* dans le nord-ouest.
- *Tokyu :* différentes lignes desservant le sud-ouest.
- *Keisei :* c'est la ligne qui relie Ueno à l'aéroport de Narita.
- *Tobu :* diverses lignes circulant dans le nord, l'ouest et l'est.

Des chiffres vertigineux

- 10 millions de passagers par jour (train et métro) à Tokyo et en banlieue.
- 12 lignes de métro souterrain (détenues par deux sociétés distinctes).
- Les trains opèrent de 5h à 00h15. Les heures de pointes sont de 7h30 à 9h30 et de 17h à 19h.
- Pour tout savoir sur le rail japonais : www.japanrail.com (en anglais).

•• Itinéraire 2 : une journée dans une gare de Tokyo

Dès 7h30, les Tokyoïtes se pressent vers les différentes gares, en direction de leur travail.

Installez-vous sur un quai des lignes *Yamanote* ou *Saikyo* vers 8h, et vous verrez peut-être des employés *JR* aux gants blancs aider à la fermeture des portes en poussant plus ou moins délicatement la masse humaine tassée à l'intérieur des wagons.

Observez les gestes des employés de la gare et des conducteurs de train, formant une véritable chorégraphie chronométrée.

Ecoutez la petite musique annonçant l'arrivée d'un train, reprise d'un dessin animé de Miyazaki, ou l'une des innombrables phrases pré-enregistrées (« le train va arriver en gare, merci de rester derrière la ligne jaune… »)

Une fois dans le wagon, observez les personnes de tout âge sombrant dans le sommeil, tombant parfois sur leurs voisins !

Et en fin de soirée, les *salarymen* éméchés après un pot entre collègues se pressent pour ne pas louper le dernier train. Certains d'entre eux sont tellement saouls que des pousseurs doivent les mettre de force dans un wagon et qu'ils finissent parfois au terminus de la ligne…

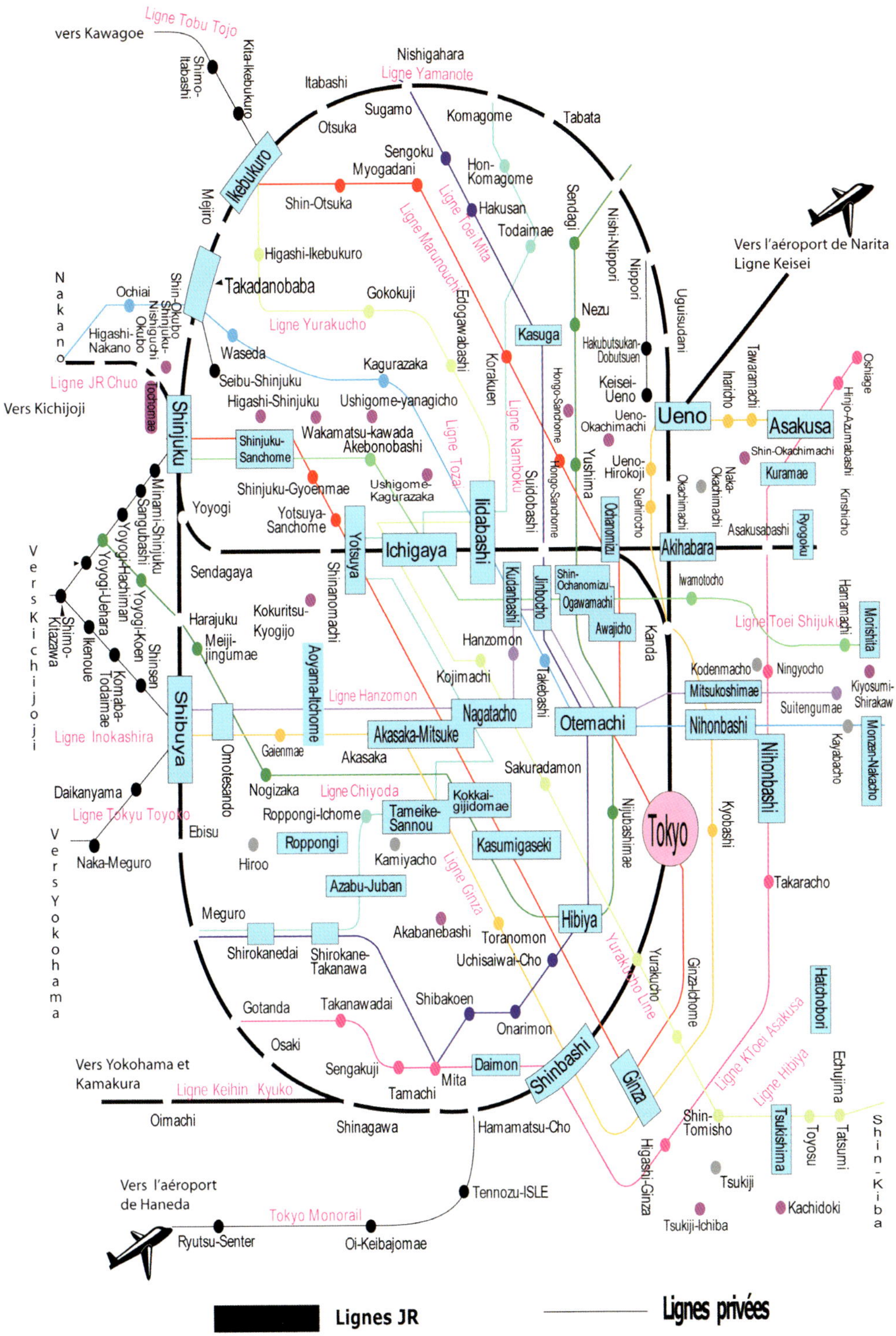

En noir : les principales lignes de surface

Les principales lignes de métro

La toute première ligne de métro de Tokyo, ouverte en décembre 1927, mesurait 2,2 km et reliait Ueno à Asakusa. Aujourd'hui 2 opérateurs coexistent : *TRTA* qui gère 8 lignes totalisant 171,5 km et *TMG* qui en gère 4.

Quelques lignes intéressantes :

- la ligne *Ginza* vous permet de rejoindre les principaux centres touristiques que sont Asakusa, Shibuya, Ueno, Nihonbashi et Ginza.
- la ligne *Marunouchi* contourne le Palais Impérial (on n'a pas le droit de creuser en-dessous) et passe par Shinjuku pour aller vers l'ouest.
- la ligne *Tozai* traverse Tokyo d'est en ouest.
- la ligne *Oedo* est une ligne circulaire très récente, une sorte de Yamanote souterraine.

Afin d'aider les touristes à se repérer dans ce dédale, chaque station a un code. Par exemple G13 correspond à la station n°13 de la ligne *Ginza,* soit la station de Kanda si l'on se reporte à un plan de métro.

Stop au pelotage !

Plusieurs compagnies ont installé des wagons réservés aux femmes dans les rames. La raison : deux tiers des femmes entre 20 et 40 ans déclarent s'être fait peloter dans un train bondé.

La restriction s'applique essentiellement aux heures de pointe, ce qui en contrarie certains : *"c'est une forme de discrimination envers les hommes. Maintenant les autres wagons sont encore plus surchargés ".* Les femmes âgées, pourtant moins sollicitées, sont elles aussi satisfaites : *"tant mieux, je ne supportais plus les odeurs d'alcool et de cigarette".*

⇨ à voir

Le film **Café lumière** de Hou Hsiao Hsien, réalisé en hommage à Ozu, pour son ballet de train filmé depuis la gare de Ochanomizu.

⇨ à lire

- ***Voyages,*** de Yokohama Yuuichi éd. Matières, un manga sans paroles brossant le portrait d'usagers de trains à Tokyo.

地下鉄路線図
Plan de métro
LIGNE JR
J R 線
LIGNE TOEI OEDO
都営大江戸線
LIGNE TOEI ASAKUSA
都営浅草線
LIGNE TOEI MITA
都営三田線
LIGNE TOEI SHINJUKU
都営新宿線
LIGNE GINZA
銀座線
LIGNE MARUNOUCHI
丸ノ内線
LIGNE HIBIYA
日比谷線
LIGNE TOZAI
東西線
LIGNE CHIYODA
千代田線
LIGNE YURAKUCHO
有楽町線
LIGNE YURAKUCHO (NOUVELLE LIGNE)
有楽町線（新線）
LIGNE HANZOMON
半蔵門線
LIGNE NAMBOKU
南北線
LIGNE TODEN ARAKAWA
都電荒川線
Aéroport de Haneda
羽田空港
Aéroport de Narita
成田空港
Ligne Saikyo
埼京線
Ligne Keihintohoku
京浜東北線
Ligne Saitama Railway
埼玉高速鉄道
Ligne Tobu-Isesaki
東武伊勢崎線
Ligne Joban
常磐線
Ligne Keisei
京成線
Ligne Hokuso Railway
北総鉄道
Ligne Keisei-Kanamachi
京成金町線
Ligne Tobu-Kameido
東武亀戸線
Ligne Sobu
総武線
Ligne Tobu-Tojo
東武東上線
Ligne Toden Arakawa
都電荒川線
Ligne Seibu-Ikebukuro
西武池袋線
Ligne Seibu Shinjuku
西武新宿線
Ligne Chuo
中央線
Ligne Keio
京王線
Ligne Odakyu
小田急線
Ligne Keio-Inokashira
京王井の頭線
Ligne Tokyu Den-en-toshi
東急田園都市線
Ligne Tokyu Oimachi
東急大井町線
Ligne Tokyu Toyoko
東急東横線
Ligne Tokyu Meguro
東急目黒線
Ligne Tokyu Tamagawa
東急多摩川線
Ligne Tokyu Ikegami
東急池上線
Ligne Keihin Tohoku
京浜東北線
Ligne Keihin-Kyuko
京浜急行線
Ligne Yamanote
山手線
Tokyo Monorail
東京モノレール
Ligne Rinkai
りんかい線
Yurikamome
ゆりかもめ
Ligne Keiyo
京葉線
OTEMACHI
大手町

tokyo quartiers

とうきょう

TOKYO TOWER

渋谷

Shibuya et ses satellites

Laboratoire des tendances musicales et vestimentaires, ville des jeunes, centre de divertissements, quartier de nuit...Shibuya, avec ses écrans vidéo géants, ses magasins et ses restaurants par centaines, sa faune bigarrée, est un des quartiers les plus dépaysants de Tokyo.

•• Itinéraire 1 d'une demi-journée : le centre de Shibuya

Partez de la gare *JR* de Shibuya, sortie *Hachiko* et commencez par une photo rituelle devant la statue du chien fidèle *Hachiko,* certainement le lieu de rendez-vous le plus populaire et le plus médiatisé du Japon - au centre de la place entourée de quelques arbres.

Traversez ensuite le grand carrefour de *Shibuya crossing* comme des millions de Japonais le font tous les jours. Vous aurez une belle vue d'ensemble du carrefour depuis la gare *Tokyu Inokashira* (derrière vous) ou depuis le *Starbucks coffee* (en face de vous).

Après avoir traversé, empruntez la petite rue piétonne de *Center gai,* situé juste à gauche de l'immeuble *Q-Front* qui accueille l'écran géant. Cette petite rue est également repérable par son portique d'entrée, typique des rues commerçantes et par ses haut-parleurs déversant en permanence de la musique *J-pop.* Flânez.

Arrivé à la 3ème ruelle sur votre droite, remontez jusqu'au grand magasin *Parco,* à l'angle avec le cinéma d'art et d'essai *Cinema Rise* à l'architecture futuriste. Tournez à droite pour rejoindre l'avenue Kôen dôri.

Si vous redescendez Kôen dôri sur la droite vous reviendrez à la gare principale et pourrez continuer votre découverte du quartier au hasard de vos envies.

Si vous remontez l'avenue sur votre gauche, vous croiserez le musée du Tabac et du Sel, dédié à l'histoire du commerce de ces 2 denrées - trottoir de droite. Puis vous arriverez sur la place de la mairie d'arrondissement face à un grand croisement. Toujours tout droit traversez le croisement et empruntez une large avenue piétonne : sur votre gauche se trouve les studios de la télévision nationale *NHK,* sur votre droite le stade olympique de Yoyogi. Sur cette avenue de nombreux jeunes se rassemblent pour danser, s'exercer à la guitare...

Continuez tout droit, vous rejoindrez le majestueux sanctuaire Meiji *Cf. Tokyo Sacré p. 104* et la gare d'Harajuku.

★ Que voir ?

LE MUSÉE DU TABAC ET DU SEL

Vous pouvez visiter sur quatre étages l'histoire de l'arrivée et du développement du tabac au Japon, ainsi qu'une immense collection de cigarettes du monde entier. Ouvert tlj sauf lun. de 10h à 18h, entrée 100 ¥.

Tobacco and Salt Museum, 1-16-8 Jinnan, Shibuya-ku,

SHIBUYA
CINEMA RISE
hhstyle.com
STAURANTS
Sib.tv

tél. : 03-3476-2041, site Internet en anglais :
www.jti.co.jp/Culture/museum
Accès : *gare de Shibuya.*

NHK STUDIO PARK
Visite interactive des studios de la chaîne NHK, où le visiteur se découvre sur écran géant ou entre dans les coulisses d'enregistrement d'émissions ou de feuilletons.
Ouvert tlj sauf lun. de 10h à 17h30, entrée 200 ¥.
2-2-1 Jinnan, Shibuya-ku, tél. : 03-3485-8034.
Accès : *15 min. à pied de la gare de Shibuya.*

•• Itinéraire 2 d'une demi-journée : en route pour Ebisu

Le départ de cette balade se fait de l'autre côté de la gare de Shibuya, sortie Sud, au niveau du terminal des bus, face au grand magasin *Tokyu Plaza.* Pendant de la statue de Hachiko, la statue Moyai, qui rappelle les visages monumentaux de l'île de Pâques, taillée dans une pierre venant de l'île de Nijima, est également un lieu de rendez-vous très couru.
Traversez le grand carrefour en empruntant le passage piéton surélevé de façon à passer sous la voie rapide, *Shuto expressway,* elle-même surélevée. Une fois de l'autre côté, longez sur la droite la voie de la ligne *JR* qui part vers le Sud et la gare d'Ebisu.
En descendant vers Ebisu après environ 500 mètres, les lignes de surface *JR* que vous longez sont coupées par la ligne Toyoko. En suivant ces voies qui partent sur la droite en montant, vous arriverez dans le quartier à la mode de Daikanyama. Faites une pause shopping dans les innombrables petits magasins de créateurs du quartier. Arrêtez-vous pour souffler et boire un verre au café *Frames.* Avec ses larges baies vitrées, ses *snacks* italiens et ses cocktails, *Frames* est très apprécié des *fashionistas* du quartier, 2-11 Sarugakucho, ouvert tlj de 11h30 à 3h, tél. : 03-5784-3384.

Si vous continuez à suivre les lignes *JR,* vous arriverez à la gare d'Ebisu, et en longeant les voies toujours dans le même sens mais sur la gauche cette fois-ci, vous rejoindrez *Yebisu Garden place,* centre commercial accueillant notamment le château restaurant *Taillevent* et *Robuchon,* le musée de la photographie et le musée de la bière *Yebisu.*

★ Que voir ?

TOKYO METROPOLITAN MUSEUM OF PHOTOGRAPHY
Si le musée possède plus de 20 000 clichés, il n'en expose qu'une infime partie en collection permanente tournante. De nombreuses expositions temporaires sont également organisées.
Ouvert tlj sauf lun. de 10h à 18h (20h les jeu. et ven.), entrée variable selon les expositions.
1-13-3 Yebisu Garden Place, Meguro-ku,
tél. : 03-3280-0099, site Internet en anglais :
www.syabi.com
Accès : *7 min. à pied de la gare JR de Ebisu.*

★ Où faire du shopping ?

• **Pour la nourriture,** allez faire un tour au **TOKYU FOODSHOW,** au sous-sol de la gare : une multitude d'étals proposant des plats préparés (sushis, bento, pâtisseries…) et une bonne sélection de produits régionaux (saké, thé…).

• **Pour les produits culturels :** **TOWER RECORDS** pour la sélection de CD, **TSUTAYA** pour les CD / DVD / Livres et **BOOKFIRST** pour les livres (bonne sélection de livres et magazines en anglais).

• **Pour la mode** : les grands magasins **SEIBU, PARCO, TOKYU, MARK CITY**. Et l'incontournable *109*, dans le grand bâtiment rond, où les jeunes Japonaises se précipitent pour dénicher la dernière tenue à la mode...

• **Pour les objets de la maison** : direction **LOFT**, installé dans une ruelle derrière *Parco*. Sur 7 étages, vous trouverez certainement des pépites (soins beauté, accessoires de mode, vaisselle, meubles...).
Le magasin **THREE MINUTES OF HAPPINESS** est spécialisé dans les objets usuels, au design épuré et aux prix bas.

★ Où boire un verre ?

MATERIO

Ambiance *cyborg* pour ce bar au décor futuriste qui propose des cocktails originaux. Snacks disponibles.
Immeuble Tokyo hands, 12-18 Udagawacho,
tél. : 03-3196-6021.

★ Où manger ?

⇨ Shibuya

SORA NO NIWA

Dans un décor naturel de pierre et de bois, avec des salles de différentes tailles, les serveurs vous apportent de nombreux plats à base de tofu fait maison : du basique (*tofu* frais servi avec du sel et des algues, tofu chaud) au plus élaboré (*negitoro tofu no maki zushi*, des *sushis* où le riz est remplacé par du tofu).
Ouvert tlj de 17h à minuit. Bâtiment Cherry Garden,
4-17 Sakuragaoka, Shibuya-ku, tél. : 03-5728-5191.

KUJIRAYA

Restaurant spécialisé dans la baleine, il est aujourd'hui relégué dans un minuscule coin sous l'immeuble 109. Menus à partir de 1 000 ¥ le midi et 5 000 ¥ le soir, pour goûter la baleine sous toutes ses formes : *sashimi*, grillée, en steak...
Ouvert tlj de 11h à 21h45. 2-29-22 Dogenzaka,
Shibuya-ku, tél. : 03-3461-9145.

LA FABRIQUE

Succursale du restaurant-club de Paris, *La Fabrique* propose des plats français dans un décor moderne. Le soir, le restaurant se transforme en club jusqu'à 5h du matin. Situé dans les rues piétonnes de Shibuya.
1er sous-sol de Zero Gate, 16-9 Udagawacho,
Shibuya-ku, tél. : 03-5428-5100.

TORIYOSHI

Restaurant de *yakitori*, à l'ambiance feutrée et élégante. Bonne sélection de sakés et de vins. Brochettes de poulets bien sûr, mais aussi de nombreux plats originaux à goûter. Comptez environ 3 000 ¥ par personne.
Ouvert tlj de 17h à 4h. 1er sous-sol du bâtiment Sekaido,
2-10-10 Dogenzaka, tél. : 03-5784-3373.
Il existe un autre *Toriyoshi* à Kichojoji.

Enfin, si vous avez une envie irrépressible de douceurs, direction *Dessert Okoku*. Pour 1 480 ¥ (formule *all you can eat*), vous vous servez à volonté dans le buffet de desserts.
Ouvert tlj de 11h à 20h30. Au rez-de-chaussée de
l'immeuble Mulberry, 1-17-5 Jinnan, Shibuya-ku,
tél. : 03-5457-7755.

⇨ Ebisu

SHUNSENBO

Restaurant spécialisé dans le *tofu* et le *shabu shabu*, avec des menus de style *kaiseki* à partir de 3 800 ¥.
Ouvert tlj jusqu'à 22h. Ebisu Prime Square Plaza, 1-1-40
Hiroo, tél. : 03-5469-9761.

Deux restaurants en hauteur, pour jouir d'une vue imprenable sur le sud de la ville :

HINONE MIZUNONE est un *izakaya* servant de bons plats faits maison (menus à partir de 2 500 ¥).

CHIBO sert de bonnes *okonomiyaki*. Les steaks sont également remarquables, pour 1 300 ¥.

Yebisu Garden Place, 4-20-3 Ebisu.

Au 39ème étage, Hinone Mizunone, tél : 03-5793-7600, et au 38ème Chibo, tél : 03-5424-1011.

★ Où dormir ?

⇨ Shibuya

ENVIE D'ESSAYER UN LOVE HOTEL ?

Cf Tokyo nuit p. 88

Le quartier de Dogenzaka, derrière le grand magasin Parco, en regorge. L'un des plus élèbre est le *P&A Plaza,* avec des chambres délirantes (baignoire dans une grotte chambre 902, machine bronzante chambre 805...). De 4 700 ¥ pour 2 heures à 9 100 à 25 000 ¥ pour la nuit.

CRESTON HOTEL

Hôtel également près de *NHK,* accueillant souvent des rock-stars occidentales. Chambres simples à partir de 14 000 ¥, doubles à partir de 20 000¥.

10-8 Kamiyama-cho, Shibuya-ku, tél : 03-3481-5800, fax : 03-3481-5515, site Internet : www.crestonhotel.co.jp (en japonais).

Accès : *12 min. à pied de la gare de Shibuya.*

ARIMAX HOTEL

Dans un quartier en retrait de l'animation ambiante, près de NHK, cet hôtel dispose 23 chambres seulement, empreintes d'une atmosphère de club anglais, avec du bois sombre et une lumière tamisée. Chambres simples/doubles à partir de 25 000 ¥.

11-15 Kamiyama-cho, Shibuya-ku, tél. : 03-5454-1122.

Accès : *10 min. à pied de la gare de Shibuya.*

CERULEAN TOWERS

Cet hôtel au design moderne en plein Shibuya, situé dans les étages supérieurs du *Cerulean Tower Building,* propose des chambres de tout confort avec une vue magnifique sur la ville. Chambre simple ou double à partir de 34 000 ¥).

26-1 Sakuragaoka-cho, Shibuya-ku. Tel : 03-3476-3000, fax : 03-3476-3001, email : cerulean.ro@tokyuhotel.co.jp, site Internet (en anglais) : http://cerulean.panpacific.com

Accès : *5 min à pied depuis la gare de Shibuya, lignes JR et métros.*

⇨ Meguro

CLASKA HOTEL

Ce bâtiment abrite 9 chambres toutes différentes, plus 3 chambres pour les séjours de longue durée. Au rez-de-chaussée, un café lounge, au second une galerie d'art et une magnifique terrasse panoramique sur le toit ; le tout avec une architecture digne de Wallpaper !

Simple à 10 500 ¥, double à partir de 19 000 ¥ (55 000 ¥ pour une chambre avec terrasse).

1-3-18 chuo-Cho, Meguro-ku. tél. : 03-3719-8121, e-mail : info@claska.com, site Internet : www.claska.com

Accès : *5 min depuis la gare de Meguro et 10 min depuis la gare de Gakugei Daigaku.*

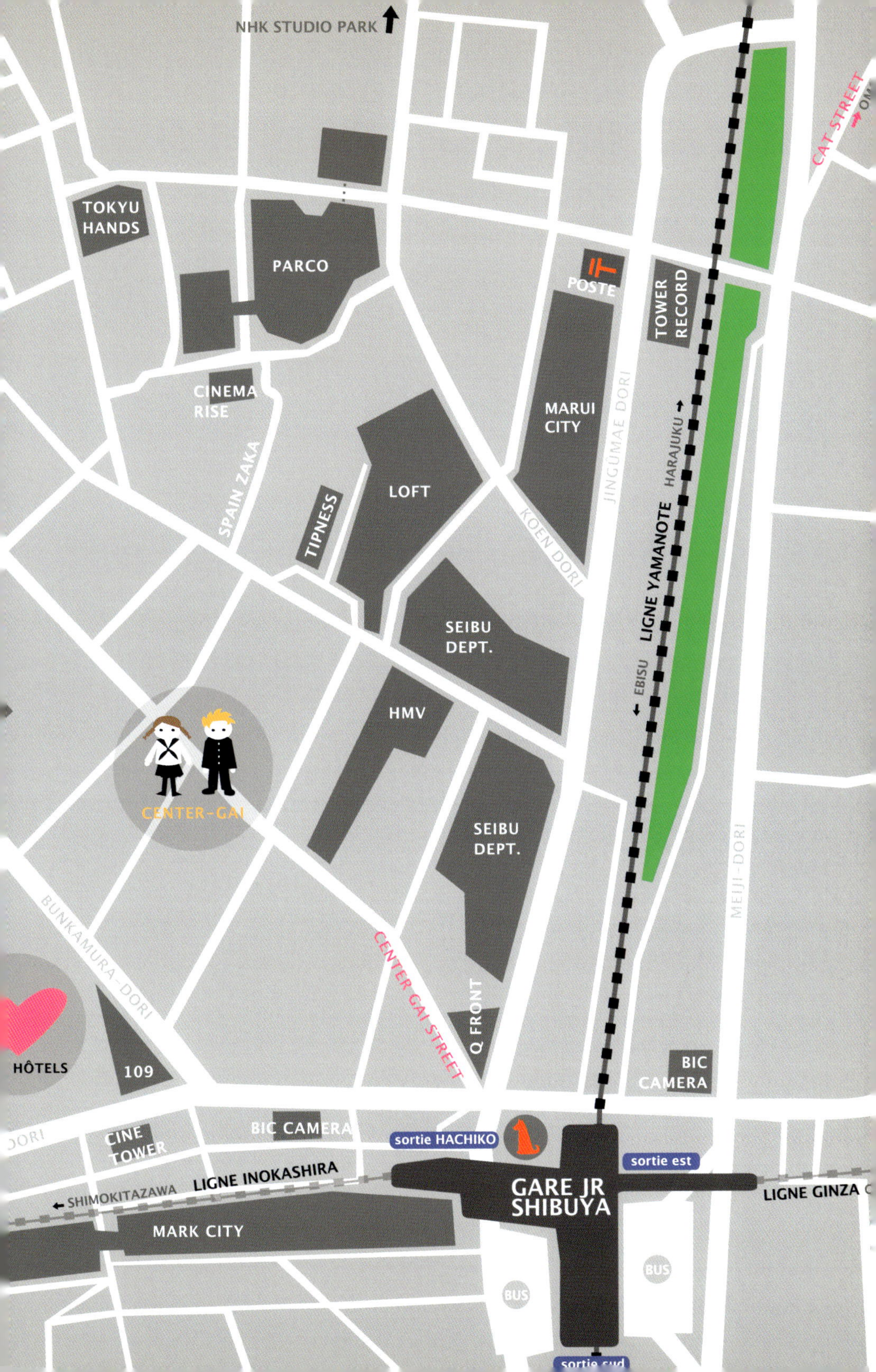
NHK STUDIO PARK
CAT STREET
TOKYU HANDS
PARCO
POSTE
TOWER RECORD
CINEMA RISE
MARUI CITY
JINGUMAE DORI
HARAJUKU
SPAIN ZAKA
LOFT
TIPNESS
KOEN DORI
LIGNE YAMANOTE
SEIBU DEPT.
EBISU
HMV
CENTER-GAI
SEIBU DEPT.
MEIJI-DORI
BUNKAMURA-DORI
CENTER GAI STREET
Q FRONT
HÔTELS
109
BIC CAMERA
DORI
CINE TOWER
BIC CAMERA
sortie HACHIKO
sortie est
LIGNE INOKASHIRA
GARE JR SHIBUYA
LIGNE GINZA
SHIMOKITAZAWA
MARK CITY
BUS
BUS
sortie sud

•• Itinéraire 3 d'une journée au départ de la gare Shibuya : suivez la ligne !

★ Ambiance raffinée et shopping branché , au fil de la Toyoko sen

Arrêtez-vous dans les gares et quartiers de :

➩ **DAIKANYAMA :** colline parsemée de petites boutiques au design et à l'achalandage très tendance.

Un endroit à ne pas louper : la place avec la sculpture d'un palmier, centre du quartier, avec une excellente pâtisserie française.

➩ **NAKAMEGURO :** promenade au long de la rivière bordée de cerisiers, avec de nombreux magasins de mode.

Un endroit à ne pas louper : les magasins d'occasion où l'on peut faire de vraies affaires sur les grandes marques (sacs *Vuitton,* chaussures, vêtements de créateurs...).

➩ **JYUGAOKA :** du petit au grand magasin dans un quartier agréable à vivre et à arpenter.

Un endroit à ne pas louper : les allées piétonnes bordées de magasins hétéroclites.

★ Un Tokyo bohème et étudiant, la ligne Inokashira

Arrêtez-vous dans les gares et quartiers de :

➩ **KOMABA TODAIMAE :** près de l'annexe de l'université de Tokyo, découvrez le musée de l'artisanat. Dans un grand bâtiment traditionnel, découvrez des objets usuels du 15ème au 18ème siècle : papiers peints, services à saké, sculptures en bois, kimonos... ne partez pas sans faire un tour à la boutique de souvenirs.

Cf. Tokyo Nostalgie p. 100

➩ **SHIMOKITAZAWA :** quartier vibrant d'énergie, agré-able pour une séance de shopping, une pause déjeuner ou un dîner sans prétention.

➩ **INOKASHIRA KOEN :** promenez-vous dans le parc où de nombreux jeunes se retrouvent pour chanter et jouer de la guitare. Kichijoji, situé au bord du parc Inokashira, est fréquenté par de jeunes étudiants japonais. Le quartier est bondé à l'époque des cerisiers en fleurs.

Un endroit à ne pas louper : le restaurant au bord du parc. En été, les étudiants s'y pressent pour manger des *yakitori* et boire des bières dans une ambiance de cantine en plein air.

★ Où manger ?

➩ **SHIMOKITAZAWA**

De nombreux restaurants spécialisés dans les *okonomiyaki.* Le meilleur selon nous se trouve sur l'artère principale (en prenant la sortie Sud de la gare). Juste après une croix de signalisation au bruit perpétuel, un minuscule restaurant propose les *okonomiyaki* à la mode de Hiroshima, avec beaucoup de chou et de *soba.* Comptez 800 ¥.

CHEZ PIERROT

Le soir, on dégage les vêtements et l'endroit se transforme en café. Tenu par un français, l'ambiance est assurée.

➩ **KICHIJOJI**

KIN NO SARU

Un *izakaya* avec une vue magnifique sur le parc *Inokashira.*

Situé aux abords du parc, au 2ème étage d'une jolie maison, le restaurant propose des plats simples mais excellents dans une atmosphère traditionnelle. Essayez le *mizore-nabe,* à base de *daikon* et de *mochi.* Comptez 3 500 ¥ par personne.

Ouvert tlj jusqu'à 23h30. Inokashira Parkside Bldg, 1-21-1 Minami-chi, Kichijoji, tél. : 0422-72-8757.

Accès : *gare de Kichijoji, ligne Inokashira.*

ome how I belive
'll always survive
ll we will survive
No matter what,
ple just stay alive
ll we will survive
No matter what,
stay alive

原宿

Harajuku, Omotesando

Adossé au poumon de verdure que constituent le sanctuaire Meiji et le parc de Yoyogi, le quartier de Harajuku, avec ses petits cafés aux terrasses ombragées, ses micro-boutiques de t-shirts et ses ruelles agréables à sillonner, a charmé plus d'un visiteur de passage et continue à attirer les foules japonaises les plus variées, des tribus gothiques aux demoiselles très bcbg.

•• *Itinéraire 1 d'une demi-journée : de Harajuku à Aoyama*

Le départ de cette balade s'effectue de la gare JR Harajuku, sortie Takeshita. Vous pouvez d'abord aller visiter le sanctuaire shinto le plus célèbre de Tokyo, Meiji Jingu, dédié à l'empereur Meiji et installé au cœur du parc de Yoyogi. *Cf Tokyo Sacré p. 104*

Prenez l'artère piétonnière et commerçante de l'autre côté de la rue : Takeshita *dori,* avec son portique d'entrée qui se termine en fleur. Les petites boutiques kitsch et mode qui bordent cette rue font le bonheur des ados japonais.

A mi-chemin de cette rue commerçante qui fait environ 400 m de long, tournez dans la 3ème ruelle à droite. Avancez sur 200 m et tournez dans la 2ème rue à gauche pour rejoindre le musée d'estampes japonaises *Ota.*

Le musée est situé juste derrière le grand magasin *Laforêt.* Traversez le rez-de-chaussée de ce magasin pour rejoindre le haut de l'avenue Meiji. A droite sur le trottoir d'en face, vous pouvez voir un grand magasin *Gap.* Traversez pour vous retrouver au début de l'avenue Omotesando qui fait l'angle avec ce magasin *Gap.*

Engagez-vous dans l'avenue Omotesando sur le trottoir de gauche et tournez dans la 3ème rue à gauche. Vous vous trouvez sur le haut de *Cat Street.* *Cf. infra.*

Promenez-vous et environ 200 m plus haut, tournez à droite. Progressez toujours tout droit (malgré un petit décroché) sur 500 m avant de tourner à nouveau à droite tout au bout de la ruelle.

Avancez tout droit de manière à vous retrouver sur l'avenue Omotesando à nouveau, à l'angle avec l'hôpital Itô. Tournez à gauche pour aller au bout de l'avenue. Vous avez alors le choix :

- de continuer la promenade dans les ruelles qui partent du côté opposé de l'avenue - trottoir de droite.
- d'enchaîner avec la balade partant d'Aoyama. *Cf p.172*
- de redescendre l'avenue Aoyama, Aoyama dôri, sur le trottoir de gauche et de tourner dans la 1ère petite rue sur la gauche où vous trouverez un petit café français et une boutique *Agnès B.* Continuez à descendre Aoyama dôri, vous croiserez sur votre gauche le *Spiral building* et plus loin sur le trottoir de droite, le *Kodomo no shiro* et le siège de l'ONU.

MUSÉE OTA

Ce petit musée charmant aux pièces en tatami propose quelques 12 000 *ukyo-e* (littéralement, images du monde flottant), les fameuses estampes japonaises qui datent de l'époque Edo. Les plus grands artistes sont ici régulièrement exposés : Hiroshige, Hokusai...

Ouvert tlj sauf lun. et les 4 derniers jours du mois, de 10h30 à 17h30. Entrée 1 000 ¥.

Ukyo-e Ota Museum, 1-10-10 Jingumae, Shibuya-ku, tél : 03-3403-0880, site Internet en anglais : www.ukiyoe-ota-muse.jp/english.html

Accès : *gare de Harajuku ou station de métro Meiji Jingumae, ligne Chiyoda.*

•• *Itinéraire 2 d'une demi-journée au départ d'Omotesando : calme et branchitude sur Cat Street*

Au départ de l'avenue Omotesando, prenez la petite rue qui fait l'angle avec le magasin *Chanel*.

Flânez en descendant cette rue piétonne assez rectiligne, jalonnée de petites boutiques et de restaurants dont une crêperie et un stand ouvert sur la rue qui vous régalera de *takoyaki*, petits beignets de poulpe - spécialité d'Osaka. Parmi les boutiques, vous aurez le choix entre notamment : le concept store *Adidas*, une boutique futuriste de design *Casa*, une des licences de *Paul Smith* au Japon et tant d'autres.

Arrivé au croisement avec Meiji dori (beaucoup de circulation), traversez l'avenue, passez sous les lignes *JR* : vous débouchez sur le haut de Shibuya près du magasin de CD à l'architecture très caractéristique de *Tower Records*.

Vous avez alors le choix : à gauche, redescendez vers la gare de Shibuya ; tout droit dirigez vous vers le cœur de Shibuya ; à droite, en montant vous rejoindrez le stade olympique de Yoyogi et la promenade en face des bâtiments de la *NHK* - télévision publique japonaise.

★ Où faire du shopping ?

• Pour le design et la décoration :

La boutique **HH STYLE CASA**, dans la Shibuya Promenade, propose une sélection de meubles et d'objets signés des plus grands designers du moment. Le bâtiment, remarquable, est signé de l'architecte Tadao Ando.

Casa, 6-14-5 Jingumae, Shibuya-ku, tél : 03-3400-8821, site Internet www.hhstyle.com

Accès : *gare de Harajuku.*

• Pour la mode :

Allez faire un tour chez **BEAMS**, qui regroupe des séries limitées de nouveaux créateurs. Regardez notamment les tee-shirts autour de 6 000 ¥.

3-25-15 Jingumae, sur l'avenue Omotesando, en face de la gare de Harajuku.

• Les grands magasins :

Le magasin **LAFORET** a une sélection plus pointue que les autres grands magasins japonais. N'hésitez pas à y faire un tour.

• Les magasins traditionnels :

KAMAWANU, *Cf. Tokyo Nostalgie p. 97.*

ORIENTAL BAZAAR pour vos souvenirs, *Cf Tokyo Shopping p. 68.*

• Les complexes commerciaux :

Un complexe souterrain a ouvert en décembre 2005, appelé **ECHIKA** : il regorge de magasins - surtout de cosmétiques - et de restaurants. Un autre complexe a vu le jour en février 2006, et est signé du désormais incontournable Tadao Ando : **OMOTESANDO HILLS** .

www.omotesandohills.com

Pour plus d'idées shopping dans le quartier,

Cf. Tokyo Shopping p. 66.

★ Où manger ?

⇨ Omotesando :

MAISEN

A l'angle de l'avenue Ometesando avec la clinique *Ito* et le café *Anniversaire*, prenez la petite rue jusqu'au bout puis tourner à gauche et à droite (Cf. logo du restaurant indiquer sur des panonceaux). Restaurant de *tonkatsu*, porc pané, les multiples menus illustrés sont plus savoureux les uns que les autres. La salle du fond était anciennement la salle principale d'un *sento*, bain public, d'où la formidable hauteur sous plafond et le décor bois inimitable.

Ouvert tlj de 11h à 22h. 4-8-5 Jungumae, Shibuya-ku, tél. : 03-3470-0071.

Accès : *gare de Harajuku ou station de Meiji-Jingumae.*

⇨ Harajuku :

CLOCKWORK MARKET

Dans les contre-allées de Harajuku *(Ura-Hara)* se cache cet immeuble concept, abritant des artistes en devenir, un bar *(Milk Bar)* et un petit restaurant de *okonomiyaki* avec une terrasse intérieure *(Sakura Tei's)*.

NOLITA STREET APARTMENT

Situé au milieu des salons de coiffure et studios d'artiste, ce restaurant propose des plats à emporter au rez-de-chaussée et une ambiance plus café à l'étage. Les étages supérieurs proposent une ambiance plus huppée et fashion.

Ouvert tlj de 11h à 23h. Jingumae 1-15-1, Shibuya-ku, tél. : 03-5772-2682.

Accès : *gare JR de Harajuku. En descendant Takeshita-dori, tournez à droite au Seven Eleven et allez jusqu'au bout de la rue.*

ELEPHANT CAFE

Un *dining bar* au décor inspiré d'Asie du Sud-Est. Cuisine fusion et plutôt bon marché.

Ouvert tlj de 17h à 4h du matin. 3ème étage de l'immeuble T's, en face du grand magasin Laforêt, 4-30-4 Jingumae, tél. : 03-3478-2233.

Accès : *2 min. de la station de métro Meiji-Jingumae ou 7 min. de la gare de Harajuku.*

TORIYOSHI

Spécialisé dans le poulet, servi en brochette (yakitori) ou en *sashimi* ! Essayez le *tori sembei,* à partir de peau de poulet.

Ouvert tlj de 17h à 23h. 4-28-21 Jingumae, tél. : 3402-3901.

Accès : *3 min. de la station de métro Meiji-Jingumae ou 9 min. de la gare de Harajuku.*

Une deuxième adresse à Minami-Aoyama est ouverte plus tard le soir.

IMA MO MUKASHIYA

Izakaya servant de la cuisine en provenance de Hokkaido, dans un décor moderne et recherché. Comptez environ 4 000 ¥ pour un dîner complet.

Ouvert tlj de 17h30 à 23h.
3ème étage de l'immeuble Asaina, 6-28-3 Jingumae, tél. : 03-5469-9339.

Accès : *station de Omotesando.*

SOHO'S OMOTESANDO

Un restaurant italien qui bénéficie d'une vue spectaculaire sur Shinjuku. Vous pouvez prendre un verre également.

Ouvert tlj de 11h30 à 4h du matin. 4ème étage de l'immeuble V28, 6-31-17 Jingumae, tél. : 03-5468-0411.

Accès : *station de Meiji-Jingumae.*

★ Où boire un verre ?

WIRED CAFÉ 360

Jouissant d'une vue panoramique sur Harajuku, vous pourrez siroter votre boisson en feuilletant des magazines ou en préparant votre prochaine visite.

Ouvert tlj de 10h à 22h. 5ème étage de l'immeuble KDDI Designing Studio, 4-32-16 Jingumae, tél. : 03-5413-2630.

Accès : *station de Meiji-Jingumae.*

MONTOAK

Un café sympathique sur 3 étages, dont une terrasse, en plein cœur de Omotesando.

6-1-9 Jingumae, tél. : 03-5468-5928.

Accès : *station de Omotesando.*

青山

Aoyama, Roppongi, Azabu Juban

Aoyama, la «montagne bleue », est un des quartiers les plus bourgeois de Tokyo avec ses ruelles agréables bordées de petites boutiques. Roppongi, les « six arbres », a une réputation plus sulfureuse : le quartier accueille encore aujourd'hui une base militaire américaine, ses lieux de nuits attirent une foule occidentalisée en quête d'aventures... Azabu Juban, son proche voisin, est tout aussi occidentalisé mais nettement plus chic ; les expatriés logés dans des appartements hors de prix y respirent comme un petit air d'Europe.

•• Itinéraire d'une journée au départ d'Aoyama : une promenade parmi les quartiers chics et résidentiels

A partir de la station Omotesando (ligne de métro Ginza), traversez le grand carrefour d'Aoyama et longez sur votre droite les boutiques *Comme des garçons* et *Prada*.
Remontez la rue jusqu'au prochain carrefour où vous découvrirez le *Nezu Fine Arts Institute*, réputé pour ces collections de porcelaine et ses expositions thématiques ainsi que pour son magnifique jardin. Cf Tokyo Nostalgie p.100. Reprenez la rue qui descend en longeant le mur de l'institut et en décrivant une courbe pour rejoindre le cimetière d'Aoyama. En le traversant vous rejoindrez le récent quartier commercial de *Roppongi Hills*. Le gratte-ciel rutilant de la *Tour Mori* vous servira de repère pour vous diriger convenablement.
Après vous être promené dans *Roppongi Hills*, vous pourrez vous rendre dans la *shotengai* (rue centrale et commerçante) d'Azabu Juban et éventuellement vous offrir une pause à *l'onsen*. Cf. Tokyo Bains p. 124.
Ou partez du côté de la Tour de Tokyo et du temple Zojoji, avant d'arriver à la gare JR de Hamamatsutcho, et du jardin attenant.

★ Que voir ?

LE CIMETIÈRE D'AOYAMA

Etabli en 1874, c'est le plus ancien cimetière public du Japon. Considéré comme un poumon de verdure au coeur de la capitale, ses cerisiers attirent de nombreux visiteurs au printemps. Il abrite notamment la tombe du célèbre chien Hachiko. Cf. Shibuya p. 160.

TEMPLE BOUDDHISTE DE ZOJOJI

Cf. Tokyo Sacré p. 104.

TOKYO TOWER

Construite en 1958, elle mesure 333 m de haut dépassant son modèle la *Tour Eiffel* de 13 mètres. Elle est cependant moins imposante que l'originale, sa base étant beaucoup moins large. Boutiques, restaurants,

1F
roppongi hills

musée de cire et salle de spectacle sont abrités sur les différents étages.

Ouvert tlj de 9h à 22h, entrée 820 ¥ pour l'observatoire principal (+ 600 ¥ pour aller à l'observatoire principal).

4-2-8 Shiba-koen, Minato-ku, Tél : 03-3433-5111, site Internet en anglais : www.tokyotower.co.jp

Accès : *Prendre la sortie 1 de la station Kamiyacho, ligne de métro Hibiya.*

★ Où faire du shopping ?

PLUSMINUSZERO

Boutique de design accueillant un café, chaque produit est sélectionné avec le plus grand soin et exposé comme dans une galerie d'art contemporain.

Au rez-de-chaussée de l'immeuble HOLON-R, 3-12-12 Kita Aoyama, tél. : 03-5778-5380.

Accès : *à 3 min. de la sortie B2 de la station Omotesando.*

ROPPONGI HILLS

Tout nouveau complexe commercial, avec des boutiques, des restaurants, un cinéma et le musée d'art contemporain Mori. *Cf. Tokyo Art now p. 52.*

Site Internet en anglais : www.roppongihills.com/en

⇨ AOYAMA :

Toutes les boutiques des créateurs y sont installées.

Cf. Tokyo Fashion p. 62.

★ Où boire un verre ?

SOHO'S OMOTESANDO

Un bar à l'architecture soignée et moderne, avec une ambiance chic et futuriste. Immeuble V28, 4ème étage, 6-31-17 Jingumae, tél. : 03-5468-0411

★ Où manger ?

⇨ MINAMI-AOYAMA :

AZUMIYA

Dans un décor moderne, une cuisine japonaise de qualité. Goûtez les *sushis* de thon et les *yakitori*, excellents.

Ouvert tlj de 17h à 1h.

1er étage de l'immeuble La Mia, 5-1-3 Minami-Aoyama, Tel : 03-5766-1733.

⇨ ROPPONGI :

C'est à Roppongi que vous trouverez le plus grand nombre de restaurants de cuisine du monde entier.

HOUSE +

Au 12ème étage de l'immeuble ROI, ce concept bar offre une restauration rapide et une vue magnifique sur le quartier.

Roi Bldg, 5-5-1 Roppongi, Minato-ku, tél. : 03-3402-2871.

Accès : *station de Roppongi.*

GONPACHI

Dans un grand bâtiment traditionnel et sur deux étages, le restaurant propose une cuisine simple et variée : *tofu*, salades, *soba, sushis, yakitori*... L'ambiance y est festive et souvent bondée (fréquenté par des célébrités), à la *Kill Bill*. Un repas revient à environ 3 000 ¥, boisson comprise. Réservation recommandée.

1-13-11 Nishi-Azabu, Minato-ku, tél. : 03-5771-0180.

Accès : *depuis les stations de métro Roppongi ou Hiroo. Il y a trois succursales à Shibuya, Ginza et Odaiba.*

★ Où dormir ?

⇨ Aoyama :

NATIONAL CHILDREN'S AOYAMA CASTLE

Un hôtel à l'architecture originale, dédiée aux enfants. L'hôtel comporte un hôpital pour enfants ainsi qu'un restaurant, une piscine et une salle de gym. Chambre simple à partir de 6 700 ¥ (7 100 ¥ en style japonais), chambre double à partir de 15 000 ¥.

5-53-1 Jingumae, Shibuya-ku, tél. : 03-3797-5666, e-mail : rooms@kodomono-shiro.or.jp, site Internet en anglais : www.kodomono-shiro.or.jp/english/hotel

Accès : *8 min. de la station de métro Omotesando. Sortie B2, suivre Aoyama-dori.*

URAKU AOYAMA HOTEL

Un lieu calme et reposant en plein quartier de *shopping*. L'hôtel comporte un centre fitness, avec une piscine, un tennis et un spa. Chambres simples et doubles à partir de 35 000 ¥.

2-7-13 Kita-Aoyama, Minato-ku, informations et réservation sur le site en anglais www.thecharminghotels.com e-mail : Booking Now @ mt-hotels

Accès : *station de métro de Gaienmae.*

⇨ Roppongi :

THE B-ROPPONGI

Un hôtel-concept récent, incluant un restaurant. Les chambres sont claires, spacieuses et bien équipées. Chambre simple à 13 500 ¥, chambre double à partir de 20 000 ¥.

3-9-8 Roppongi, Minato-ku, tél. : 03-5412-0451, fax : 03-5412-9353. Site Internet en anglais : www.ishinhotels.com/theb-roppongi/en

Accès : *station de Roppongi, lignes de métro*

Il existe une succursale de l'hôtel dans le quartier de Akasaka :

Shampia Hotel, 7-6-13 Akasaka, Minato-ku, tél. : 03-3586-0811, fax : 03-3589-0575

⇨ à lire

• *Au sud de la frontière, à l'ouest du soleil*

de Murakami Haruki, éd. 10/18. Une beau roman d'atmosphère, dont l'intrigue se déroule en partie dans un club de jazz à proximité du cimetière d'Aoyama.

新 宿

Shinjuku, Yoyogi

Ville dans la ville, Shinjuku, c'est : dans sa partie Ouest, un district d'affaires et un quartier administratif aux impressionnants gratte-ciel ; dans sa partie Est, un quartier de shopping et de nuit, un quartier « chaud » ; dans sa partie Sud, un des plus grands jardins de Tokyo, des hôtels et des magasins. Pour ne parler que des environs de la monumentale gare…

•• Itinéraire 1 d'une demi-journée : les gratte-ciel de Nishi Shinjuku

Empruntez la sortie Ouest de la gare de Shinjuku sous le grand magasin *Odakyu.*

Engagez-vous dans l'avenue centrale, Chuô dôri qui fait l'angle avec la banque *Mizuho.* Après moins de 300 m, vous arriverez vers un bâtiment de 223 m de haut, terminé en 1979, le *Shinjuku Center building,* trottoir de droite, que vous contournerez par la droite.

De l'autre côté de la rue, vous verrez un bâtiment à la forme gracieuse « d'éventail inversé » - sa base large s'affine en montant, le *Sompo Japan building* et son musée *Seiji Togo Memorial.* **Cf. infra.**

Sur le même bloc, juste à côté, le *Nomura building* vous propose un observatoire gratuit au 49ème étage.

Au croisement des avenues Kita dôri et Higashi dôri, vous verrez le *Mitsui building* qui offre des restaurants au 54ème étage. Vous pourrez le repérer à ses élégantes façades latérales noires avec des fixations croisées.

Contournez-le par la droite pour rejoindre un gratte-ciel de forme hexagonale, le *Sumitomo building,* face à l'arrêt Tochomae de la ligne *Toei Oedo.*

En contournant ce bâtiment, vous arriverez au *Tocho,* le *Tokyo Metropolitan Government Office,* l'hôtel de ville de Tokyo, dont les deux tours jumelles sont (librement) inspirées des tours de Notre Dame de Paris ! A noter que vous pouvez y arriver directement depuis la sortie Ouest de la gare de Shinjuku en empruntant un passage souterrain.

Face au bâtiment N°2 de l'hôtel de ville, celui en prolongement des tours jumelles, se trouve le *NS building* connu pour son hall d'entrée gigantesque et son horloge aux proportions démesurées.

Derrière l'hôtel de ville de l'autre côté de l'avenue Kôen dôri se trouve le parc urbain de Central Park que vous traverserez en tenant toujours votre gauche.

Vous rejoindrez ainsi l'ensemble *Shinjuku Park Tower* avec l'hôtel *Park Hyatt* **Cf. infra** facilement identifiable : 3 barres gigantesques de hauteur croissante terminées chacune par une pyramide de verre.

Plus loin en redescendant l'avenue Koshu Kaido se trouve le grand complexe culturel de *Tokyo Opera City,* avec son opéra et sa tour de 234 m terminée en 1997, à 2 min de marche de la sortie Est de la station *Hatsudai* sur la ligne *Keio New Line.*

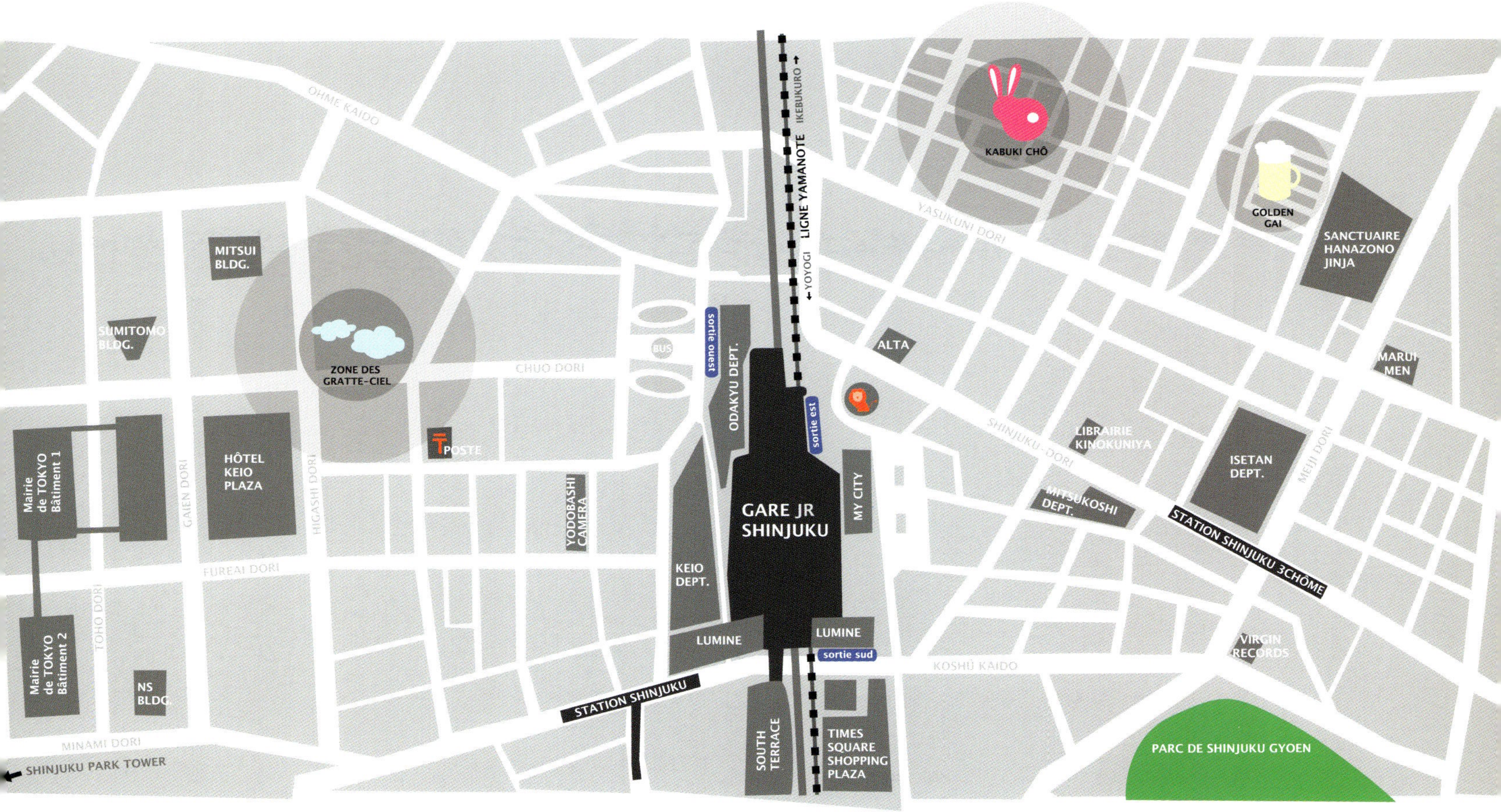
OHME KAIDO
IKEBUKURO
LIGNE YAMANOTE
YOYOGI
KABUKI CHÔ
YASUKUNI DORI
GOLDEN GAI
SANCTUAIRE HANAZONO JINJA
MITSUI BLDG.
ZONE DES GRATTE-CIEL
SUMITOMO BLDG.
CHUO DORI
BUS
sortie ouest
ODAKYU DEPT.
ALTA
MARUI MEN
sortie est
SHINJUKU-DORI
LIBRAIRIE KINOKUNIYA
ISETAN DEPT.
MEIJI DORI
Mairie de TOKYO Bâtiment 1
HÔTEL KEIO PLAZA
GAIEN DORI
HIGASHI DORI
POSTE
YODOBASHI CAMERA
GARE JR SHINJUKU
MY CITY
MITSUKOSHI DEPT.
STATION SHINJUKU 3CHÔME
FUREAI DORI
KEIO DEPT.
TOHO DORI
Mairie de TOKYO Bâtiment 2
NS BLDG.
LUMINE
LUMINE
sortie sud
KOSHU KAIDO
VIRGIN RECORDS
STATION SHINJUKU
MINAMI DORI
SHINJUKU PARK TOWER
SOUTH TERRACE
TIMES SQUARE SHOPPING PLAZA
PARC DE SHINJUKU GYOEN

★ Que voir ?

SEIJI TOGO MEMORIAL, SOMPO MUSEUM

C'est ici que se trouve le célèbre tableau de Vincent Van Gogh, *Les Tournesols,* ainsi que d'autres chefs d'œuvre de Gauguin et Cézanne. Le musée expose également les œuvres du peintre japonais Seiji Togo qui célébra la femme dans des compositions très délicates.

Ouvert tlj sauf lun. de 10h à 18h, entrée 500 ¥.
42ème étage de l'immeuble Sompo Japan, 1-26-1, Nishi-Shinjuku, Shinjuku-ku, tél. : 03-5777-8600.
Site Internet en anglais :
www.sompo-japan.co.jp/museum/english/

SHOMBEN YOKOCHO

Allée à l'atmosphère interlope et désuète coincée entre les voies de chemin de fer et le grand magasin Odakyu, sortie Ouest sur la droite en direction du Nord, et bordée de minuscules restaurants de ramen et autres spécialités.

•• Itinéraire 2 d'une demi-journée : shopping sortie Est

Tout commence sortie Est de la gare *JR* de Shinjuku. Au-dessus de la sortie, lae magasin *MyCity* regroupe des petites boutiques et des restaurants *Cf. Tokyo Comptoirs, p. 136*. Face à cette sortie, le petit square avec quelques arbres et une statue de lion est avec le grand écran du *Studio Alta,* un lieu de rendez-vous populaire avant de partir faire votre lèche-vitrines.

Vous faites face à l'immeuble *Studio Alta,* engagez-vous sur la droite dans l'avenue Shinjuku dôri. Après quelques 200 mètres vous verrez sur le trottoir de gauche une librairie *Kinokuniya.* Allez sur le trottoir de droite, passez devant le grand magasin *Mitsukoshi* et tournez dans la petite rue piétonne qui part sur la droite. Dans cette ruelle, sur la gauche, se trouve un célèbre restaurant de *tempura, Tsunahachi* (réservation recommandée au 03-3352-1012).

Tournez à gauche après le restaurant et, arrivé près d'une avenue, encore à gauche. Au croisement en face de vous se trouve le magasin *Isetan,* à l'architecture néo-gothique. Traversez toujours tout droit et longez *Isetan* sur la droite. Sur le trottoir d'en face, vous voyez un magasin à la façade en damier de carrés de couleurs vives consacré aux jeunes et aux tendances *rock* et *gothique.*

Arrivé à un nouveau grand croisement avec l'avenue Yasukuni, vous voyez en face de l'autre côté de la rue Marui Men, consacré à la mode masculine.

Traversez l'avenue Yasukuni et en restant sur le trottoir opposé à *Marui Men.* Remontez l'avenue sur la gauche et tournez dans la première rue à droite qui vous mènera au sanctuaire *Hanazono jinja.*

A partir de là, en tenant votre gauche, vous traverserez d'abord le *Golden Gai,* avant d'arriver au Kabukichô.

★ Que voir ?

KABUKICHÔ

Dans l'immédiat après-guerre le projet de construction d'un théâtre de kabuki donna son nom au quartier, alors même que le projet ne fut jamais mené à son terme ! Aujourd'hui, le Kabukichô est le théâtre de la vie nocturne avec ses milliers de néons et d'enseignes multicolores qui parent d'un air presque innocent les non moins nombreux bars à hôtesses ou à gigolos et autres salons de massage... Le Pigalle japonais n'a rien à envier à son homologue parisien. Une visite de nuit est indispensable pour capter l'atmosphère unique de ce quartier.

•• Itinéraire 3 d'une demi-journée : de Harajuku jusqu'au jardin, Shinjuku gyôen

Au départ de la gare *JR Harajuku,* sortie Meiji jingu. Tournez à droite pour rejoindre l'entrée du sanctuaire Meiji et son immense tôri de bois.

Engagez-vous dans la grande allée centrale - la plus à droite - au milieu d'une végétation presque sauvage. Vous pouvez visiter le sanctuaire en prenant la deuxième allée qui part sur la gauche. Sinon, continuez tout droit dans l'allée principale qui longe la *Yamanote.* Cette allée ombragée et calme fait environ 1 km de long.

Arrivé de l'autre côté, vous franchissez un deuxième immense *tôri* de bois pour quitter l'enceinte du lieu sacré. Regagnez la route goudronnée sur votre droite. Vous allez rapidement voir la ligne de surface *Yamanote* que vous allez longer en remontant sur la gauche jusqu'à la gare de Yoyogi.

Passez devant la gare et continuez toujours tout droit sur environ 600 m. Vous passerez sur un petit passage à niveau à même la rue et tournerez sur votre droite au niveau d'un magasin *Beam's* et d'un grand escalier.

Prenez cet escalier ou l'escalator pour vous retrouvez sur l'esplanade entièrement piétonne de *Shinjuku South Terrace.* Vous surplombez les lignes *JR* au niveau de la sortie Sud de la gare de Shinjuku. De l'autre côté vous pouvez voir la *NTT Docomo Tower* qui ressemble à *l'Empire State Building* et les grands magasins *Times Square Takashimaya.*

Empruntez la passerelle qui traverse au-dessus des lignes de chemin de fer. Entrez dans le grand magasin *Takashimaya* et descendez au niveau inférieur pour ressortir de l'autre côté du magasin au niveau de la rue.

Tournez à droite puis à gauche pour rejoindre Meiji dôri. Remontez l'avenue et progressez en tenant votre droite pour rejoindre le parc de Shinjuku, Shinjuku Gyoên. Le parc public est très prisé au printemps pour ses magnifiques cerisiers en fleurs et en été pour une pause détente.

★ Où faire du shopping ?

A *Shinjuku,* vous avez l'embarras du choix pour faire des emplettes : grands magasins à profusion, petites boutiques partout dans les rues...

• Pour les produits électroniques :

YODOBASHI CAMERA,

BIC CAMERA (sortie Ouest),

SAKURAYA (sortie Est)

• Pour des produits originaux :

MANNEN-YA

Vous cherchez des *jikatabi* (les chaussures avec l'orteil séparé et des semelles en caoutchouc) ? Les pantalons bouffants portés par les ouvriers du bâtiment ? Ou encore d'autres vêtements et accessoires repris depuis plusieurs années par les plus grands créateurs ? Alors courrez à cette boutique toute simple, à la façade jaune.

3-8-1 Nishi-Shinjuku, Shinjuku-ku, tél. : 03-3373-1111.

Ouvert tlj de 9h à 21h.

Accès : *gare de Shinjuku ou station de Nishi-shinjuku, ligne de métro Asakusa.*

★ Où manger ?

Le plus grand choix de restaurants - et ce choix est vaste, se trouve sortie Est. Pour les dîners vertigineux, essayez plutôt la sortie Ouest.

CHA CHA

Cha Cha Golden Gai, une adresse comme un secret à partager entre initiés. En plein cœur du *Kabukichô,* à deux pas du sanctuaire *Hanazono.* Sur la petite promenade plantée longeant le *Golden gai, Shiki no michi* promenade, cherchez un logo lumineux en forme de H sur une enseigne posée à même le sol. Tél. 03-5292-2933.

+ 2 autres adresses à Tokyo : ***Cha Cha Minami Aoyama,***

station Omotesando ; et ***Cha Cha Shiroganedai,*** tél. : 03-5792-5792.

GENSAI ICHIJYO

Des tons chauds et des recoins multiples, pour ce restaurant un peu cher mais très agréable.

Au sous-sol de l'immeuble Nishi-Shinjuku, 7-10-19 Nishi Shinjuku, tél. : 03-3498-5633.

AGURAYA KABUKICHO-TEN

Pour manger du bon poisson frais chez un spécialiste du genre et boire d'excellents saké venus de tout le Japon.

Nissin Bldg., 2-37-5 Kabukichô, tél. : 03-3200-2724.

★ Où sortir ?

Shinjuku est un quartier aussi animé de jour que de nuit. Allez faire un tour dans le *Kabukichô* ***Cf. Tokyo Nuits p. 88 et Parcours Underground p. 92, Tokyo Comptoirs p. 138 pour les adresses de clubs de jazz.***

★ Où dormir ?

GREEN PLAZA SHINJUKU

Cet hôtel bon marché est un hôtel capsule c'est-à-dire conçu pour les *salarymen* qui ont loupé leur dernier métro et ne veulent pas payer le taxi onéreux. Les chambres sont des sortes de tunnel (1,1 m de large, 1,2 m de haut et 2 m de long) et des distributeurs automatiques proposent tous les accessoires utiles (caleçons, rasoirs...). Le *Green Plaza,* installé dans le quartier des bars de nuit du *Kabukichô,* se démarque des autres capsules par le grand bain public, *sento,* installé en étage. Chambre à 4 000 ¥ la nuit.

Green Plaza Shinjuku, 1-29-3 Kabuki-cho, Shinjuku-ku, tél. : 03-3207-5411.

Accès : *Gare de Shinjuku, lignes JR.*

WASHINGTON HOTEL

Un immeuble moderne aux formes souples et aux petites fenêtres-lucarnes, dans le quartier des gratte-ciel. Les chambres sont petites mais confortables. Plusieurs restaurants et un *combini.* Chambre simple à partir de 9 400 ¥, double à partir de 15 000 ¥, hors pdj.

Réservation sur le site Internet en anglais :
www.wh-rsv.com/english/shinjuku/

3-2-9 Nishi-Shinjuku, Shinjuku-ku, tél. : 03-3343-3111, fax : 03-3342-2575.

Accès : *10 min. à pied depuis la gare JR de Shinjuku.*

PARK HYATT

L'hôtel, célèbre depuis le film de Sofia Coppola, *Lost in Translation,* est installé du 14ème au 53ème étage de l'immeuble *Park.* Les chambres sont parfaitement équipées, avec pour la plupart une belle vue panoramique sur la ville. Nombreux restaurants et bars ***Cf. Tokyo comptoirs p. 136***

Chambre simple/double à partir de 43 000 ¥ la nuit.

3-7-1-2 Nishi-Shinjuku, Shinjuku-ju, tél. : 03-5322-1234, fax : 03-5322-1288, site Internet en anglais :
http://tokyo.park.hyatt.com

Accès : *10 min. à pied depuis la gare JR de Shinjuku.*

Voir aussi les business hotels p. 145

池袋

Ikebukuro

Ikebukuro est le grand centre d'activités économiques et commerciales du nord de Tokyo. Plus d'un million de personnes passent chaque jour par la gare qui abrite 3 lignes de métro et 2 lignes de train, ainsi que les plus grands magasins du monde - *Seibu-Parco* et *Tobu*. Les jeunes banlieusards aiment s'y retrouver dans les nombreux karaokés et *game centers* du quartier.

•• Itinéraire 1 d'une demi-journée : *les grands complexes commerciaux*

Sortez de la gare d'Ikebukuro, sortie Est. Traversez la rue et retournez-vous. Vous êtes face à ce que les Tokyoïtes appellent le *« Ikebukuro's Berlin Wall »* : des grands magasins s'étendant sur des centaines de mètres et une dizaine d'étages.

Empruntez l'artère principale à gauche puis prenez la rue piétonne qui mène au *Sunshine 60* (vous ne pouvez pas le louper, il s'agit du second plus grand building de Tokyo après la mairie de Shinjuku, construit en 1978). Cette rue est très animée, avec de nombreux *game centers*, restaurants et magasins bon marché.

Direction le *Sunshine 60*. Une fois arrivé, montez au 60ème étage, à l'observatoire (entrée 620 ¥, ouvert tlj de 10h à 20h30) d'où l'on voit le Mont Fuji les jours de temps clair.

Vous pouvez ensuite faire une halte au 10ème étage pour visiter l'aquarium le plus grand de Tokyo, ou faire un tour au parc d'attraction *Namja Town* consacré aux jeux vidéo (2ème étage, entrée à partir de 1 600 ¥, ouvert de 10h à 22h). Retournez à la gare de Ikebukuro, faites un tour dans l'un des grands magasins qui la surplombe : *Parco, Seibu* ou *Tobu*.

★ Que voir ?

• Expérimentez un tremblement de terre !

Vous pouvez vivre un tremblement de terre (et autres catastrophes) dans un appartement reconstitué, et surtout apprendre comment réagir en ces occasions (explications en anglais).

IKEBUKURO LIFE SAFETY LEARNING CENTER

Ouvert tlj sauf mardi de 9h à 17h. Entrée gratuite.

Accès : *5 min à pied au sud de la sortie Ouest de la gare JR Ikebukuro.*

• Pour les passionnés de voiture

TOYOTA AMLUX AUTO SALON

Le plus grand show-room de voitures, sur 6 étages.

Ouvert tlj sauf lun. de 11h à 20h, entrée libre.

Accès : *par le tapis roulant en sous-sol qui mène à Sunshine 60.*

非常停止
ボタン
警
備

➩ A visiter depuis Ikebukuro :

LE PARC RIKUGIEN

Cf Tokyo Oasis p. 108.

★ Où faire du shopping ?

JAPAN TRADITIONAL CRAFT CENTER

De nombreuses expositions permettent de découvrir (et acheter) l'artisanat régional du Japon (tissus, poteries, objets religieux...)

Metropolitan Plaza, 1-11-1 Nishi-Ikebukuro, Toshima-ku,
Ouvert tlj de 11h à 19h.

Accès : *Sortie Metropolitan de la gare Ikebukuro.*

Au pied de *Sunshine*, le magasin **TOKYU HANDS** propose une multitude de produits pour la maison, la décoration et de souvenirs...

YAMAYA est un caviste, où vous trouverez des bouteilles de saké et *umeshu* (liqueur de prune), ainsi qu'une grande sélection de vins et produits alimentaires importés à prix modéré.

1-436 Higashi Ikebukuro, ouvert tlj de 10h à 21h, sortie Est de Ikebukuro, dans une petite rue derrière Tower Records.

Un autre magasin également sortie Ouest et à Shinjuku.

★ Où manger ?

➩ Ikebukuro sortie Ouest :

MIYARABI

Restaurant traditionnel d'Okinawa, proposant des menus *kaiseki* autour de 8 000 ¥. Essayez le *minudaru*, du porc rôti avec une sauce au sésame. Fermé le dimanche

1er sous-sol du bâtiment Ark City, 2-45-1 Ikebukuro,
tél. : 03-3971-5061.

AKIYOSHI

Spécialisé dans les *yakitori* (brochettes).

3-30-4 Nishi Ikebukuro, tél. : 3982-0644.

➩ Ikebukuro Sortie Est :

SHOUSUKE

Dans un décor stylé, d'excellentes *yakitori*.

5ème étage du Bronze Building, 1-23-11 Minami Ikebukuro,
tél. : 03-3988-5588.

IKEBUKURO GYOZA STADIUM

Une douzaine de magasins de *gyoza* (raviolis chinois) forment un parc à thème original dans *Namja Town*.

300 ¥ pour l'entrée, 900 ¥ pour un set.

Sunshine City Alp, 2ème étage, tél. : 03-5950-0765.

★ Où dormir ?

➩ Ikebukuro :

KIMI RYOKAN

L'un des *ryokan* les moins chers et les meilleurs en rapport qualité-prix. Chambre simple à 4 500 ¥, double à 6 500 ¥.

36-8-2 chome, Ikebukuro, Toshima-ku, tél. : 03-3971-3766,
site Internet en anglais : www.kimi-ryokan.jp/

Accès : *7 min de la sortie ouest de la station Ikebukuro.*

RICHMOND HOTEL

Un hôtel confortable dans un quartier plutôt chic abritant restaurants, galeries d'art et magasins d'antiquités. Piscine avec entrée payante. Chambre simple à partir de 12 000 ¥, double à partir de 16 000 ¥.

3-5-14 Meijiro, Toshima-ku, tél. : 03-3565-4111,
fax : 03-0565-4181, site Internet en anglais :
www.richmondhotel.co.jp/english.html

Accès : *1 min. à pied de la gare de Meijiro, ligne JR.*

SUNSHINE CITY PRINCE HOTEL

Un hôtel souvent choisi dans les circuits, pour ses prix raisonnables, ses 1 166 chambres, son confort et sa localisation au centre du complexe commercial Sunshine. Chambre simple à partir de 12 000 ¥, double à partir de 17 000 ¥.

1-5-3 Higashi Ikebukuro, tél. : 03-3988-1111, fax : 03-3988-7878, site Internet : www.princehotelsjapan.com/sunshinecityprincehotel/

Accès : *8 min. à pied de la sortie Est de la gare de Ikebukuro, dans l'immeuble Sunshine City.*

⇨ à lire

• ***Ikebukuro West Gate Park*** de Ishida Ira, éd. Philippe Picquier. Les aventures de jeunes Japonais désœuvrés, réunis en bandes et gravitant autour de la gare d'Ikebukuro. Une bonne approche de l'atmosphère interlope qui règne dans les arrières cours du quartier.

•• *Itinéraire 2 d'une journée :* le long du chin chin densha

Cet itinéraire suit le parcours du tramway Arakawa. Les tramways ont laissé la place dans les années 60 aux trains et métros. Il ne reste plus aujourd'hui qu'une ligne de 12 km nommée *Arakawa* allant de Waseda à Minowabashi, au nord-est de Tokyo. L'occasion de sortir des sentiers battus dans des quartiers à l'atmosphère paisible.

Vous pouvez partir de Higashi-Ikebukuro mais nous vous conseillons d'aller au terminus, à Waseda, qui abrite la plus grande université privée du pays.

160 ¥ le trajet (pass de 400 ¥ pour la journée).

Après une promenade dans le quartier étudiant de Waseda - de nombreux petits cafés et restaurants bon marché - montez dans le tram à l'atmosphère surannée. La vitesse réduite et le parcours qui frôle parfois les maisons vous permettront d'observer une vraie vie de quartier. Les habitants utilisent les bas-côtés du tram pour planter des fleurs, des kakis, des arbustes…

★ *Arrêt de Kishibojin-mae*

Temple bouddhiste dédié à la déesse de la fertilité, très animé lors d'une fête en octobre.

★ *Arrêt de Zoshigaya*

Grand cimetière où repose notamment le célèbre écrivain Natsume Sôseki, le Proust nippon.

★ *Arrêt de Sugamo - Shinden*

Après être passé à proximité de la grande tour Sunshine 60, le tram fait un stop à Sugamo, surnommée *Harajuku obasan, « le Harajuku des grand-mères » !* Vous pouvez visiter le temple bouddhiste Koganji, où la statue de Jizo est réputée guérir les blessures et les peines.

★ *Arrêt de Oji Ekimae*

Une jolie promenade commence ici, suivez le long de la petite rivière, bordée de temples et sanctuaires. Vous pouvez également visiter le musée du papier.

Ouvert du mar. au sam. De 10h à 17h, entrée 300 ¥.

★ *Terminus de Minowabashi*

Le temple Jokan-Ji vaut la visite avant de retourner dans le monde moderne !

上 野

Ueno, Yanaka

Ueno, c'est un parc agréable en toute saison, qui regroupe 3 musées nationaux, des lieux de culte et un zoo. C'est aussi la plateforme de communication du Nord-Est avec les lignes de métro *Ginza* et *Hibiya*, les lignes de surface *JR Yamanote, Joban* et *Keihin Tohoku*. Et les lignes *Keisei*, dont la gare est différente. C'est enfin un peu de l'esprit de la ville basse, Shitamachi, qui perdure.

•• Itinéraire 1 d'une journée : le parc de Ueno

L'itinéraire commence au niveau de la sortie Ueno Koen de la gare *JR Ueno*.

Le *Tokyo Culture Hall*, face au kiosque d'information, est le siège de l'orchestre symphonique de Tokyo. Le bâtiment suivant sur la droite est le *Musée national d'art occidental* qui abrite des oeuvres de Renoir, Cézanne, Van Gogh et Rodin.

Derrière, légèrement sur la gauche, repérable par la gigantesque sculpture de baleine, se trouve le *Musée national des sciences*. Le musée le plus intéressant est, sans conteste, le *Musée National de Tokyo* et ses 5 corps de bâtiment de différents styles, en face de la grande fontaine. *Cf. p. 100.*

Toujours plus loin dans le parc, vous croiserez un grand bâtiment de brique rouge, le *Tokyo Metropolitan Museum of Art* où vous pourrez admirer le travail d'artiste japonais contemporain. C'est le seul bâtiment conçu par Le Corbusier au Japon.

Dans le prolongement du musée, se trouve le fameux zoo de Ueno qui popularisa le parc aux yeux des jeunes visiteurs et qui est connu pour ses pandas et sa pagode de 5 étages.

Le sanctuaire Toshogu est tout contre le zoo. Une remarquable allée bordée de lanternes de pierre vous ménera tout droit au bâtiment principal datant du 17ème siècle. En hiver le jardin de pivoine est très couru. *Cf .Tokyo Sacré p. 104.* Vous verrez certainement de nombreuses tentes de toile de plastique bleu dans le parc : ce sont les habitations de fortune de sans-abris réfugiés dans ce quartier populaire.

L'étang de Shinobazu au Sud-Ouest du parc est réputé pour ses lotus en été, sa promenade de cerisiers au printemps et pour le temple Bentendo, dédié à la déesse de la prospérité Benzaiten, et perché sur une petite île artificielle.

Immanquable à l'horizon, l'architecture de l'hôtel *Sofitel*, en « pyramides empilées », dessiné par Kiyonori Kikutake ne vous laissera pas indifférent...

Proche de la gare *Keisei* de Ueno, en bouclant votre promenade circulaire, vous arrivez au temple Kiyomizu Kannondo, dont le prestigieux modèle se trouve à Kyoto.

うえの
Ueno

酢蛸足
一本
特大
酢蛸
一本

★ ***Vous pouvez ensuite poursuivre***

➩ **en bus pour Asakusa :** toujours proche de cette gare de *Ueno Keisei*, un bus double à l'anglaise part toutes les 30 min. environ pour Asakusa pour 250 ¥.

➩ **à pied jusqu'à Akihabara :** 10 min. en redescendant l'avenue Chuo Dori.

★ ***Que voir ?***

MUSÉE NATIONAL D'ART OCCIDENTAL

7-7 Ueno-koen, Taito-ku, tél. : 03-3828-5131, ouvert tlj sauf lun. de 9h à 17h (20h le ven.), entrée 420 ¥.

MUSÉE NATIONAL DES SCIENCES

7-20 Ueno Park, Taito-ku, tél. : 03-3822-0111, ouvert tlj sauf lun. de 9h à 17h, entrée 500 ¥, site Internet en anglais : www.kahaku.go.jp/english

MUSÉE TOKYO METROPOLITAN

8-36 Ueno Park, Taito-ku, tél. : 03-3823-6921, ouvert tlj sauf lun. de 9h à 17h, entrée variable selon les expositions, site Internet en anglais : www.tobikan.jp

Sans oublier le ***MUSÉE SHITAMACHI*** et le ***MUSÉE NATIONAL DE TOKYO***

Cf. Tokyo Tradition p. 100.

•• Itinéraire 2 d'une demi-journée : le « triangle d'or », Yanaka

Inscrit dans un triangle délimité par les gares de Nippori, Nishi Nippori (ligne Yamanote) et Sendagi (ligne Chiyoda), le quartier de Yanaka est l'un des plus pittoresques et des plus méconnus de Tokyo. Un des rares endroits de la ville où le temps semble s'être arrêté, prisé depuis longtemps par les artistes et les intellectuels.

Partez de la gare *JR* de Nishi Nippori, gravissez la côte pour rejoindre le sommet de la colline de Dokanyama et la fraîcheur de son parc. Prenez la rue Suwadai d'où vous avez une belle vue sur Tokyo et où vous pourrez faire une pause au sanctuaire Suwa.

Continuez jusqu'au premier grand carrefour et tournez à droite. Vous êtes dans *Yanaka Ginza,* une artère commerçante au charme vieillot. Descendez cette rue en flânant au hasard des boutiques. Au bout de la rue tournez à gauche dans Yomise-dori Avenue.

Vous croiserez sur votre gauche un *ryokan, l'Annex Katsutaro. Marchez jusqu'au prochain grand carrefour,* vous êtes alors tout prêt de la gare de Sendagi et tournez à gauche. Vous remontez vers le cimetière de Yanaka, Yanaka Reien. Le cimetière est un havre de paix où sont enterrés de nombreuses célébrités japonaises : l'écrivain Sôseki Natsume, le dernier *shogun* du Japon, Tokugawa Yoshinobu avec sa famille, de nombreux héros de légendes populaires (assassins, doubles suicides d'amoureux...). Il est particulièrement prisé par les Tokyoïtes au moment des cerisiers en fleurs. Le *Daimyo Tokei Hakubutsukan,* musée de l'horloge, recèle des pièces surprenantes (heures marquées par les signes du zodiaque, mesures du temps originales...).

Il y a dans ce secteur de nombreux temples bouddhistes qui font partie pour la plupart du pèlerinage des 7 temples ***Cf. encadré p. 189.***

Après votre visite du cimetière de Yanaka, vous pouvez rejoindre la gare de Nippori et éventuellement poursuivre sur Ueno.

MUSEE DE L'HORLOGE

Daimyo Tokei Hakubutsukan, 2-1-27 Yanaka, Taito-ku, tél. : 03-3821-6913, ouvert tlj sauf lun. de 10h à 16h, entrée 300 ¥.

Accès : *10 min. à pied de la gare de Nezu.*

おもだかや

Le pèlerinage des 7 temples de Yanaka

Le pèlerinage des 7 temples du quartier de Yanaka apporte santé et bonheur, surtout s'il est effectué en janvier. Les temples s'étendent de Ueno à Yanaka et sont le prétexte à une visite dans des quartiers préservés.

- Temple 1 : *Togaku-ji,* dédié à *Fukurokuju,* dieu du bonheur et de la santé. On colle un papier rouge sur les statues, correspondant à l'organe malade.
- Temple 2 : *Seiun-ji,* dédié à *Ebisu,* le dieu de la prospérité, protecteur des marchands, des pêcheurs et des voyageurs.
- Temple 3 : Shushoin, dédié à Hotei, dieu de la fortune et de la joie, au physique rondouillard.
- Temple 4 : Choan-ji, dédié à Jurojin, dieu de la longévité, accompagné d'un daim. Situé près du cimetière.
- Temple 5 : *Tenno-ji,* dédié au dieu indien *Bishamon,* symbole du courage et de santé mentale. Situé au nord du cimetière, au-dessus des marches menant la gare de Nishi Nippori.
- Temple 6 : *Gokokuin,* dédié à *Daikoku-ten,* dieu de la guerre...et de la cuisine !
- Temple 7 : *Bentendo* (dans le parc de Ueno), dédié à *Benzaiten,* déesse de la bonne fortune.

★ Où faire du shopping ?

LE MARCHÉ D'AMEYA YOKOCHO (AMEYOKO)

Marché noir sous l'occupation américaine, le nom de cette petite rue commerçante en contrebas des voies de chemin de fer signifie alternativement *« l'allée des sucreries »* ou *« l'allée des produits américains ».* Aujourd'hui vous y trouverez principalement des chaussures (surtout des baskets), des vêtements à bas prix ainsi que de grands étals de produits alimentaires frais ou saumurés (poissons, légumes, condiments...)

Accès : *sortie Shinobazu de la gare JR de Ueno.*

YANAKA GINZA : la rue principale de Yanaka est bordée de nombreuses boutiques traditionnelles, dont la spécialité est la fabrication de poupées en bois, *ningyo.* Essayez notamment l'atelier Taguchi-Ningyo-ten.

Accès : *gare de Nishi Nippori ou Sendagi.*

Isetatsu : petit magasin très ancien qui propose des feuilles de papier imprimé, **Cf. Tokyo Shopping p. 69.**

★ Où manger ?

ASAKUSA SOMETARO

Restaurant de *okonomiyaki* et *yakisoba,* dans une ambiance typique de *shitamachi* (la ville basse).

Building Atre, rez-de-chaussée, ouvert tlj de 7h à 23h, tél. : 03-5826-5876.

Accès : *gare de Ueno, ligne JR.*

BON

Le restaurant de *tofu* le plus réputé, spécialisé dans la *shojin ryori,* la cuisine végétarienne des temples bouddhistes. Décor traditionnel, simple et magnifique. Comptez 7 000 - 10 000 ¥ le dîner.

1-2-11 Ryusen. Déjeuner de midi à 15h et dîner de 17h à 19h tlj sauf mar, tél. : 03-3872-0234.

Accès : *station de Iryia, ligne de métro Hibiya, à 2 stations de Ueno.*

★ Où dormir ?

ANDON RYOKAN

Un *ryokan* moderne à l'architecture audacieuse. Les chambres sont petites mais tout est élégant et pratique. Chambre simple ou double : 8 190 ¥.

2-34-10 Nihonzutsumi ,Taito-ku, tél. : 03-3873-8611, fax : 03-3873-8612. E-mail : ryokan@andon.co.jp.

Site Internet en anglais : www.andon.co.jp

Accès : *station de métro de Minowa, ligne Hybia, depuis Ueno.*

RYOKAN SAWANOYA

Un *ryokan* à l'ambiance familiale, avec des chambre simples mais propres. 5 000 ¥ par personne, 9 500 ¥ pour deux.

2-3-11 Yanaka, Taito-ku, tél. : 03-3822-2251,

fax : 03-3822-2252, site Internet en anglais :

www.sawanoya.com

Accès : *7 min. à pied de la station de Nezu, sortie 1, ligne Chiyoda.*

ANNEX KATSUTARO

Un *ryokan* assez récent, dans un quartier traditionnel. Connexion Internet gratuite. 6 500 ¥ par personne par nuit, 10 500 ¥ pour deux personnes.

3-8-4 Yanaka, Taito-ku, tél. : 03-3828-2500,

fax : 03-3821-5400, site Internet en anglais :

www.katsutaro.com

Accès : *2 min. à pied de la station Sendagi sortie 2, ligne de métro Chiyoda, ou 7 min. à pied depuis la gare Nippori sur la ligne Keisei.*

SUIGETSU HOTEL OHGAISOU

A côté du zoo de Ueno, un hôtel qui mixe tradition japonaise et confort occidental avec bonheur. Chambres occidentales : simple 7 560 ¥, double 12 000 ¥, chambres japonaises : 25 000 ¥

3-3-21 Ikenohata, Taito-ku, tél. : 03-3822-4611,

fax : 03-3823-4340. Site Internet en anglais :

www.ohgai.co.jp/index-e.html

Accès : *station de métro Nezu ou gare JR Ueno.*

UENO PARK SIDE HOTEL

Hôtel entièrement rénové en 2005, situé sur le bord du parc de Ueno. Toutes les chambres sont équipées d'un écran LCD, de douche et d'Internet. Chambre simple à partir de 9 200 ¥, chambre double à partir de 16 000 ¥ (18 000 ¥ pour une chambre en *tatami).*

2-11-18 Ueno, Taito-ku, tél. : 03-3836-5711,

fax : 03-3831-6641. Site Internet en anglais :

www.parkside.co.jp

Accès : *1 min de la station de métro Yushima, ligne Chiyoda, ou à 5 min. de la gare JR de Okachimachi.*

浅 草

Asakusa, Ryôgoku

Hauts lieux de tradition, tous deux situés au bord de la rivière Sumida, le quartier de Asakusa est lié au bouddhisme à travers son temple, ses fêtes et la ferveur des pèlerins, alors que celui de Ryôgoku est plus rattaché au culte shinto car les tournois très ritualisés de sumo se tenaient avant dans les sanctuaires.

•• Itinéraire 1 d'une demi-journée : Asakusa sous le patronage de la déesse Kannon

A 5 min. de la station *Asakusa* sur les lignes *Toei Asakusa* et *Ginza,* rejoignez la Kaminarimon, la grande porte qui donne accès à l'allée Nakamise, facilement identifiable grâce à son imposante lanterne de papier rouge marquée d'un *kanji.*

Nakamise est une allée de plus de 100 petites échoppes qui vous mène au temple Sensô-ji, idéale pour un petit souvenir traditionnel : sandales japonaises, éventail, kimono, biscuit de riz, sucreries…

Au bout de l'allée, une seconde porte, Hôzomon, ouvre sur l'enceinte du temple. Passez sous la porte, vous voyez sur votre gauche une pagode de 5 étages. Entre la porte et cette pagode se trouve le bureau d'administration du Dembô-in auquel vous devez vous adresser pour obtenir des tickets gratuits permettant de visiter le jardin attenant au monastère. Charmant jardin zen du 17ème siècle, sa promenade autour d'un petit étang aux carpes multicolores est relativement tranquille par rapport à la fréquentation de l'ensemble du site.

Directement en face de la porte Hôzomon se trouve le bâtiment principal, l'Asakusa Kannondô. Et derrière ce bâtiment sur la droite, vous accèderez au sanctuaire Asakusa jinja, dédié à la mémoire des trois pêcheurs à l'origine de la découverte de la statuette de la déesse de la miséricorde, Kannon, pour laquelle fut construit le Kannondô.

Revenez sur vos pas et tournez à gauche pour sortir de l'enceinte sacrée par la porte Nitenmon. Avancez tout droit jusqu'à la rivière Sumida et au parc du même nom. Traversez le parc en suivant le courant sur votre droite pour rejoindre l'embarcadère des bateaux bus *Cf. Tokyo Aqua p. 114* ou la gare Tobu Asakusa.

Depuis Asakusa : prenez la ligne de métro *Toei-Asakusa,* jusqu'à Asakusabashi où vous emprunterez une correspondance avec la ligne *JR Sôbu* pour rejoindre la gare de Ryôgoku.

•• Itinéraire 2 d'une demi-journée : le sumo gardien de la tradition

Les environs de la gare de Ryôgoku sont consacrés au sumo. Vous y trouverez le stade national du *Kokugikan* où se déroule les tournois depuis 1985, de nombreux restaurants de *chanko ryôri* *Cf. Tokyo Sports p. 127* ainsi que

福
福
成功
¥1200
ソーラー ねこ
¥12,400
¥1600
¥1500
¥1500
¥500

la plupart des 49 « écuries » ou familles de *sumo*, les *heya*, où s'entraînent les lutteurs.
Immanquable, le musée *Edo Tokyo Hakubutsukan* situé derrière le stade vous réjouira par ses reconstitutions de l'époque Edo *Cf. Tokyo Nostalgie p. 100.* Ne manquez pas de monter au dernier étage du bâtiment - au niveau de la cafétéria - pour avoir une vue en hauteur de la capitale.

★ Que voir ? Que faire ?

Faire du rickshaw

Un petit tour en voiture à bras pour deux personnes vous coûtera 2 000 ¥ pour 10 minutes, 12 000 ¥ pour une heure. Disponible près de la porte de *Kaminarimon* à Asakusa.

MUSÉE DES PERCUSSIONS

Miyamoto Unosuke Shoten, fabricant de longue date de tambours, autels portatifs et autres objets destinés aux festivals et processions religieuses, a ouvert ce musée original des percussions japonaises, asiatiques mais aussi africaines et européennes. Il propose aussi des concerts. Ouvert tlj sauf lun. et mar. de 10h à 17h.

Au 3ème étage du magasin Miyamoto Unosuke Shoten Nishi-Asakusa, 2-1-1 Nishi-Asakusa, Taito-ku, tél. : 03-3842-5622

Accès : *2 min. à pied de la station Tawaramachi sur la ligne Ginza*

Voir l'entraînement matinal des sumos (asa geiko)

Vous pouvez assister de bon matin aux entraînements des lutteurs de sumo, dans leurs écuries. Il vous suffit d'arriver avant 8h le matin, et vous pourrez en général prendre des photos. Seule règle : rester discret. Voici ci-dessous quelques écuries ouvertes au public (téléphonez toujours la veille pour vérifier que vous pouvez bien venir le lendemain) : ***Azumazaki Beya,*** 4-6-4 Higashi-Komagata, Sumida-ku, tél. : 03-3625-0033.

Izutsu Beya, 2-2-7 Ryogoku, Sumida-ku, tél. : 03-3634-9827.

Oshima Beya, 3-5-3 Ryogoku, Sumida-ku, tél. : 03-3632-0240.

★ Où faire du shopping ?

⇨ Au fil de l'allée Nakamise :

BAIRINDO, au tout début de l'allée à l'opposé d'une antique librairie, vend des senbei, gâteaux de riz craquants, et des *hajike-mame*, haricots grillés, depuis près de 200 ans.

A l'autre bout près de la porte Hozômon, sur la droite, vous croiserez d'abord **KIMURAYA,** spécialiste des *ningyo-yaki*, littéralement « poupées grillées », petits gâteaux de savoie en forme de petits personnages. Enfin, plus loin toujours sur votre droite : **SUKEROKU,** une petite boutique qui vend depuis 1860 des petites poupées d'hommes et d'animaux représentatifs de l'époque Edo.

⇨ Kappabashi, un rêve de ménagères

Tous les ustensiles de cuisines : couteaux effilés, plats de céramiques au design impeccable…

Cf. Tokyo Shopping p. 69.

★ Où manger ?

KOMAGATA DOJO

Spécialisé dans les *dojo*, sorte de sardine d'eau douce, préparée sous toutes les formes. Dans un grand bâtiment en bois, ambiance traditionnelle. 1 500 ¥ le plat, de 2 500 à 6 000 ¥ le menu.

1-7-12 Komagata, ouvert tlj de 11h à 21h, tél. : 03-3842-4001.

Accès : *3 min. de la station de Asakusa.*

AOI-MARUSHIN

Sur 6 étages (moitié *tatami*, moitié tables), venez déguster un assortiment de *tempura*. Environ 1 000 ¥ le plat.

1-4-4 Asakusa, ouvert tlj, tél. : 03-3841-0110.

Accès : *station Asakusa, sortie 1, près de l'entrée du temple Senso-ji.*

SOMETARO

Goûtez les *okonomiyaki* et les *yakisoba*, spécialités de la maison ! Atmosphère chaleureuse où les serveurs n'hésiteront pas à vous aider.

Ouvert tlj de midi à 22h. Menu à partir de 1 500 ¥.

2-2-2 Nishi Asakusa, (près du Musée des Percussions), tél. : 03-3844-9502.

Accès : *2 min. de la station Tawaramachi ou 5 min. de la station de Asakusa.*

CHINYA et ASADA

Cf. Tokyo Nostalgie p. 97.

CHANKO KIRISHIMA

Cf. Tokyo Sport p. 127.

★ Où dormir ?

BELMONT HOTEL

Situé à deux pas du métro, cet hôtel au confort occidental est de bon standing. Chambre simple à 8 000 ¥, chambre double à partir de 15 000 ¥.

1-2-8 Yanagibashi, Taito-ku, tél. : 03-3864-7733, fax : 03-3864-7732.

Accès : *5 min. de la station de métro Asakusa.*

SADACHIYO RYOKAN

Magnifique *ryokan* aux chambres traditionnelles japonaises, situées dans une rue calme près du temple d'Asakusa. L'établissement comporte des bains communs en bois et en pierre. Prix : 12 000 ¥ la simple, 17 500 ¥ la double.

2-20-1 Asakusa, Taito-ku, tél. : 03-3842-6431, fax : 03-3842-6433, site Internet en anglais : www.sadachiyo.co.jp

Accès : *10 min. des stations de métro de Tawaramachi ou de Asakusa, ligne de métro Ginza.*

→ à lire

- **Chroniques d'Asakusa** de Kawabata Yasunari, éd. Livre de Poche. Suite de courts récits prenant place dans le quartier de Asakusa dans les années 30, qui à l'époque était le plus mal famé et le plus fascinant de Tokyo.

東 京

Tokyo, Marunouchi

Les quartiers situés à proximité de la grande gare de Tokyo sont centraux à plus d'un titre. On y trouve en effet le centre du pouvoir économique - sièges sociaux, banques et Bourse ; le centre du pouvoir spirituel et de l'identité nationale - le Palais impérial ; et le centre du pouvoir politique - parlement et administrations. Le Palais impérial lui-même, est considéré comme le centre de Tokyo autour duquel tout gravite. Mais si c'est un centre, c'est un « centre vide » comme l'a si bien expliqué Roland Barthes dans *l'Empire des signes* : on ne peut visiter le palais qui, avec ses jardins et ses hautes murailles, constitue un poumon de verdure et une zone de mystère.

•• Itinéraire 1 d'une demi-journée : *autour du « centre vide »*

Partez de la gare de Tokyo, sortie centrale de Marunouchi. Pour une visite de la gare de Tokyo, *Cf. Tokyo Gares p. 155.* Vous êtes dans le quartier du même nom. Avancez tout droit face à la sortie principale de la gare en direction du Palais impérial dont vous devez apercevoir l'enceinte droit devant. Vous croisez le *Marubiru,* immeuble Marunouchi, vaste complexe de bureaux et de commerces construit par Mitsubishi, avant d'arriver sur l'avenue centrale de Marunouchi Nakadori, la plus chic du Japon (bijouterie *Tiffany & co, Maison du chocolat...).*

Continuez toujours tout droit jusqu'aux douves du palais. Arrivé aux douves, longez-les sur la droite de façon à rejoindre un pont les enjambant et la porte Ôtemon qui vous permettra d'accéder aux jardins Est que l'on peut visiter. Toujours en montant sur la droite en longeant les douves, vous pourrez visiter le jardin Kitanomaru et le Musée national d'art moderne. *Cf. p. 53.*

Poursuivre vers Kanda-Jimbocho si vous aimez les livres *Cf. p. 208*, ou, vers Akihabara si vous préférez l'électronique *Cf. Tokyo Hi Tech p. 70.*

Tokyo station

Le bâtiment de la gare de Tokyo fut construit en 1914, lorsque le terminus originel du train Tokaido en provenance de Kyoto fut transféré de Shimbashi à Tokyo. L'architecte Tatsuno Kingo utilisa des briques rouges pour le bâtiment et rendait ainsi hommage à la victoire du Japon dans la guerre russo-japonaise (1905). La gare fut détruite par les bombardements en 1945, reconstruite et agrandie dans les années 60 pour accueillir les lignes de *shinkansen.* Aujourd'hui, la gare de Tokyo abrite sur une dizaine de plate-formes sur deux étages les lignes de *shinkansen,* les lignes *JR,* les lignes *Toei* et des lignes de métro.

東 京
とうきょう
Tōkyō

Nihonbashi

Il s'agit du quartier situé de l'autre côté de la grande gare de Tokyo (sortie centrale de *Yaesu)*, son nom signifie littéralement « pont du Japon ». Le pont de *Nihonbashi* était le point de départ de la célèbre route du Tokaido au 17ème siècle, il en existe une réplique en bois dans le musée *Edo Tokyo* **Cf. p. 100.** Aujourd'hui ce fameux pont est en pierre, il date de l'époque Meiji et est surmonté d'une autoroute urbaine. Ce quartier était très commerçant, la famille *Mitsui*, fondatrice des magasins *Mitsukoshi*, y développa ses activités dès l'époque Edo. Aujourd'hui c'est le centre financier du Japon.

• *Lieux d'intérêt du quartier :* la Banque du Japon (bâtiment d'époque Meiji), la Bourse du Japon, les grands magasins *Mitsukoshi* et *Takashimaya*, le *« point zéro »* du Japon à partir duquel on calcule les distances (sur le pont).

•• Itinéraire 2 d'une demi-journée : en allant vers Akasaka

Repartez du Palais impérial, mais cette fois-ci, descendez sur la gauche. Vous allez traverser les jardins extérieurs et les parkings d'où vous apercevrez le Palais.

En longeant les douves en restant toujours le plus près possible du palais, vous arriverez à la porte de Sakuradamon qui donne accès à un pont et à la station de métro du même nom. Tournez à droite après avoir franchi le pont, vous devez apercevoir droit devant vous un bâtiment de couleur beige assez imposant : le Kokkai Gijidô, le bâtiment de la Diète, l'assemblée parlementaire japonaise. Traversez l'avenue et marchez jusqu'à la Diète que vous contournez par la droite. Passez derrière le bâtiment au milieu des gardes postés de chaque côté de la route et tournez dans la première route à droite qui descend vers le sanctuaire Hie jinja.

Après avoir visité le sanctuaire, vous redescendrez du côté opposé pour aller dans la rue principale du quartier d'Akasaka. Vous y trouverez la station de métro du même nom et de nombreux restaurants. Au bout de cette rue rectiligne après 1,5 km de marche, vous pourrez visiter le petit parc Nogi qui accueille le sanctuaire dédié au général Nogi et sa maison en bois. Vous pouvez ensuite rejoindre Roppongi en marchant toujours ou en prenant le métro à la station de Nogizaka sur la ligne *Chiyoda*.

Le général Nogi

En 1912, le général Nogi commit un suicide rituel, *seppuku*, avec son épouse au lendemain de la mort de l'empereur Meiji. Pour ce général, victorieux de la Russie, il ne s'agissait pas seulement de suivre son empereur dans la mort mais aussi et surtout de regagner son honneur perdu lors de la défaite de la guerre de Seinan. Ce fut un grand choc pour les Japonais de l'époque moderne de Meiji.

★ Que voir ?

SANCTUAIRE HIE JINJA

Sanctuaire perché au sommet d'une petite colline, lié à l'histoire de la construction du Palais impérial. Il est remarquable notamment pour son bel escalier en pente raide bordé de portiques recouverts de laque vermillon, typique des temples shinto, ainsi que pour le festival *Sanno* du 15 juin, célèbre pour sa procession ou *mikoshi-buri*.

MUSÉE BRIDGESTONE

La collection du fondateur de la célèbre société *Bridgestone*, Ishibashi Shojiro, ouvert en 1952, propose 1 600 oeuvres issus des courants impressionnistes, post-impressionnistes et art moderne.

Ouvert tlj sauf lun. de 10h à 20h, entrée 800 ¥. 1-10-1, Kyobashi, Chuo-ku, tél. : 03-3563-0241, site en anglais : www.bridgestone-museum.gr.jp/en

Accès : *5 min. de la gare de Tokyo, sortie centrale de Yaesu.*

Sanctuaire Hie Jinja

MUSÉE IDEMITSU

Collection privée du fondateur de la société éponyme, le musée Idemitsu a ouvert ses portes en 1966. On peut y voir un remarquable ensemble de poteries asiatiques anciennes.

Ouvert tlj sauf le lundi de 10h à 17h, entrée 800 ¥,
8ème étage de l'immeuble Teigeki, 3-1-1 Marunouchi,
Chiyoda-ku, tél. : 03-5777-8600.

Accès : *5 min. de marche de la station de Hibiya.*

THÉÂTRE NATIONAL DU JAPON

Le théâtre national est spécialisé dans les spectacles de *nô*. Plus d'infos et le programme en anglais sur le site Internet www.ntj.jac.go.jp/english/index.html

4-1, Hayabusa-cho, Chiyoda-ku, tél. : 03-3265-7411.

Accès : *5 min. à pied de la station Hanzomon sur la ligne Hanzomon.*

★ Où faire du shopping ?

- Le spécialiste du kimono :

Sur deux étages dans le magasin principal de la chaîne **MITSUKOSHI** à Nihonbashi.

1-4-1 Nihonbashi Muromachi, Chuo-ku, tél. : 03-3241-3311

Accès : *en face de la station Mitsukoshimae sur la ligne Ginza.*

- Le spécialiste des éventails traditionnels :

IBASEN est une boutique traditionnelle de Nihonbashi, spécialiste des éventails en papier de forme ronde et rigide, *uchiwa*.

Ouvert de 10h à 18h.Rez-de-chaussée de l'immeuble,
4-1 Nihonbashikobuna-cho, Chuo-ku,
tél. : 03-5413-6265.

Accès : *7 min. à pied de la sortie A4 du métro Mitsukoshimae sur les lignes Ginza ou Hanzomon.*

- Le spécialiste du saké :

SHOCHU AUTHORITY propose plus de 2 000 sortes de sakés, ainsi qu'une cinquantaine de bières japonaises.

Ouvert tlj de 10h à 21h. 1-9-1 Kitchen Street (passage nord de la gare de Tokyo),
tél. : 03 -5208-5157.

★ Où manger ?

⇨ Près de la gare de Tokyo :

Dans la gare de Tokyo, **KITCHEN STREET** est un passage protégé bordé de restaurants de toutes sortes : japonais, snacks, coréens, italiens... vous trouverez forcément votre envie du moment !

⇨ Akasaka :

TANGA

Un restaurant-concept à la décoration époustouflante (planchers et plafonds en verre, lumière étudiée...). La carte propose des plats fusion d'inspiration californienne.

Immeuble Wakabayashi, 2-8-5 Akasaka, Minato-ku,
tél. : 03-5575-6668.

Accès : *station de Akasaka.*

⇨ Marunouchi :

CHANTO

Un *izakaya* à la belle décoration et au menu alléchant : spécialités japonaises avec quelques influences coréennes.

Ouvert tlj de 11h à 22h. 2ème sous-sol du bâtiment
Marunouchi MY Plaza, 2-1-1 Marunouchi,
tél. : 03-6212-8802.

★ Où dormir ?

HOMEIKAN

Trois *ryokan* situés dans le centre de Tokyo, très souvent pris d'assaut, pensez à réserver bien à l'avance ! Havres de paix, ils sont un excellent choix pour s'échapper du chaos urbain.

Morikawa Bekkan, le plus traditionnel. *Daimachi* le plus typique et *Hokan* le plus classique.

Les chambres coûtent en moyenne 7 000 ¥ la simple, 12 000 ¥ la double et 15 000 ¥ la triple.

10-5 Hongo, 5chome, Bunkyo-ku, tél. : 03-3811-1187, fax : 03-3811-1764, e-mail : homeikan@nyc.odn.ne.jp site Internet en anglais : www.homeikan.com

Accès : *5 min. à pied de la station Kasuga sur la ligne de métro Mita ou 10 min. à pied de la station Hongo Sanchome, lignes de métro Marunouchi et Oedo.*

TOKYO HOTEL DOME

Ce magnifique hôtel construit en 2 000 par Kenzo Tange offre une vue grandiose sur le centre de Tokyo et comporte 1 000 chambres, une piscine extérieure et de belles prestations. Chambre simple à 15 000 ¥, chambre double à partir de 19 000 ¥

1-3-61 Koraku, Bunkyo-ku, tél. : 03-5805-2222.
Site Internet en anglais : www.tokyodome-hotels.co.jp

Accès : *1 min. de la station de Suidobashi, ligne de métro Mita.*

TOKYO STATION HOTEL

Situé dans le bâtiment en briques rouges de la gare de Tokyo, cet hôtel a gardé le charme du 19ème siècle. A partir de 15 000 ¥ la simple et 26 000 ¥ la double.

1-9-1 Marunouchi, Chiyoda-ku, tél. : 03-3231-2511, site Internet en anglais : www.tshl.co.jp

Accès : *gare de Tokyo.*

PALACE HOTEL

Il domine le Palais impérial. Bâtiment assez quelconque mais vue incroyable depuis les chambres. A partir de 26 000 ¥ la chambre simple ou double.

1-1-1 Marunouchi, Choyoda-ku, tél. : 03-3211-5211, fax : 03-3211-6987, site Internet en anglais : www.palacehotel.co.jp/english

Accès : *2 min. de la station de métro Otemachi ou 5 min. de la gare de Tokyo.*

RYOKAN KANGETSU

Un peu excentré, ce *ryokan* est plein de charme, avec des bains communs intérieurs et extérieurs et une architecture en bois traditionnelle. 5 250 ¥ par personne, 9 000 ¥ pour deux.

1-2-20 Chidori, Ota-ku, tél. : 03-3751-0007, fax : 03-3751- 0046, site Internet en anglais : www.kangetsu.com

Accès : *2 min. à pied de la gare de Chidoricho, ligne Tokyu Ikegami depuis Gotanda sur la Yamanote.*

銀座

Ginza, Yurakucho

C'est à Ginza que l'on frappait la monnaie d'argent de l'époque Edo (*gin* veut dire argent/or en japonais). C'est peut-être pour cette raison qu'aujourd'hui, tout ce qu'il y a de brillant, de cher et de chic se trouve à Ginza, quartier central coincé entre les jardins Est du Palais impérial et les rives de la Sumida.

•• *Itinéraire d'une journée : architecture contemporaine, espace vert et shopping*

Descendre à la gare *JR Yurakucho* et suivre la sortie centrale « *Tokyo International Forum* » qui vous mènera en moins d'une minute à ce bâtiment à l'audacieuse architecture de verre et d'acier.

Commencez par descendre dans l'impressionnante galerie d'accueil de 480 m^2 avant de prendre l'ascenseur pour le troisième étage. Cela vous permettra de traverser la passerelle pendue dans le vide et d'apprécier le travail de l'architecte uruguayen Rafael Viñoly.

Ressortez par la même porte de verre côté gare *JR Yurakucho.* Face à la sortie vous verrez un grand magasin *Bic Camera,* spécialiste de l'électronique grand public. Après un petit tour dans ce magasin, sortez du côté de la station Hibiya pour rejoindre en 5 minutes le parc Hibiya. Premier parc à l'occidental ouvert en 1904, nommé d'après le nom de ce quartier sis au sud-est du Palais Impérial, on y trouve des bassins, fontaines, cours de tennis…

Après votre balade dans le parc, revenez sur vos pas sortie Nord-Est du parc près d'un *koban,* empruntez la large avenue qui chemine entre les douves du Palais et le Nord du parc en direction de Ginza. Passez sous les lignes *JR* pour rejoindre le cœur de Ginza.

De l'autre côté des lignes, directement à droite sous les voies se trouvent de petits restaurants populaires de *yakitori* - face au grand magasin *Hankyu.*

Continuez tout droit et passez cette fois-ci sous l'autoroute surélevée, vous êtes sur l'avenue Harumi dori. Vous arrivez au niveau de la station de métro *Ginza.* Au prochain grand croisement sur votre droite se trouve l'immeuble *show-room Sony.* L'immeuble voisin tout de briques de verre est le magasin central érigé par *Hermès.*

Continuez toujours tout droit pour arriver à un grand croisement avec l'avenue Chuô, Chuô dori, baptisée aussi Ginza dori. C'est le centre de Ginza avec les magasins *Wako* - façade grise en arrondie, et *Mitsukoshi* qui se font face. Installez-vous à l'étage du café *Doutor* qui se trouve à ce carrefour, vous pourrez observer l'animation qui règne dans le quartier tout en faisant une pause. Si vous continuez encore tout droit, vous rejoindrez le *Kabuki-za,* face à la station *Higashi Ginza.* Avant d'y arriver vous croiserez sur votre droite le *Japanese Sake*

銀座
4丁目
GINZA ST,

I
NEW
TOKYO
しいTOKYO、はじまります。
ww.ilovenewtokyo.com

MATSUYA GINZA
UFJ銀行

東京メトロ
Tokyo Metro
銀座駅
Ginza Sta.
CASIO

TDK
FANCL
LE CAFÉ DOUTOR

Center *Cf. Tokyo Shopping p. 68.*

Si vous tournez à droite dans Chuô dori - Ginza dôri, vous continuez votre shopping chic avec notamment le grand magasin *Matsuzakaya.*

Au bout de la Chuô dori, vous rejoindrez la gare *JR Shimbashi* depuis laquelle vous pouvez enchaîner avec une visite : 1°) du marché de poisson de *Tsukiji* *Cf. p. 130*, 2°) du jardin Hamarikyu *Cf. p. 108* , 3°) de la ligne *Yurikamome* *Cf. p.212.*

Cf.Tokyo Architecture pour un itinéraire thématique dans le quartier. p. 50.

★ Que voir ? Que faire ?

TOKYO INTERNATIONAL FORUM

Un beau bâtiment en forme de coque de bateau. Le sous-sol regroupe un restaurant, *Takara,* ainsi que quelques boutiques. Le Forum organise régulièrement des manifestations sur la place devant l'immeuble.

3-5-1 Marunouchi, Chiyoda-ku, tél. : 03-5221-9000,
site Internet en anglais : www.t-i-forum.co.jp/english

Accès : *gare de Yurakucho, ligne JR.*

Visiter le marché aux poissons de Tsukiji

Cf. Tokyo Délices p. 130.

LE THÉÂTRE KABUKI-ZA

Assister à une représentation de Kabuki est toujours un moment exceptionnel. Les pièces durent en moyenne 4 heures, et les spectateurs n'hésitent pas à manger et boire pendant la représentation. Achetez vous aussi le *maku no uchi,* le *bento* spécial *kabuki !*

Vous pouvez n'assister qu'à un acte de la pièce, il vous suffit dans ce cas d'acheter le ticket à l'entrée (téléphoner pour connaître les horaires à l'avance). Pour acheter un ticket pour le spectacle en entier, réserver par téléphone au 03-5565-6000.

4-12-5 Ginza, Chuo-ku, tél. : 03-3541-3131.

Accès : *station de Harumi sur la ligne Hibiya ou Higashi-ginza sur la ligne Asakusa.*

LE THÉÂTRE TAKARAZUKA

Place à partir de 3 500 ¥.

1-1-3 Yurakucho, Chiyoda-ku, tél. : 03-5251-2001,
site Internet en anglais :
http://kageki.hankyu.co.jp/english

Accès : *Station de Hibiya, lignes de métro Mita et Chiyoda.*

NATIONAL FILM CENTER

Equivalent de notre Cinémathèque nationale ou autre *British film Institute,* ce centre dédié au 7ème art propose des cycles thématiques aux séances à bas prix et des expositions au 6ème étage de son bâtiment de verre.

3-7-6 Kyobashi, Chuo-ku, tél. : 03-5777-8600.

Accès : *1 min. de la sortie 1 de la station Kyobashi, ou de la sortie A4 de la station Takaramachi.*

Les théâtres Kabuki, Nô et Takarazuka

Kabuki signifie « danse, chant et musique ». C'est un spectacle total, les costumes y sont très colorés, tous les rôles sont interprétés par des hommes. Les sujets des pièces sont soit inspirés de faits divers comme les suicides amoureux, soit le compte rendu des défaites ou des victoires de héros mythiques.

Le *nô,* issu du shinto, est beaucoup plus hiératique.

Le théâtre Takarazuka est très différent et beaucoup plus récent. Tous les rôles sont tenus par des femmes. C'est une synthèse assez kitsch entre le théâtre traditionnel japonais et les comédies musicales à l'américaine.

POSTE
NIHONBASH
DAIM
TOKYO STA.
TOKYO INTERNATIONAL FORUM
HIBIYA STA.
YURAKUCHO STA.
BIG CAMERA
GARE YURAKUCHO
HIBIYA STA.
GINZA ICHOME STA.
PRIMTEMPS
GINZA-DORI (CHUO-DORI)
GINZA STA.
GINZA STA.
SONY
HERMÈS
WAKO
MATSUYA DEPT.
MITSU-KOSHI
SHOWA-DORI
TOKYO
MANOTE
KYUKYUDO
SOTOBORI-DORI
KABUKI-ZA
HIGASHI-GINZA STA.
MATSUZAKAYA DEPT.

★ Où faire du shopping ?

Le plus beau magasin **MUJI** du Japon se trouve à Yurakucho. Sur 3 niveaux, un restaurant, un atelier et tous vos objets préférés.

Ouvert tlj de 10h à 21h.

Accès : *entre les gares JR de Tokyo et de Yurakucho, face aux sorties A1 ou A9 du métro Yurakucho.*

Ginza regroupe tous les grands magasins de Tokyo : **MITSUKOSHI, MATSUYA, LE PRINTEMPS...**

Deux grandes papeteries à visiter : cartes postales, *kakejiku*, objets en papier imprimé… de beaux souvenirs à rapporter ! *Cf. Tokyo Shopping p. 69.*

★ Où manger ?

⇨ Ginza :

HINA

Un restaurant de sushis à volonté avec un menu à 4 300 ¥.

Ouvert tlj à déjeuner et de 17 à 23h.

2ème étage, 2-6-5 Ginza, près de Meijiya, tél. : 03-3562-0351.

Accès : *station de Ginza itchome.*

TSUKI NO SHIZUKU

Dans un décor de bambous avec de petites salles privatives, vous pourrez déguster de bons plats à base de *tofu*, de poisson ou de viande. Comptez environ 4 000 ¥ pour repas et boissons. Ouvert pour déjeuner et de 16h à 23h.

Le restaurant comporte d'autres branches à Ueno (immeuble Atre), Shinagawa (Grand Passage) et Ikebukuro.

1er sous-sol de l'immeuble Ginza Inz, 3-1 Ginza, tél. : 03-5159-0250.

Accès : *station de Ginza, derrière le magasin Matsuya Ten-ichi.*

Les meilleurs *tempura* du pays selon certains. Comptez 10 000 ¥ pour dîner.

Ouvert tlj de 11h30 à 21h30. 6-6-5 Ginza, tél. : 03-3571-1949.

Accès : *station de Higashi-Ginza.*

RENGATEI

Depuis 1895, ***Rengatei*** sert des plats occidentaux « japonisés » tels que le *omu-rice* (omelette de riz). Comptez 1 500 ¥ le repas.

Ouvert tlj sauf dim. pour déjeuner et de 17h à 20h30.

3-5-16 Ginza, tél. : 03-3561-3882.

Accès : *station de Ginza, derrière le magasin Matsuya.*

TSUKINOKURA GINZA

Izakaya moderne, dans un décor étonnant. Le bar est ouvert jusqu'à 2h du matin. Succursales à Nishi-Shinjuku (53ème étage du Shinjuku Center Building) et Shibuya.

Ouvert de 17h à 22h30.

1er sous-sol, 8-6-18 Ginza, tél. : 03-5568-1831.

Accès : *station de Higashi-Ginza.*

⇨ Tsukiji :

SUSHI SEI

Le plus célèbre restaurant de sushis du pays, situé dans le marché aux poissons de Tsukiji. Goûtez les *edomae nigiri*, les sushis de l'époque Edo.

Ouvert tlj sauf dim de 8h à 13h et de 17 à 20h.

4-13-9 Tsukiji, tél. : 03-3541-7720.

Accès : *station de Tsukiji.*

⇨ Yurakucho :

Près de Yurakucho, sous les arcades des voies ferrées, de nombreux petits restaurants spécialisés dans les *yakitori* (brochettes) se sont installés. Les Japonais aiment s'y retrouver autour d'une bière à la sortie du bureau.

★ Où boire un verre ?

Cf. Tokyo comptoirs p. 136.

★ Où dormir ?

GINZA BELLEVUE

Un petit hôtel simple, bien situé et très *cosy*. A partir de 8 300 ¥ la chambre simple, 10 400 ¥ la double, pdj compris.

6-4-14 Ginza, Chuo-ku, tél. : 03-3289-0002,
fax : 03-3289-2331. Site Internet en anglais :
www.ginza-bellevue.com/room

Accès : *3 min. de la sortie C2 de la station de metro Ginza ou 5 min. de la sortie Ginza de la gare JR de Yurakucho.*

HOTEL MONTEREY LA SOEUR

Hôtel charmant avec de petites chambres spécialement conçues pour une clientèle féminine.

Chambre simple à partir de 14 000 ¥, double à partir de 18 000 ¥.

1-10-18 Ginza, Chuo-ku, tél. : 03-3562-7111,
fax : 03-3544-1600.

Accès : *station de métro de Ginza Ichome ou Ginza.*

HÔTEL MERCURE.

A deux pas de l'avenue principale de Ginza, cet hôtel tout neuf propose de belles chambres spacieuses et claires. Chambre double à partir de 19 000 ¥ la nuit, hors petit déj.

2-9-4 Ginza, Chuo-ku, tél. : 03-4335 1111, e-mail :
mercure.res@mercureginza.com.
Site Internet : www.accorhotels.com

Accès : *5 min. à pied depuis la station de Ginza, sortie A13.*

® YOSHIMIZU

Un *ryokan* nouvellement ouvert, annexe du *Yoshimizu* de Kyoto. Vous sentirez ici l'atmosphère paisible et naturelle des auberges traditionnelles, et pourrez vous relaxer dans les bains en cèdre ou en pierre. Chambre sans salle de bains à partir de 10 600 ¥ la nuit par personne, 14 000 ¥ avec salle de bains. Pdj. compris.

3-11-3 Ginza, Chuo-ku, tél. : 03-3248-4432, site Internet :
www.yoshimizu.com/en/ginza

Accès : *près du théâtre Kabuki-za.*

HOTEL SEIYO GINZA

Membre de *The Leading Hotels*, le *Seiyo* propose 77 chambres d'un confort irréprochable, décorée simplement et discrètement, ainsi que des services variés. Chambres simples/doubles à partir de 45 000 ¥.

1-11-2 Ginza, Chuo-ku, tél. : 03-3535-1111,
fax : 03-3535-1110, site Internet en anglais :
www.seiyo-ginza.com

Accès : *stations de métro de Kyobashi ou Ginza Ichome.*

御茶ノ水

Ochanomizu, Kanda

Quartier de la musique, quartier des livres anciens et d'occasion, quartier des magasins de sport, quartier de l'électronique, cette zone prise entre le nord des jardins du Palais impérial, les anciens canaux, les environs de la gare de Tokyo et le parc de Ueno offre des balades ouvertes à toutes les passions.

•• Itinéraire d'une journée : une grande balade à pied entre Kanda et Yushima

Au départ de la gare de Jimbocho dans le quartier de Kanda, découvrez le quartier des librairies. Nous vous signalons ces trois magasins :

Isseido : deux étages consacrés aux livres anciens dont de magnifiques livres calligraphiés à dérouler pour le plaisir des yeux.

Bumpodo : depuis 1887, le spécialiste des arts graphiques (pinceaux...), vous y trouverez un grand choix de cartes postales.

Books Sanseido : huit étages de livres neufs dont le rez-de-chaussée offrant un large choix de magazines, un étage manga, un étage livres d'art.

Rejoignez ensuite la gare d'Ochanomizu, littéralement « l'eau pour le thé », où vous pourrez déjeuner et observez le ballet des trains depuis le pont surplombant le bassin.

Après avoir traversé ce pont, tournez tout de suite à droite, vous longerez un sanctuaire sur votre gauche afin d'arriver dans le quartier d'Akihabara, surnommé *Electric Town*. Vous pourrez remonter la rue principale d'Akihabara, sans hésiter à vous aventurer dans les artères parallèles pour dénicher les bonnes affaires en électronique. *Cf Tokyo Hi tech p. 70*

Tout au bout de cette grande rue aux milliers d'enseignes tapageuses et de néons criards, sur la gauche, en haut d'une petite colline à quelques encablures de l'étang de Ueno, vous pourrez terminer votre visite par un tour au sanctuaire Tenjin, sanctuaire « littéraire » dans le quartier de Yushima.

★ Que voir ?

NIKOLAI DO

La cathédrale orthodoxe de Tokyo située à 3 min. de marche de la JR d'Ochanomizu.

LA RUE MEIDAI, LE QUARTIER DE LA MUSIQUE

Boutiques d'instruments de musique, petits studios pour s'entraîner ou enregistrer, salles de concert se trouvent aux environs de la gare d'Ochanomizu. Avis aux amateurs !

KANDA MYOJIN

Ce sanctuaire de style chinois aux couleurs rouge et or

石丸電気
JR
御茶ノ水駅
OCHANOMIZU STATION

possède un bâtiment principal orné de centaines de lanternes. Son festival, le Kanda Matsuri, qui se tient début mai, est l'un des plus populaires de la capitale.
Accès : *entre les gares JR d'Ochanomizu et Akihabara.*

Les 2 Yushima : les sanctuaires de Yushima Tenjin et Yushima Seido

Yushima Tenmangu ou Yushima Tenjin est dédié au culte du saint shinto *Sugawara Michizane,* patron des arts littéraires et de l'enseignement. Vous pourrez y déposer des *ema,* tablettes votives en bois sur lesquelles vous écrivez vos voeux et que vous accrochez sur un panneau dédié à cet effet proche du honden, bâtiment principal d'un sanctuaire shinto. Le jardin de prunier est très couru en mars au moment de la floraison.
Plus d'info en anglais sur www.yushimatenjin.or.jp
3-30-1 Yushima Bunkyo-ku, tél. : 03-836-0753.
Le Yushima Seido dédié à Confucius, dont une statue de bronze orne l'entrée, est un havre de paix et de verdure situé juste au nord de la gare d'Ochanomizu. Il fut la première "université" du Japon, où l'on enseignait la pensée philosophique confucéenne. Son hall principal recouvert d'un toit de cuivre est paré de statues de lion.

TOKYO DOME CITY

Au pied de l'imposant édifice du *Tokyo Dome,* salle des sports et de spectacle où l'on peut suivre des matchs de base-ball notamment, se trouvent le parc d'attractions *Korakuen Amusement Park* et l'hôtel *Tokyo Dome.*
Accès : *2 min. de la gare de Suidobashi JR, Chuo, Sobu ou 1 min.de la station de métro Korakuen.*

LE JARDIN KOISHIKAWA KÔRAKUEN

Cf. Tokyo Oasis p.108.

★ Où manger ?

KAASAN

Un *izakaya* au large assortiment de sakés.
Ouvert tlj sauf dim. de 17h à 22h30.
6ème étage, 3-1-1 Kanda Surugadai (près de la cathédrale St Nicolas), tél. : 03-3219-6118.
Accès : *gare JR de Ochanomizu ou station de Shin-Ochanomizu.*

KUA AINA

Pour un déjeuner sur le pouce, goûtez ces hamburgers venus tout droit de Hawaii !
Ouvert tlj de 11h à 22h30.
3-5 Kanda Surugadai, tél. : 03-3518-0050.
Accès : *près du square de Ochanomizu, gare JR de Ochanomizu.*

JUSANYA

Spécialisé dans les *yakitori* (brochettes). Ouvert tlj sauf dim. midi et soir.
2-4 Kanda Ogawamachi, tél. : 03-3296-0138.
Accès : *station de Ogawamachi.*

YABU SOBA

Le magasin de *soba* le plus connu de Tokyo, dans une vieille maison en bois.
Ouvert tlj de 11h30 à 19h30.
2-10 Kanda Awajicho, tél. : 03-3251-0287.
Accès : *stations de Shin-Ochanomizu ou de Ogawamachi.*

BOTAN

En hiver, vous serez ravis de venir vous réchauffer autour d'un *nabe*. Le restaurant a gardé la même recette depuis 120 ans. Comptez environ 6 000 ¥ le repas complet.
Ouvert tlj sauf dim. de 11h30 à 20h..
1-15 Kanda Sudacho, tél. : 03-3251-0577
Accès : *station de Ogawamashi ou gare de Kanda.*

★ Où dormir ?

➪ Ochanomizu :

YAMA-NO-UE (HILLTOP) HOTEL

L'hôtel, construit sur la plus haute colline de Tokyo en 1937, est célèbre pour avoir accueilli les plus grands écrivains et journalistes d'après-guerre. Charme un peu désuet, mais bel emplacement. Chambre simple à partir de 18 000 ¥, double à partir de 25 200 ¥.

1-1 Surugadai, Kanda, Chiyoda-ku, tél. : 03-3293-2311, fax : 03-3233-4567, site Internet en anglais : www.yamanoue-hotel.co.jp/eng

Accès : *gare de Ochanomizu ou Jimbocho.*

➪ Kanda :

SAKURA HOTEL

Cet hôtel accueille principalement des touristes étrangers, et propose un café Internet et une laverie automatique. Chambre simple à 7 000 ¥, double à 8 000 ¥, dortoir à 3 800 ¥ par personne.

2-21-4 Kanda Jimbocho, Chiyoda-ku, tél. : 03- 3261-3939, fax : 03-3264-2777, site Internet en anglais : www.sakura-hotel.co.jp

Accès : *gare de Kanda.*

➪ Iidabashi :

CHINZAN-SO FOUR SEASONS HOTEL

Offrez-vous le luxe et le calme japonais le temps d'une nuit… Cet hôtel 5 étoiles propose à la fois des chambres de style occidental et japonais, abrite un *onsen* (source d'eau chaude, venue de la péninsule d'Izu), une piscine intérieure et surtout un magnifique jardin traditionnel, avec la plus vieille pagode de Tokyo et de nombreux autres petits monuments. Ici tout n'est que luxe, calme et volupté, mais à un certain prix bien sûr… à partir de 37 000 ¥ la chambre double.

10-8 Sekiguchi 2 chome, Bunkyo-ku, tél. : 03-3943-2222, site Internet (en anglais) : www.fourseasons.com/tokyo

Accès : *gare de Iidabashi.*

お台場

Baie de Tokyo

Shimbashi, Shiodome, Odaiba

Protection et port naturel de la ville, ouverture maritime au vent du large, la baie et son écosystème ont été bien maltraités par manque de place et par la priorité accordée au développement économique. La ville s'est depuis toujours agrandie sur la mer et sur des îlots artificielles - *polders* : au 17ème siècle déjà avec Tsukudajima, par exemple, ou au 19ème avec Tsukishima et beaucoup plus récemment avec Odaiba et son Rainbow bridge.

•• Itinéraire d'une journée, dit « de la mouette » : au fil de la ligne Yurikamome

Pour 800 ¥, vous pouvez acquérir un pass journée sur le monorail *Yurikamome* - mouette en japonais. Cette ligne surélevée, assez récente, part de la gare de Shimbashi et traverse la baie de Tokyo par le *Rainbow bridge* pour desservir l'île artificielle d'Odaiba.

Premier arrêt, Shiodome : quartier futuriste accueillant des espaces commerciaux et de loisirs, ainsi que des bureaux dont la tour *Dentsu,* dessinée par Jean Nouvel. Faites un tour au musée de la publicité, *Cf. Tokyo Formes p. 60.* Vous pouvez également vous promener dans le jardin voisin de Hamarikyu Teien *Cf. Tokyo Oasis p. 108*

Deuxième arrêt, Daiba : après avoir traversé le *Rainbow bridge,* expérience inoubliable surtout de nuit, vous arrivez sur l'île d'Odaiba. Par l'arrêt de Daiba, vous accédez au bâtiment de la télévision *Fuji* et sa plate-forme d'observation sphérique, ainsi qu'aux quais surélevés bordés de centres commerciaux et de loisirs.

Un peu plus loin à l'arrêt Fune-no-kagakukan : vous pouvez visiter le musée des sciences maritimes construits en forme de paquebot.

L'arrêt suivant, *Telecom Center :* c'est le moment d'une pause relaxation à *l'onsen* au *Oedo Onsen Monogatari,* sorte de parc d'attraction autour des plaisirs du bain dans une ambiance époque Edo reconstituée, *Cf. p. 124.*

Arrêt Aomi : un tour sur la grande roue s'impose. A moins que vous ne souhaitiez encore faire du shopping mais cette fois comme si vous étiez à Venise, fontaines et tout le tralala à Venus Fort.

Enfin descendez à Kokusai-tenjijo-seimon pour découvrir l'architecture renversante du *Tokyo Big Sight,* grand lieu de conférences, de foires et d'expositions.

★ Que voir ?

TSUKUDAJIMA ET TSUKISHIMA

Tsukudajima, occupée depuis le début de l'ère Edo, n'a pas été touché par le Grand tremblement de terre du

02

Kanto de 1923 ni par les bombardements de 1945, et garde encore des traces de son passé de village de pêcheurs. Des maisons en bois serrées les unes contre les autres et une atmosphère paisible vous transportent loin du tumulte urbain. Visitez le sanctuaire Sumiyoshi-jinja, qui organise un grand festival en été une fois tous les trois ans. Goûtez les *tsukadani,* la spécialité locale à base de poissons et algues au goût sucré-salé.

Accès : *à l'est de la station de Tsukishima, lignes de métro Yurakucho et Oedo.*

TSUKISHIMA est célèbre pour son allée de restaurants de *monjayaki,* spécialité de Tokyo. N'hésitez pas à vous y rendre en soirée, la rue est très animée.

Cf Tokyo Restos p. 132.

Accès : *à l'ouest de la station de Tsukishima, lignes de métro Yurakucho et Oedo.*

TOKYO SEA LIFE PARK AQUARIUM

Le plus grand aquarium de Tokyo.

Ouvert de 9h30 à 16h, tlj sauf lun, entrée 700 ¥ pour les adultes, gratuit pour les jeunes enfants.

Accès : *5 min de la gare JR de Kasai Rinkai Koen sur la ligne Keiyo ou en bateau bus depuis le port de Hinode, gare JR de Hamamatsucho sur la ligne Yamanote.*

PALETTE TOWN ET VENUS FORT

Un des lieux de promenade favoris des jeunes couples. Au programme, un centre commercial aux faux airs d'Italie, la plus grande roue multicolore au monde avec ses 115 m de diamètre, des restaurants, une salle de spectacle...

Accès : *3 min. de la station de Tokyo Teleport sur la ligne Rinkai Fukutoshin ou la gare d'Aomi sur le monorail Yurikamome.*

TOKYO BIG SIGHT - CENTRE INTERNATIONAL D'EXPOSITIONS DE TOKYO À ARIAKE

Le bâtiment composé de 4 pyramides inversées abrite les grandes expositions internationales ainsi que la majorité des salons consacrés aux mangas. Programme en anglais sur le site Internet : www.bigsight.jp/english/

★ Où faire du shopping ?

SHOCHU AUTHORITY

Spécialiste du shochu, cet alcool d'une vingtaine de degrés provenant majoritairement de Kyushu, la boutique offre plus de 2300 variétés.

Au 2ème sous-sol de l'immeuble Caretta Shiodome, 1-8-2 Higashi Shimbashi, tél. : 03-5537-2105.

Accès : *gare de Shiodome, ligne Yurikamome ou gare de Shimbashi, ligne JR.*

DAIBA 1-CHOME SHOTENGAI

Reconstitution d'une petite ville de l'époque Showa (1920 - 1960), avec des boutiques et restaurants.

Ouvert tlj de 11h à 21h30, 4ème étage de Decks Tokyo Beach, 1-6-1 Daiba, Minato-ku, tél.: 03-3599-6500.

Accès : *2 min. de la station Odaiba-Kaihin koen sur la ligne Yurikamome.*

★ Où manger ?

⇨ SHIODOME :

KATSUKURA

Spécialisé dans le *tonkatsu,* le *yuba* (peau de *tofu),* *chawanmushi...*

Ouvert tlj de 11h à 22h. 1er sous-sol, Shiodome City Center, 1-5-2 Higashi-Shimbashi, tél. : 03-5537-2891.

Accès : *gare de Shiodome, ligne Yurikamome ou gare de Shimbashi, ligne JR.*

FUJI TELEVISION

SAI

Très jolie décoration, avec de nombreuses bouteilles de *shochu* sur les murs. Sashimis, viandes et poissons grillés.

Ouvert tlj au déjeuner et de 16h30 à 23h45.

Pedi Shiodome 2ème étage, 1-9-1 Higashi-Shimbashi,

tél. : 03-6274-5231.

Accès : *gare de Shiodome, ligne Yurikamome.*

➪ SHINAGAWA :

HARBOR BREWERY RESTAURANT & BAR

Restaurant de style californien et de design japonais, installé dans un ancien entrepôt au bord de l'eau, et brassant sa propre bière.

2-1-3 Higashi-Shinagawa, Shinagawa-ku,

tél. : 03-5479-4555, fax : 03-5479-1696.

Accès : *3 min. à pied de la station Tennoz Isle sur le Tokyo Monorail ou sur la ligne Rinkai (sortie B), ou 15 min. de marche depuis la gare JR de Shinagawa.*

➪ SHIMBASHI :

KAGO

Restaurant de spécialités de Kyushu : sashimi de poulet, *tonkatsu*, le tout arrosé de *shochu*, l'alcool de l'île !

Ouvert de 17 à 22h du lun. au ven.

2ème étage de l'immeuble Haman 3-17-5 Shimbashi,

tél. : 03-3432-2486.

Accès : *gare de Shimbashi, ligne JR.*

ATAGOYA

Spécialisé dans le *tofu*, ce restaurant vous propose d'excellents menus *kaiseki* à partir de 1 500 ¥. Ouvert midi et soir jusqu'à 21h tlj sauf dim.

6-13-12 Shimbashi, tél. : 03-3578-1279.

Accès : *gare de Shimbashi, ligne JR.*

GRAND CAFÉ SHIMBASHI MIKUNI

La reconstruction de l'ancienne gare de Shimbashi (détruite à la suite du grand tremblement de terre de 1923) abrite aujourd'hui un restaurant français, ainsi qu'un sushi-bar et un comptoir « à emporter ».

Ouvert tlj de 7h à 21h.

1-5-3 Higashi-Shimbashi, tél. : 03-5537-5392.

Accès : *gare de Shiodome, ligne Yurikamome.*

★ Où dormir ?

➪ SHIODOME :

VILLA FONTAINE SHIODOME

Cette chaîne possède plusieurs hôtels à Tokyo. Celui de Shiodome date de 2004 et propose un design moderne et confortable. Chambre double à partir de 15 000 ¥.

1-9-2 Higashi Shimbashi, Minato-ku, tél. : 03-3569-2220,

site Internet en anglais www.villa-fontaine.co.jp/eng

Accès : *depuis la station de Shiodome (ligne Toei Oedo ou monorail Yurikamome) ou de Shimbashi (ligne JR ou métro Ginza ou Toei Asakusa).*

PARK HOTEL SHIODOME

L'hôtel est situé du 25ème au 34ème étage de la tour Média Tower et propose des chambres au confort optimal et à la décoration moderne et design. Bar et restaurant avec de jolies vues sur la ville. Chambre à partir de 20 000 ¥.

Shiodome Media Tower, 1-7-1 Hihashi-Shimbashi,

Minato-ku, tél. : 03-6252-1111, fax : 03-6252-1122,

site Internet en anglais : www.parkhoteltokyo.com

Accès : *station de Shiodome, sortie 7 et 8, ligne Yurikamome.*

➪ ODAIBA :

LE MÉRIDIEN GRAND PACIFIC ODAIBA

Un grand hôtel avec de beaux équipements : piscine, centre fitness, restaurants... A partir de 19 000 ¥.

2-6-1 Daiba, Minato-ku, tél. : 03-5500-6711,

fax : 03-5500-4507, site Internet en anglais :

www.meridien.grandpacific.com

Accès : *station de Daiba, ligne Yurikamome.*

➪ SHINAGAWA :

OURS INN HANKYU (DAI ICHI)

Cet hôtel a la particularité de ne proposer que des chambres simples (829 au total). 5 500 ¥ par chambre. L'hôtel propose également un immense bain commun, *sento*, d'où l'on peut admirer la vue sur la ville.

1-50-5 Ooi, Shinagawa-ku, tél. : 03-3775-6121, fax : 03-3778-3681, email : ours-inn@mbf.sphere.ne.jp site Internet en anglais : www.hankyu-hotel.com/en/oursinn.html

Accès : *1 min. de la gare Oimachi sur les lignes Rinkai ou JR Keihin-Tohoku.*

STRINGS HOTEL

Un hôtel au look futuriste, situé en hauteur, des chambres modernes et confortables et de belles prestations : centre fitness, connexion Internet gratuite depuis les chambres, excellent restaurant. Chambre simple/double à partir de 35 000 ¥.

Du 26ème au 32ème étage de l'immeuble Shinagawa East One Tower, 2-16-1 Konan, Minato-ku, tél. : 03-4562-1111, fax : 03-4562-1112. Réservation sur le site en anglais : www.stringshotel.com/

Accès : *1 min. à pied depuis la gare JR de Shinagawa.*

tokyo escapades

横浜

Yokohama

Située au sud de Tokyo au bord la baie, Yokohama, ville portuaire et cosmopolite, est la deuxième ville du Japon en population. Grâce au traité d'échange avec les Etats-Unis signé pendant l'ère Meiji, son centre-ville s'est développé autour du port et du quartier de Kannai. La proximité de la mer, les bâtiments de style occidental, les nombreuses collines, son port, son quartier chinois et l'un des plus beaux jardins paysagers du pays en font une escale fort agréable.

★ *Y aller*

Au départ de Shibuya, les lignes omnibus ou service rapide de la Tokyo Kyuko - plus connu sous le nom de Tokyu, rejoignent Yokohama.

Au départ de la gare de Tokyo ou de Shinagawa, les lignes *JR Keihin Tohoku, JR Tokaido* ou *JR Yokosuka* desservent la gare de Yokohama.

Le shinkansen s'arrête en gare de Shin-Yokohama, desservi également par le métro.

A Yokohama, le métro Yokohamashiei dessert les stations de Sakuragicho et Kannai et la ligne Minato-Mirai s'arrête à Motomachi, dans le quartier chinois.

Des centres d'informations touristiques sont installés dans les gares de Yokohama, Shin-Yokohama et Sakuragicho.

Visite guidée gratuite

Vous pouvez faire appel à un guide bénévole pour découvrir Yokohama. Il vous faut réserver au moins deux semaines à l'avance, par email e-mail-me-24-7@ezweb.ne.jp ou par téléphone au 090-9675-8644.

•• *Itinéraire 1 d'une journée : entre les plaisirs culinaires chinois et le port du futur*

Arrêtez-vous à la gare Yokohama en arrivant de Tokyo. De là, prenez le métro jusqu'à la station de Motomachi. Le Chukagai ou quartier chinois de Yokohama est le plus grand du Japon. On y trouve une reconstitution colorée et exubérante de la Chine et une foule de restaurants. La spécialité du quartier : c'est le *manju,* brioche à la vapeur traditionnellement fourrée au porc et aux champignons, et les marrons grillés.

Rejoignez le bord de mer à environ 500 mètres pour vous promenez dans le parc de Yamashita. Parc de style occidental, il est ouvert sur la mer et vous pouvez observer une partie du port marchand et les paquebots qui partent vers le large.

Quand vous êtes face à la baie, marchez sur votre gauche le long de l'eau et empruntez une passerelle sur-

中華街
GAME

おみやげ店
謝甜記
おみやげセンター
天

élevée qui vous mènera au *Red Brick Building,* anciens entrepôts de bord de mer réhabilités. Continuez sur votre lancée, pour arrivez à Minato Mirai, le port du futur. Vous ne pouvez pas vous tromper, la *Landmark Tower,* tour la plus haute du Japon ouvre ce quartier qui accueille un palais des congrès, un centre commercial, un hôtel en forme de vague ou d'aileron de requin donnant sur la mer et un parc d'attraction dont la célèbre grande roue illuminée. La *Yokohama Landmark Tower,* achevée en 1996, culmine à 296 mètres. L'immeuble abrite un hôtel, des bureaux et des commerces, ainsi qu'un des ascenseurs les plus rapides du monde.
Revenez à Tokyo par la gare *JR* de Sakuragicho.

★ *Que voir ? Que faire ?*

RED BRICK WAREHOUSE

Le quartier de Minato mirai a vu le jour sur les anciens docks de Yokohama. Les entrepôts historiques de brique rouge, partie intégrante du projet de restauration, ont été transformé en galerie d'exposition temporaire, où se tient notamment l'exposition triennale d'art contemporain - les deux premières éditions ayant eu lieu en 2002 et 2005.

Accès : *15 min. à pied de la station de Sakuragi-cho.*

SHIN-YOKOHAMA RAMEN MUSEUM

Dédié aux *ramen,* les soupes de nouilles originaires de Chine et dont les Japonais raffolent, ce musée se compose d'une exposition historique (notamment sur l'invention des *Cup Noodles)* et d'une reconstitution d'un quartier de shitamachi (quartier populaire de Tokyo) en 1958. Conçu comme un parc thématique, vous plongez dans l'ambiance de l'époque, retrouvez les bonbons d'antan et pouvez goûter 8 variétés régionales de *ramen* (Sapporo, Hakata, Kumamoto, Kitakata et 4 restaurants de Tokyo et Yokohama).

Ouvert tlj sauf mar. de 11h à 23h. Entrée 300 ¥, 900 ¥ le bol de soupe. 2-14-21 Shin-Yokohama, tél. : 045-471-0503.

Accès : *3 min. à pied dela gare JR de Shin-Yokohama.*

MINATO-NO-MIERU OKA KOEN

Depuis les hauteurs de ce jardin situé sur une colline surplombant le parc Yamashita, vous aurez une vue imprenable sur le pont traversant la baie et sur tout le port.

Accès : *à 15 min. à pied de la gare JR de Ishikawa Cho ou du parc Yamashita.*

Faire une promenade en bateau

Plusieurs compagnies proposent des croisières.
Au départ de Minato Mirai Pukari Sanbashi, à 5 min. à pied de la station Minato Mirai, la compagnie *Marine Shuttle* organise des croisières d'une heure trente pour 900 ¥ (départ toutes les deux heures de 10h20 à 18h30. Renseignements au 045-661-0347
Vous pouvez également combiner repas et croisière. La compagnie *Marine Rouge* propose pour 2 500 ¥ des sorties en bateau d'1h30. Départs à 11h, 16h ou 19h.

•• *Itinéraire 2 d'une journée : sur les traces des vestiges de l'histoire*

★ *Que voir ? Que faire ?*

LE PARC MISONO ET LA VILLA YOKOMISO YASHIKI

Bel exemple de préservation et de restauration du patrimoine architectural et artisanal, cette ancienne ferme de l'époque Edo est installée dans un agréable parc dans le quartier de Tsurumi au nord de Yokohama.

Entrée gratuite, de 9h30 à 16h30, tél. : 045-574-1987.

Accès : *depuis la gare JR Tsurumi, prendre le bus Kawasaki Tsurumi Rinko N°3 jusqu'à l'arrêt Shinmeisha et marcher environ 8 min.*

LE TEMPLE SHOMYOJI

Situé à l'opposé de Tsurumi - au sud de Yokohama dans la ville de Kanazawa, construit par Sanetoki Hojo pendant l'ére Kamakura, ce très beau temple est entouré d'un grâcieux jardin de style Jodo agrémenté d'un étang.

Entrée gratuite, tél. : 045-701-9573.

Accès : *12 min. à pied de la gare de Kanazawa Bunko sur la ligne Keihin Kyuko.*

LE JARDIN SANKEIEN, *Cf. Tokyo Oasis p. 110.*

★ Où faire du shopping ?

MOTOMACHI, LA RUE COMMERÇANTE DE YOKOHAMA

De style européen avec ses petites boutiques ouvertes sur la rue, cela en fait un lieu de promenade très sympa.

Accès : *2 min. à pied de la gare JR de Ishikawa Cho.*

MEIKOUKAKU

Goûtez l'un des 40 thés chinois proposés dans ce petit salon. Un magasin attenant propose thé en vrac et accessoires. Ouver tlj sauf lun. de 11h à 20h.

220 Yamashita-cho, tél. : 045-201-4188.

★ Où manger ?

CHUKAGAI

Les rues animées du quartier chinois offrent de nombreuses échoppent ouvertes sur l'extérieur pour déguster des brioches au porc ou des boissons-desserts agrémentées de tapioca...

QUEEN'S SQUARE

Le centre commercial du quartier de Minato mirai accueille une dizaine de restaurants de cuisine japonaise et plus de 20 restaurants d'autres spécialités. Une fois la nuit tombée, les larges terrasses extérieures de certains de ces restaurants sont très agréables.

Accès : *10 min. de la gare de Sakuragicho.*

★ Où dormir ?

ESCAL YOKOHAMA HOTEL

Situé entre le parc Yamashita et le quartier chinois, cet hôtel propose à la fois des chambres à l'occidentale et à la japonaise. Chambre simple à 7 000 ¥, double à partir de 10 000 ¥, chambre japonaise à partir de 7 000 ¥ également.

84 Yamashita-cho, Naka-ku, Yokohama-shi,
tél. : 045-681-2141, fax : 045-681-2032.

Accès : *près de la Sortie Sud de la gare de Ishiwacho.*

HOTEL NEW GRAND

Près du parc Yamashita, cet hôtel plein de charme et de style date de 1927. Une tour plus moderne a été ajoutée en 1991. Il propose des chambres doubles, avec une belle vue sur la baie, à partir de 20 000 ¥.

10 Yamahita-cho, Naka-ku, Yokohama-shi,
tél. : 045-681-1841, fax : 041-681-1895, site Internet en anglais : www.hotel-newgrand.co.jp/english/

Accès : *1 min. à pied de la station de Motomachi Chukagai (ligne Minato Mirai).*

YOKOHAMA GRAND INTERCONTINENTAL HOTEL

Dans le quartier de Minato Mirai, cet hôtel de 600 chambres, en forme de voile de bateau, fait office de repère dans la ville. Grand standing avec piscine intérieure et extérieure. Chambres doubles à partir de 16 000 ¥ (les chambres avec vue sur la baie sont plus chères).

1-1-1 Mina Tomirai, Nishi-ku, Yokohama-shi,
tél. : 045-223-2222, fax : 045-221-0650,
Email : yokohama@interconti.com, site Internet en anglais : www.ichotelsgroup.com

Accès : *12 min. à pied de la station de Sakuragi-cho, ligne JR/Tokyu Toyoko ou ligne de métro.*

川越

Kawagoe

Au nord de Tokyo, Kawagoe, surnommée « la petite Edo », vous charmera sûrement par son côté désuet. A moins d'une heure de Tokyo, replongez dans l'ambiance du Japon traditionnel en vous promenant dans la rue des confiseurs ou dans le quartier des marchands où les bâtiments caractéristiques aux épais murs de torchis, *kura,* servaient à stocker les marchandises.

★ *Y aller*

- Au départ de Ikebukuro : 33 min. sur la ligne *Tobu-Tojo,* 450 ¥.
- Au départ de Shinjuku : 55 min. sur la ligne *JR Saikyo,* 740 ¥.

Vous pouvez également aller directement à Hon-Kawagoe, plu près des sites touristiques intéressants. 1 heure depuis Shinjuku sur la ligne Seibu Shinjuku, 480 ¥.

•• *Itinéraire d'une journée : à la découverte de Little Edo*

En arrivant à la gare de Kawagoe, allez chercher un plan de la ville auprès du bureau d'informations touristiques, situé juste à l'extérieur de la gare, ouvert tlj de 9h à 16h30, tél. : 0492-22-5556. Les alentours de la gare de Kawagoe peuvent être déconcertants : grands magasins et immeubles, grandes avenues encombrées...rien ne laisse deviner les quartiers préservés qui se trouvent non loin...

Commençons la découverte de la ville par la visite de quelques temples : Nakain-san, Narita-san, Tôshôgû-san et Kitain-san.

Le temple de Nakain-san est particulièrement populaire au printemps, lorsque son «Chidare-Zakura » (cerisier en cascade) est en fleurs. Narita-san, construit en 1850, dépend du temple principal de Narita. Il accueille tous les 28 du mois un marché aux puces. Le temple Tôshôgû-san fut construit en 1633 à l'endroit où l'on célébra une prière pour la mort du shogun Ieyasu Tokugawa.

Le temple le plus intéressant est le Kitain-san, célèbre pour ses 500 statues de disciples de Bouddha, gohyaku rakan. Construit en 830, renommé Kita-in en 1612, le temple de la secte Tendai fut détruit par un incendie en 1638. Le shogun Iemitsu Tokugawa déménagea une partie du château d'Edo au Kita-in, la protégeant sans le savoir du grand tremblement de terre de 1923 qui détruisit la totalité du château d'Edo et une grande partie de

Tokyo. Les bâtiments installés au Kita-in sont par conséquent les seuls vestiges du château originel d'Edo. Allez dans la cour abritant les 500 statues (en réalité 540) de disciples de Bouddha aux attitudes et visages très expressifs. Une légende veut que si vous venez la nuit et marquez la statue qui est chaude au toucher, lorsque vous reviendrez le lendemain, vous verrez qu'il s'agit de la statue vous ressemblant le plus.

Ouvert tlj de 9h à 16h, entrée 400 ¥, tél. : 0492-22-0859

Direction maintenant le quartier de Kurazukuri, où se trouvent les bâtiments les plus anciens de la ville. Pour déjeuner, goûtez la spécialité de Kawagoe : *satsuma-imo,* les patates douces. Bière, patate douce grillée et glace vous réjouirons les papilles !

Le quartier Kura, qui s'étend sur Sawaicho, Motomachi et Nakacho, avec ses maisons traditionnelles de marchands est l'attraction de la ville. Les *kura-zukuri* sont des maisons de marchands qui servaient d'entrepôts à l'époque Edo. Leur toit, à l'inverse des toits de chaume traditionnels, protège la maison des incendies et leurs murs épais de 50 cm permettaient une isolation maximale. Aujourd'hui, il reste à Kawagoe environ une douzaine de *kura* sur les 200 existantes à l'époque. L'une des mieux préservée est la maison Osawa, construite en 1792. Vous pouvez visiter l'une d'entre elles, Kura-zukuri Shiryo-kan, 7-9 Saiwai-cho, tél. : 0492-25-4287, ouverte tlj sauf lun. de 9h à 17h, entrée 100 ¥.

Au nord-est de ce quartier, la *Toki-no-Kane* est un clocher en bois datant du 17ème siècle, reconstruit en 1893, il est aujourd'hui le symbole de Kawagoe aujourd'hui.

Encore plus au nord, Kashi-ya Yokocho, l'allée des confiseurs, est le lieu le plus connu de Kawagoe. Les confiseurs sont installés ici depuis le 19ème siècle et connurent une période faste après que tous les confiseurs de Tokyo perdirent leur magasin et usine lors du grand tremblement de terre de 1923. N'hésitez pas à entrer dans les petites échoppes pour admirer les formes et couleurs de ces bonbons.

★ Pour aller plus loin...

LES 7 DEESSES DE LA FORTUNE

Kawagoe abrite 7 temples dédiés aux 7 déesses de la fortune, célébrées depuis l'époque Muromachi. Chacun de ces temples propose une fleur symbole de l'automne. Plus d'infos sur le site Internet www.2waku.com

Le festival de Kawagoe

C'est l'un des festivals les plus importants du Kanto. De nuit, les habitants de Kawagoe organisent une parade de grands bateaux décorés et illuminés aux couleurs de différentes villes, *dashi,* en exécutant des danses élaborées. Le festival se tient le 3ème week-end d'octobre au sanctuaire Hirakawa, construit en 514 et gardien de la ville.

Sanctuaire de Hirakawa, 2-11-5 Miyashita-machi, tél. : 049-224-0551. Au nord de la ville.

鎌倉

Kamakura

En 1192, le shogun Yoritomo Minamoto établit son gouvernement militaire à Kamakura, déplaçant le pouvoir politique de Kyoto à Kamakura. Sa position, entre mer et montagne, la rendait difficilement attaquable. La ville connut un essor économique, spirituel et culturel sans précédent jusqu'au 14ème siècle, lorsque Kyoto lui ravit à nouveau la place de capitale. Aujourd'hui, il reste de nombreux bâtiments historiques et de temples bouddhistes, prétextes à une belle balade dans les collines de la ville. Et sa situation en bord de mer attire les foules en été.

★ Y aller

Ligne *JR Yokosuka* au départ de Tokyo, Shimbashi ou Shinagawa (55 minutes de trajet, 890 ¥) jusqu'à Kita-Kamakura ou Kamakura.

Visite guidée gratuite

Vous pouvez faire appel à un guide bénévole pour découvrir Kamakura. Il vous faut réserver au moins deux semaines à l'avance, par email kamakuraguide@hotmail.com ou par téléphone au 090-9675-8644.

•• Itinéraire 1 d'une journée : les temples et sanctuaires de Kamakura

Depuis Tokyo, descendez à la gare de Kita-Kamakura. En face de la sortie, vous accédez directement au temple zen de Engaku-ji.

Fondé au 13ème siècle, il comportait 40 bâtiments dont seuls 17 subsistent encore aujourd'hui. C'est certainement l'un des temples zen les plus célèbres du Japon. L'architecture de chacun d'entre eux sont représentatifs d'une beauté dépouillée.

En face du Engaku-ji, le temple Tokei-ji date lui aussi du 13ème siècle. Surnommé le temple du divorce, il permettait aux femmes qui venaient s'y retirer pendant trois ans d'obtenir la séparation d'avec leur mari. Cette pratique perdura jusqu'en 1873, date à partir de laquelle les épouses obtinrent le droit de demander le divorce.

Reprenez la route principale, et vous arriverez, après un tunnel, au sanctuaire principal de la ville. Le sanctuaire Tsurugaoka Hachimangu, dédié au Dieu de la guerre Hachiman, fut fondé par Yoritomo Minamoto pour assurer la protection de son clan. C'est le plus populaire de la ville, de nombreuses fêtes y prennent place et lors des fêtes du Nouvel An, plus d'un million de Japonais viennent y prier. Un petit restaurant de *udon* et *soba* est ins-

tallé à l'entrée du sanctuaire pour une pause déjeuner.

Depuis le sanctuaire, prenez la route à gauche qui passe près du *National Treasure House Museum* et continuez sur Kanazawa dori. Vous arriverez alors au temple Sugimoto-dera, le plus ancien de la ville fondé au 8ème siècle. Tout près de celui-ci, accordez-vous une pause dans le jardin de bambous du temple zen Hokoku-ji. Vous pourrez y déguster un *matcha* (thé de la cérémonie du thé) ainsi qu'un *wagashi,* petit gâteau très sucré, pour 500 ¥.

Revenez sur vos pas et tournez à gauche une fois arrivé au temple Hokai-ji. Dirigez-vous vers la gare de Kamakura, soit par l'allée centrale bordée de cerisiers qui part du sanctuaire Hachiman-gu, soit par la rue piétonne bordée de commerces un peu plus à gauche.

Tout près de la gare, le temple Hase Kannon (entrée 300 ¥) est célèbre depuis le 8ème siècle pour sa statue de la déesse Kannon, représentée ici avec 11 têtes. L'enceinte du temple est étalée sur plusieurs niveaux, d'où l'on jouit d'une vue magnifique sur le bord de mer. Vous pouvez faire tourner le moulin à sutras, qui fait plus de 2 m de haut ! Entre les différents niveaux, vous verrez de petites statues *jizo,* les protecteurs des voyageurs et des enfants. Dans les jardins inférieurs, une grotte est dédiée à la déesse de la beauté, Benzatei : il vous faut acheter une petite statue en bois et la déposer dans la grotte pour que votre vœu se réalise.

En sortant du temple Hase, suivez les panneaux indiquant le Daibutsu. Datant du 13ème siècle, le Grand Bouddha de Kamakura (Daibutsu, entrée 250 ¥) est le second plus grand du Japon après celui de Nara, et l'on peut même entrer dans le corps en bronze de la statue.

De là, vous pouvez reprendre un bus à l'arrêt Daibutsu-mae jusqu'à la gare de Kamakura ou rejoindre la gare de Kita-Kamakura par un chemin de randonnée dans les collines. Si vous faites cette balade en été, n'hésitez pas à faire un tour à la plage de Yuigahama, proche de la gare de Hase.

NB : les temples sont généralement ouverts tlj de 9h à 17h.

Le Zen

C'est bien pendant la période Kamakura que les sectes bouddhistes les plus importantes firent leur apparaition dont la secte Zen, fondée par Myôan Eisei (1141-1215) à son retour de Chine. Discipline mentale, rationalisme, mépris de la mort, exercices de méditation par la pratique du zazen - en position assis sur les talons, la colonne vertébrale bien droite pour une communication entre ciel et terre, la rendirent très populaire auprès des samouraïs. Son influence fut grande et on en trouve le digne héritage dans la cérémonie du thé, la poésie...

Faites une séance de zazen

Le temple de Engakuji propose des séances de méditation zazen tous les matins de 5h30 à 6h30 et un dimanche sur deux de 9h à 11h. Possibilité de rester du samedi 17h au dimanche 10h pour 3 000 ¥.

Enagkuji, tél. : 0467-22-0478,

Accès : gare de Kita-Kamakura.

•• Itinéraire 2 d'une demi-journée : la presqu'île d'Enoshima

Au départ de la gare de Kamakura, prenez la ligne Enoshima Dentetsu, connue également sous le nom de Enoden.

Le petit train traverse Kamakura en passant au ras d'habitations, avant de longer la côte Pacifique. Descendez à la gare de Enoshima. Prenez à gauche en sortant, dans la rue piétonne, qui vous emmène au pont Enoshima Ohashi reliant le continent à la presqu'île. Sur les côtés, la plage de Katase est très populaire en été.

Vous voici sur l'île d'Enoshima, dont le périmètre fait 4 km. Vous pouvez vous procurer un plan de l'île au bureau d'informations touristiques en face du pont. La rue principale qui monte en face de vous est bordée de magasins de souvenirs, de produits de la mer et de petits restaurants. Au fond de la rue, après quelques escaliers, vous arrivez au sanctuaire de Enoshima-Jinja. Il abrite depuis le 6ème siècle les déesses de la Terre, la Mer et des Pêcheurs.

Depuis le sanctuaire, empruntez le chemin qui part vers la gauche et faites le tour de l'île (comptez deux heures de marche). Le chemin vous fera passer sur des passerelles en bord de mer et dans de petites rues où des restaurants traditionnels font profiter à leurs clients de magnifiques vues sur le large.

Vous pourrez faire des pauses au gré de vos envies :

- ★ **au Jardin tropical botanique** (au centre de l'île),
- ★ **au phare** (belle vue depuis le sommet),
- ★ **à la grotte de Iwaya,** créée par l'érosion de la mer, la grotte abrite des statues de Bouddha et des pierres lumineuses mystérieuses,
- ★ **à la cloche de Ryuren,** la cloche de Ryuren, *Ryuren no Kane* assure un amour éternel aux couples qui la font sonner ensemble, et protège ce même couple de la jalousie de la déesse du sanctuaire d'Enoshima.

★ Où manger ?

➯ Kamakura :

Vous trouverez certainement de petits restaurants sans prétention tout au long de votre balade, spécialisés dans les *udon* et *soba*.

Si vous souhaitez essayer la *shojin ryori*, la cuisine végétarienne des temples bouddhistes, allez au restaurant ***HACHINOKI,*** dans l'enceinte du temple Kencho-ji qui se trouve sur la route entre le Engaku-ji et le sanctuaire Tsurugaoka Hachiman. Il est situé dans un bâtiment traditionnel. Assez cher.

Ouvert tlj sauf lun. de 11h à 16h, tél. : 0467-22-8719.

Si vous avez un peu plus de temps, n'hésitez pas et prenez le bus depuis la gare de Kamakura jusqu'à Takasago (15 min. de trajet). Le restaurant ***RAITEI*** propose une vaste sélection de plats (des *soba* à 1 000 ¥ aux menus kaiseki à 6 000 ¥) dans un cadre verdoyant, surplombant la ville de Kamakura. Vous pourrez après votre repas vous promener dans le jardin environnant qui abrite un petit sanctuaire.

Ouvert tlj de 11h à 18h, tél. : 0467-32-5656.

★ Où dormir ?

➯ Kamakura :

KAMAKURA PRINCE HOTEL

Hôtel de la chaîne Prince, situé en bord de plage, avec vue sur Enoshima et le Mont Fuji les jours de beau temps. A partir de 12 000 ¥ la chambre double.

1-2-18 Shichirigahama Higashi Kamakura-shi,

tél. : 0467-32-1111, fax : 0467-32-9290, site Internet en anglais : www2.princehotels.co.jp/kamakura-e

Accès : *8 min. à pied de la gare de Shichirigahama sur la ligne Enoden au départ de Kamakura.*

➯ Enoshima :

IWAMOTORO RYOKAN

Ryokan de 34 chambres, célèbre pour ses bains, extérieurs et intérieurs (dans une grotte). Avec en plus, une grande piscine extérieure donnant sur l'océan. 14 000 ¥ par personne par nuit, avec dîner et petit-déjeuner. Chambre en tatami.

Tél. : 0466-26-4121, réservation possible via le site www.japaneseguesthouses.com

Accès : *18 min. à pied de la gare de Enoshima sur la ligne Enoden.*

➯ à lire

- ***L'honorable partie de campagne*** de Thomas Racaut, éd. Folio Gallimard. Ou les péripéties d'un Français parti en excursion sur l'île d'Enoshima, dans l'espoir de séduire une jeune japonaise. Vieillot mais caustique.
- ***Mariko Parade,*** de Frédéric Boilet, éd. Casterman. Un manga qui relate un week-end en amoureux d'un Français et d'une Japonaise à Enoshima.

伊豆

Izu

Le parc national d'Izu-Hakone (Cf.. partie suivante pour Hakone) est un des plus vastes du Japon et surtout le plus fréquenté du fait de sa proximité avec la capitale. Au Sud, il débouche sur la péninsule d'Izu, qui ferme la baie de Sagami du côté opposé à Kamakura et qui présente des attraits touristiques variés : les plages sur la côte Est (Atami, Ito), la ville historique de Shimoda à l'extrémité sud et les stations thermales au centre et à l'Ouest (Shuzenji, Amagi-Yugashima, Toi, Dogashima).

★ *Y aller*

Il existe des pass aux prix avantageux.

La compagnie Odakyu propose 4 pass différents : *Ito Free Pass* pour l'est d'Izu (valable 2 jours, 4 090 ¥), *Nishi Izu Free Pass* pour l'ouest d'Izu (valable 3 jours, 6 670 ¥), le *Naka Izu Free Pass* pour le centre d'Izu (valable 3 jours, 5 250 ¥) et le *Minami Izu Free Pass* pour le Sud d'Izu (valable 4 jours, 8 930 ¥). Ils donnent tous droit à un aller-retour depuis Shinjuku et le transport illimité sur les lignes Odakyu dans la partie de la presqu'île choisie.

Un autre pass est proposé par *JR, Izu Free Q Kippu*. Il inclut pour 13 190 ¥ un aller retour en *shinkansen* depuis Tokyo et les transports illimités sur *JR* dans la péninsule, pendant 4 jours. La porte d'entrée de la péninsule est Atami : de là, vous pourrez prendre des trains et bus pour rejoindre Shuzenji au centre ou Shimoda au sud.

•• *Itinéraire 1 d'une journée : de Atami à Shimoda*

Prenez le train à Tokyo et descendez à la gare de Atami (53 min. en *shinkansen* Kodama, 4 090 ¥). Vous pouvez vous arrêter une nuit à Atami (ou Ito, au choix), dans l'un des *ryokan* traditionnels avec de belles sources thermales. Les deux villes sont en bord de mer, vous pouvez également profiter de la plage et de l'atmosphère détendue qui y règne.

Depuis la gare de Atami, prenez la ligne *JR Ito* jusqu'à la gare de Ito (30 min. de trajet, 320 ¥). Ito abrite depuis le 17ème siècle 800 sources thermales, vous aurez donc l'embarras du choix. Essayez le Tokaikan, ouvert tlj de 11h à 20h30 en alternance pour les hommes ou les femmes.

De Ito prenez le train de la ligne *Ito Kyuko* jusqu'à Shimoda (environ 1h de trajet, 1 570 ¥)

Shimoda, à la pointe Sud, est un port actif depuis le 19ème siècle. C'est ici que le Commodore américain Perry accosta en 1853, faisant de Shimoda une escale importante pour les bateaux étrangers. Vous pouvez commencer votre visite de la ville en vous rendant au temple Ryosenji, qui date du 17ème siècle. Il est célèbre pour avoir abrité les négociations nippo-américaines qui conduirent à la signature du Traité de Paix et d'Amitié entre les deux pays (1854). Outre le jardin, visitez la salle du Trésor qui contient de nombreuses collections issues des « Bateaux noirs » du Commodore Perry (ouvert tlj de 8h30 à 17h, entrée 500 ¥).

L'aquarium flottant est l'une des attractions les plus populaires de Shimoda : ressemblant à un sous-marin flottant dans la baie, le bâtiment abrite plus de 240 espèces de poissons. Shimoda Floating Aquarium, ouvert tlj de 9h à 16h, entrée 1 700 ¥. **Accès :** *7 min. en bus de la gare de Izukuyu-Shimoda.*

Si vous venez à Shimoda en février, ne ratez pas le spectacle des pruniers en fleurs, au jardin de pruniers (à 15 min. de bus de a gare d'Atami, demandez le Atami Japanese Plum Garden). A l'inverse, si vous venez en été, allez vous reposer sur la plage de Shirahama Ohama, l'une des plus grandes et célèbres du pays.

A 1h15 de Shimoda, le cap Hagachizaki vaut une visite. Environ 300 macaques y ont élu domicile et sont nourris par les habitants depuis 1957 (parc ouvert de 8h30 à 17h, entrée 500 ¥).

•• Itinéraire 2 d'une journée : Izu d'est en ouest

De Atami, prenez la ligne *JR* jusqu'à Mishima (30 min. de trajet), au centre de la péninsule d'Izu. Visitez en priorité le jardin Rakujuen, fondé à l'époque Meiji par un seigneur local. Joli jardin de pierre autour de l'étang dont l'eau provient du Mont Fuji. Ouvert tlj sauf lun. de 9h à 17h, entrée 300 ¥. **Accès :** *3 min. à pied de la gare de Mishima.*

Visitez également le sanctuaire de *Mishima Taisha*, le premier établi à Izu. La légende veut que le shogun Minamoto Yoritomo ait décidé ici même de rétablir l'empereur Genji au pouvoir. **Accès :** *10 min. à pied de la gare de Mishima.*

Reprenez le train à Mishima jusqu'à Nirayama (ligne Izu-Hakone, 15 min. de trajet), ville historique pleine d'intérêt. Visitez la vieille maison de la famille Egawa, remarquablement conservée depuis la période Edo, avec un jardin agréable. Ouvert tlj de 9h à 16h, entrée 300 ¥.

Toujours sur la ligne Izu-Hakone, arrêtez-vous à l'arrêt Izu-Nagaoka (5 min. de trajet depuis Nirayama) célèbre station de *onsen* où vous pourrez faire une pause ou même dormir dans l'un des nombreux *ryokan*.

Puis allez jusqu'à Shuzenji (ligne Izu-Hakone, 35 min. de trajet, 500 ¥). Le temple Shuzenji fut fondé par le moine Kobo Daishi au 9ème siècle et il fut la scène de nombreux épisodes historiques : le shogun Minamoto Yoritomo y fit enfermer son frère puis son fils qui y moururent. L'une des pièces les plus célèbres du répertoire du kabuki, Shuzenji Monogatori s'inspirent de ces faits. La salle du Trésor, qui contient de magnifiques masques de théâtre No, est ouverte tlj de 8h30 à 16h, entrée 300 ¥. Faites une pause à *l'onsen* de Tokko-no-yu, le plus ancien d'Izu. Vous pouvez également essayer l'onsen de Yugashima, à 25 min. de bus depuis la gare de Shuzenji.

Reprenez ensuite le bus jusqu'à la ville de Toi, sur la côte Ouest d'Izu. Toi est célèbre pour ses mines d'or et d'argent qui furent exploitées jusqu'en 1965. La ville était alors très animée, avec un quartier de geishas. Aujourd'hui, on peut visiter la mine, toucher le plus gros lingot d'or du monde (200 kilos !) et recueillir du sable d'or.

Le bus relie Toi à Numazu en 55 min. (2 500 ¥). Sur la route, arrêtez-vous au cap Osezaki. Empruntez le petit chemin de randonnée pour aller au bout du cap, près du sanctuaire d'Ose qui abrite les Dieux de la Mer. De là, vous avez une vue magnifique sur le Mont Fuji (les jours de beau temps...) et vous pourrez vous rendre sur la plage très agréable en contrebas.

Enfin, vous pouvez rentrer directement depuis Numazu jusqu'à Tokyo (ligne *JR Tokaido,* 2h20 de voyage, 2 200 ¥) ou Shinjuku (ligne *Odakyu,* 2h de trajet, 3 480 ¥).

Un jardin à la française...Kawazu Bagateru Koen

Parc jumeau du Jardin de Bagatelle de Paris, il comporte des jardins de style français ainsi que plusieurs restaurants français. Ouvert toute l'année de 9h30 à 16h, entrée 1 000 ¥.

Accès : *Bus à partir de la gare de Kawazu, ligne Izukyu. (au nord de Shimoda).*

⇨ Pour les îles d'Izu, ***Cf. Tokyo Aqua p. 116.***

★ Où dormir ?

⇨ Atami :

ATAMI VILLAGE

Lodges publics situés dans le Atami Palm Garden, avec un *rotenburo* en libre accès. 8 000 ¥ par personne par nuit avec dîner et petit-déjeuner, 5 200 ¥ l'hébergement.

21-7 Baien-Chiyo, Atami-shi, tél. : 0557-81-8295,
fax : 0557-81-7264, email : info@atami-village.co.jp,
site Internet en anglais : www.atami-village.co.jp/english.htm

Accès : *gare de Atami.*

TAMANOI RYOKAN

Ryokan traditionnel avec bains extérieurs et joli jardin. A partir de 18 000 ¥ par personne avec dîner et petit-déjeuner.

11-10 Chuo-cho, Atami-shi, tél.. : 0557-81-3685,
fax : 0557-81-8632, email : tamanoi@i-younet.net.jp

Accès : *à 3 min. à pied de l'arrêt de bus Ginza, sur la ligne Izu-Hakone Bus depuis Atami (10 min. de trajet).*

⇨ Ito :

YAMATOKAN RYOKAN

Magnifique *ryokan* traditionnel avec de nombreux bains intérieurs et extérieurs et une piscine. A partir de 17 000 ¥ par personne pour une nuit avec dîner et petit-déjeuner.

1-1 Kotobuki-cho, Ito-shi, tél. : 0557-37-3100, site Internet en anglais : www.outdoorjapan.com/accommodation/accommodation-ito-yamatokan.html

Accès : Navette gratuite depuis la gare JR de Ito, entre 13h30 et 15h.

⇨ Shimoda :

SHIMODA BAY KUROSHIO

Les bains de cet hôtel à la façade austère s'ouvrent sur une large baie vitrée sur l'Océan Pacifique. Un bon point de chute ! Chambres traditionnelles en tatami ou à l'occidentale. 4 250 ¥ par personne en dortoir, 16 800 ¥ pour une chambre double.

4-1, Kakisaki, Shimoda-shi, tél.. : 0558 27-2111,
fax : 0558 27-2115, e-mail : dfddf930@ybb.ne.jp
site Internet en anglais : www.baykurio.co.jp/english.html

Accès : *1/4 d'heure à pied en allant vers le front de mer de la gare de Shimoda, sur la ligne Izukyu depuis Atami.*

⇨ Shuzenji :

ASABA RYOKAN KANSUIKAKU

Ryokan luxueux, un passage couvert longe un petit étang et ouvre sur une scène de théâtre *nô,* une végétation luxuriante entoure chaque dépendance...mais tout cela a un prix ! A partir de 30 000 ¥ par personne par nuit, avec dîner et petit-déjeuner.

Alors informez-vous et réservez en direct sur le site Internet en anglais :
www.japaneseguesthouses.com/db/shizuoka/asaba.htm
3450-1 Shuzenji, Shuzenji-cho, Tagata-kun,
tél. : 0558-72-7000, fax : 0558-72-7007.

Accès : *Gare de Shuzenji-Onsen, ligne JR Tokaido.*

箱根

Hakone ou Fujigoko

La région de Hakone reste l'excursion favorite des Tokyoïtes qui adorent se relaxer dans l'eau brûlante de ses *onsen*... Si la station thermale, au pied du Mont Fuji, n'a pas le charme de celles perdues dans les montagnes du Tohoku, elle abrite toutefois de très beaux établissements - traditionnels ou modernes - où vous pourrez goûter aux joies du bain et de la gastronomie japonaise ainsi que des musées et lieux de balade intéressants. Fujigoko, les 5 lacs du Mont Fuji, constituent, sur un autre versant, une alternative pleine de charme pour admirer de près et par temps clair le Fuji-san.

★ Y aller

Par les lignes JR : au départ de la gare de Tokyo, vous pouvez rejoindre Odawara en 40 min. par le *Tokaido shinkansen* (départs toutes les 30 min. environ, 3 640 ¥) ou en 1h par le train rapide *Acty* de la ligne *Tokaido* (8 trains par jour, 1 450 ¥).

Par la ligne Odakyu : au départ de la gare de Shinjuku, la ligne *Odakyu* permet d'atteindre Odawara ou Hakone Yumoto. Vous avez le choix entre le *Limited Express Romance Car* (1h30 de trajet et 2 020 ¥ pour Hakone-Yumoto, 4 trains par jour) et l'Express (1h35 de trajet jusqu'à Odawara, 850 ¥ et train toutes les 15 min. en moyenne).

Hakone est assez étendu et les transports peuvent être problématiques (horaires, différentes lignes privées...). Il existe des pass qui peuvent être intéressants financièrement. Le *Hakone Free Pass* donne droit à un aller-retour Tokyo-Odawara et l'accès libre aux différentes lignes privées de chemin de fer, bus, bateau et funiculaire, valable pendant 3 jours pour 5 000 ¥. Il existe un autre pass, *Hakone Weekday Pass,* qui propose à peu près les mêmes avantages (sauf certaines lignes de bus et de train) pour un voyage entre le lundi et le jeudi. Il coûte 4 700 ¥. Les deux *pass* sont en vente dans les agences de voyage et aux comptoirs Odakyu de la gare de Shinjuku.

•• Itinéraire : 2 programmes de visites à combiner sur une journée

1 - Un *onsen* (à choisir dans la liste ci-dessous ou au gré de votre visite) + la ligne Tozan Hakone + le Musée des sculptures en plein air.

LA LIGNE TOZAN HAKONE

C'est une ligne de chemin de fer de montagne de la compagnie Odakyu ouverte en 1919 et la première du genre. Elle part d'Odawara mais passe par la gare d'Hakone Yumoto pour s'arrêter au terminus de Gora. L'ascension se fait par paliers successifs et vaut vraiment la peine.

LE MUSÉE DES SCULPTURES EN PLEIN-AIR

Cet intéressant musée présente dans un grand parc à flanc de montagne de nombreuses sculptures modernes et contemporaines (Henry Moore, Isamu Noguchi, Nikki de St Phalle...). Un pavillon est consacré à Picasso, avec notamment de belles pièces de céramique.

Ouvert tlj de 9h à 17h, entrée 1 600 ¥.

Ninotaira, Hakone-machi, tél.: 0460-2-1161, site Internet en anglais : www.hakone-oam.or.jp /eng

Accès : *2 min. à pied de la gare de Chokoku-no-mori (50 min. par la ligne Tozan Hakone depuis Odawara, 650 ¥) ou 5 min. à pied depuis la gare de Gora-iriguchi (25 min. par la ligne Tozan Hakone depuis la gare de Hakone-Yumoto, 390 ¥).*

2 - Un *onsen* (à choisir dans la liste ci-dessous ou au gré de votre visite) + le lac Ashi + le sanctuaire Hakone + une balade en bateau + l'ancienne route du Tokaido. Depuis la gare de Hakone Yumoto empruntez un bus Hakone Tozan, et descendez à Moto-Hakone au bord du lac Ashi. Le lac fut créé lors de la dernière éruption du mont Fuji, ses rives accueillent le sanctuaire Hakone dont le torii rouge orangé planté dans l'eau promet de belles photos aux amateurs... Un embarcadère vous offre également la possibilité d'une balade sur le lac grâce à deux compagnies : Hakone Kankosen (grand bateau kitsch) et Izu Hakone (aux embarcations moins tape à l'oeil).

❤ elle aime

Tous les 5 août, la fête Torii Matsuri illumine le lac Ashi : on brûle un grand *torii* planté dans le lac sur lequel on envoie des milliers de lanternes allumées.

L'ANCIENNE ROUTE PAVÉE DU TOKAIDO

Le poste de Hakone était une étape importante de la route du Tokaido qui reliait Tokyo à Kyoto pendant l'époque Edo. Aujourd'hui on peut encore fouler les pavés de la voie historique entre Moto-Hakone et Hakone-Yumoto. La meilleure section se trouve entre Moto-Hakone, sur les rives du lac Ashi, et la maison de thé Amazake, ou Amazake Chaya où vous pourrez déguster un délicieux saké doux - ou *amazake*.

Accès : *prendre le bus Hakone Tozan (inclus dans le Hakone Free Pass si vous en avez un) depuis la gare de Hakone-Yumoto et descendez soit au terminus de Moto-Hakone, soit aux arrêts de Hatajuku ou de Amazake Chaya.*

★ *Une sélection d'onsen / ryokan à Hakone*

Ⓡ KAPPA TENGOKU

Situé juste au-dessus de la gare, ce *ryokan* assez modeste propose un joli bain en extérieur et une vue plongeante sur Yumoto. Chambres japonaises, 4 400 ¥ pour une personne, 6 600 ¥ pour deux.

Yumoto 777, Hakone Machi, Ashigara Shimo-gun, réservation possible sur www.japanhotel.net/kappa

Accès : *à 3 min. à pied de la gare Odakyu Hakone Yumoto.*

Ⓡ KANSUIRO

Un magnifique *ryokan* historique, datant de 1614, qui accueillit les plus grandes personnalités du pays (l'écrivain Natsume Soseki, champions de sumo, politiciens...). De nombreux bains intérieurs et extérieurs, privatisables. A partir de 12 000 ¥ par personne pour une nuit en chambre de style japonais sans salle de bain, 15 000 ¥ avec sdb et 20 000 ¥ avec dîner.

88 Tonosawa Hakone-machi Ashigara-Shimogun, tél. : 0460-5-551, fax : 0460-5-5856, e-mail : info@kansuiro.co.jp, www.kansuiro.co.jp/eng/

Accès : à 5 min. de bus depuis la gare de Hakone Yumoto (100 ¥) ou à 5 min. à pied de la gare de Tonosawa, sur la ligne Tozan.

FUJIYA HOTEL

C'est l'hôtel le plus ancien (1878) et le plus célèbre de Hakone. Si sa façade fait penser à un *ryokan*, le confort intérieur est occidental, dans un style années 30. Bien entendu, plusieurs bains intérieurs et extérieurs sont à disposition des clients, ainsi que 4 restaurants et 2 piscines. A partir de 24 000 ¥ la chambre double.

359 Miyanoshita, Hakone-machi, tél. : 0460-2-22&1, fax : 0460-2-2210, email : shukuhaku@fujiyahotel.co.jp, Site Internet en anglais : www.fujiyahotel.jp/english

Accès : 5 min. à pied de la gare de Miyanoshita, sur la ligne Hakone Tozan.

FUKUZUMIRO

Sur les berges de la rivière Haya, ce charmant *ryokan / onsen*, classé propriété culturelle du Japon, propose 19 chambres traditionnelles. 16 000 ¥ par personne pour une nuit avec dîner et petit-déjeuner, 8 500 ¥ pour le dîner et l'accès aux bains. Bains intérieurs et extérieurs, privatisables.

74 Tonosawa Hakone-machi, Ashigara Shimo-gun, tél. : 0460-5-5301, fax : 0460-5-5911, email : info@fukuzumi-ro.com. Site Internet en anglais : www.fukuzumi-ro.com

Accès : depuis la gare de Hakone Yumoto, 10 min. à pied, 5 min. en taxi ou arrêt Tonosawa en bus sur la ligne Tozan Hakone.

TAISEKAN

Ce charmant *ryokan* traditionnel, perché sur une colline, possède 5 sources thermales parmi les plus anciennes de Hakone. Comptez 21 000 ¥ par personne pour une nuit avec dîner et petit-déjeuner.

72, Miyanoshita, Hakone, tél. : 0460-2-2281, fax : 0460-2-5217, site Internet : www.taiseikan.co.jp/english/

Accès : 3 min. à pied de la gare de Miyanoshita, ligne Hakone Tozan ou 1 min. de l'arrêt de bus de Minayoshita.

•• Itinéraire bis : Fujigoko

Nous vous recommandons cette zone des 5 lacs moins fréquentée que celle de Hakone. Kawaguchiko est un grand lac aux eaux calmes, c'est aussi une station thermale et une porte d'entrée pour l'ascension du mont Fuji en été puisque le point de départ le plus emprunté est bien la « 5ème étape de Kawaguchi » - de nombreux bus permettent de rejoindre cette station d'altitude.

★ Y aller

Depuis Tokyo, prendre la JR Chuô jusqu'à Otsuki (2 700 ¥ et 70 min. en train rapide limited express) puis la ligne locale Fuji Kyuko jusqu'à Kawaguchiko (1 100 ¥ et 50 min.), ville la plus proche de Tokyo dont le nom est aussi celui du plus grand des 5 lacs. Nous vous conseillons plutôt d'emprunter un bus Fujikyu au départ de Shinjuku (1 700 ¥ et 2 heures de trajet).
Sur place le Retoro bus fait le tour du lac et des principales curiosités, le free pass d'une valeur de 1 000 ¥ pour deux jours est une acquisition vite rentable.

★ Que voir ?

LE MONT FUJI

Souvent appelé à tort Fujiyama en France, le Fuji-san culmine à 3 776 mètres d'altitude. Ancien volcan à la forme conique majestueuse, c'est une icône, devenue symbole du Japon, souvent représentée - célèbre série d'estampes des 36 vues du Mont Fuji par Hokusai. C'est aussi un dieu dans la religion shintoïste et un lieu de « pèlerinage » où l'on se bouscule en été quand son ascension est possible et autorisée.

FUJI-Q HIGH LAND

Excursion appréciée des jeunes de Tokyo, ce grand parc d'attractions accueille notamment une des plus grandes montagnes russes au monde. Pour les amateurs de sensation forte.

Accès : *les mêmes que pour Kawaguchi où le parc est situé.*

★ Où dormir ?

ONSENJI YUMEDONO RYOKAN

Grand *onsen* aux beaux bâtiments de bois et aux agréables jardins intérieurs. On y mange une excellente cuisine locale. Pour passer la nuit, comptez 35 000 ¥ par personne, avec dîner et petit-déjeuner, en chambre traditionnelle ou de style occidental.

6677 Funatsu Fujikawaguchikomachi Minamitsuru-gun, tél. : 0555-72-6111, fax : 0555-72-6108. Possibilité de réserver en ligne sur www.onsenji.com/en/

Accès : *gare de Kawaguchiko.*

秩 父

Chichibu

L'air pur de la montagne vous manque ? Vous voulez découvrir les joies de la vie dans la campagne japonaise, faire des activités en plein air dans les rivières, suivre un pèlerinage de 34 temples, dormir dans un *ryokan* avec des bains extérieurs dans un environnement naturel ? Alors direction Chichibu, au nord de Tokyo !

★ Y aller

Au départ de Ikebukuro : 1h34 de trajet jusqu'à Seibu-Chichibu, sur la ligne *Seibu Limited Express*, 1 370 ¥ avec le train *Red Arrow Express*.

Pour vous déplacer sur place : la ligne *Chichibu* part de Ohanabatake, 4 min. à pied de la gare Seibu-Chichibu, et dessert les gares de Chichibu et Nagatoro, 23 min. de trajet, 460 ¥.

Attention !

La gare de Seibu-Chichibu sur la ligne *Seibu* est connectée à celle de Ohanabatake sur la ligne *Chichibu*. Tous les départs donnés ici de Chichibu sont également possibles depuis la gare de Ohanabatake.

•• Itinéraire 1 d'une journée : en pleine nature !

Continuez directement depuis Chichibu jusqu'à Mitsumine-guchi (ligne *Chichibu Tetsudo)*. Le trajet dure 20 min. et coûte 430 ¥. De là, prenez le funiculaire qui vous mènera au sanctuaire de Mitsumine. Situé au sommet d'une montagne, vous aurez du sanctuaire une vue magnifique sur les environs, notamment sur le lac. Si vous souhaitez rester plus d'une journée dans la région, vous pouvez prendre le bus qui descend en une heure au lac, et emprunter un long pont piéton à suspension.

Retournez à Chichibu par le même train. D'avril à novembre, des trains à vapeur, *Paleo Express*, circulent sur cette ligne, rendant le voyage encore plus agréable.

En sortant de la gare de Chichibu, visitez d'abord le sanctuaire Chichibu-jinja, où se tient tous les 3 décembre le Festival de nuit. Fondé il y a 2000 ans, le sanctuaire a de tous les temps accueilli les voyageurs de passage.

Faites une pause-déjeuner dans un petit restaurant du village, et goûtez les spécialités locales, les *soba*.

聖観世音

CAUTION
踏切注意
秩父No.4
踏切
おねがい
踏切警報機の
故障におきづきの方は
左記へお知らせください。

Retournez à la gare de Chichibu direction Nagatoro (15 min. de trajet sur la ligne Chichibu Tetsudo, 660 ¥). Une fois arrivés, visitez le sanctuaire Hodo-san. La ville est très prisée au printemps pour ses nombreux cerisiers et ses aires de pique-nique. Mais l'attraction principale est le Iwadatami, le « rocher-tatami ». La meilleure façon de le découvrir est en bateau, en descendant la rivière Arakawa. Le Rhine Kudari, la descente en bateau qui s'effectue en compagnie d'un guide de mars à novembre, suit deux itinéraires : du pont de Oyabana à Iwadatami et de Iwadatami au pont de Takasago. Vous passerez à la fois sur des eaux calmes et rapides. Comptez une heure pour faire les deux itinéraires et 1 600 ¥ par personne. Départs du pont Oyahama-bashi, à 1 km de la gare de Nagatoro.

Retour à Tokyo, en prenant la ligne Tetsudo Chichibu jusqu'à Yorii (14 min. de trajet) puis la ligne Tobu Tojo Express qui vous ramènera à Ikebukuro en 90 min. pour 860 ¥.

Les spécialités de Chichibu

Chichibu est traditionnellement une région productrice de *soba,* les nouilles de sarrasin. Vous pourrez voir les champs à perte de vue de sarrasin, venu d'Asie centrale et issu d'une plante de la même famille que l'oseille et la rhubarbe. La région est également réputée pour son thé, à l'arôme riche.

Chichibu Yomatsuri, le Festival de nuit

Chaque année depuis 300 ans, les 2 et 3 décembre, le sanctuaire de Chichibu accueille le Festival de nuit : de somptueux bateaux de plus de 10 tonnes, décorés de lanternes, sont transportés à travers la ville illuminée par les feux d'artifice. Chants et danses accompagnent la procession. La parade se termine dans la nuit du 3 décembre au sommet d'une colline.

•• Itinéraire 2 : le pèlerinage des 34 temples

La région de Chichibu abrite 34 temples dédiés à Kannon, la déesse de la compassion, qui forment un pèlerinage de 100 km très populaire auprès des Japonais. Le tour complet prend 8 jours à pied et 3 jours en voiture.
Le pèlerinage de Chichibu naquit au 12ème siècle et devint rapidement aussi prisé que celui reliant Kamakura à Tokyo (33 temples) et celui reliant Kyoto à Nara. Ces trois pèlerinages forment les 100 sites sacrés dédiés à Kannon au Japon.
Kannon peut prendre 6 formes différentes : *Sho* (forme originale), *Juichimen* (avec 11 têtes), *Senju* (avec 1000 bras) et *Nyoirin* (avec une balle magique), *Juntei* (portant un enfant) et *Bato* (avec une tête de cheval).

Le pèlerinage commence par le temple Shimabuji, à 30 min. de bus depuis Seibu-Chichibu. Entre le 3ème et le 4èm temple, vous pouvez vous relaxer dans les onsen de la ville de Araki. Le 4ème temple, Kinshoji, est célèbre pour ses 1319 statues en pierre. Parmi les temples les plus intéressants, citons le 12ème, Nosakaji, pour son beau jardin, le 23ème, Onagakuji, dédié à la musique et le 25ème pour son lac entouré de bambous. Le tour prend fin au temple Suisenji, qui abrite une grotte où les pèlerins entrent pour « re-naître » purifiés.

Pour obtenir le parcours complet et la description de chacun des 34 temples, allez sur le site Internet www.2waku.com

Faites comme les pèlerins

Achetez un *nokyocho,* un cahier vendu dans les temples sur lequel vous demanderez aux moines de chaque temple d'apposer un tampon ou une calligraphie (300 ¥), preuve de votre passage.

En entrant dans un temple, vous devez vous incliner. Puis vous allumez trois encens dans la grande jarre, avant d'aller prier en vous inclinant trois fois et en jetant une pièce devant vous.

Vous pouvez vous procurer le guide du pèlerin en vous adressant au Chichibu Kannon Holy Sites Union, tél. : 0494-25-1170.

★ *Où dormir ?*

YANAGIYA RYOKAN

Un *ryokan* perdu dans les montagnes près de Shibahara Onsen, avec de charmants bains intérieurs et extérieurs et des repas excellents. A partir de 10 000 ¥ la nuit par personne, avec dîner et petit-déjeuner.

Tél. : 0494-54-0250, fax : 0494-54-1191, site Internet en japonais www.yanagiya-ryokan.co.jp

Accès : *gare de Bushu Hino (300 ¥, 13 min. sur la ligne Chichibu depuis la gare de Ohanabatake). Tél.éphonez depuis la gare pour qu'une navette vienne vous chercher du ryokan.*

ARAKI KOSEN

Cette source d'eau chaude a été découverte il y a 200 ans par une ancêtre des propriétaires actuels. L'eau est très soufrée, et présente un aspect vert-jaune, mais les vertus relaxantes de *l'onsen* font oublier cette apparence peu séduisante. Repas traditionnels. A partir de 12 000 ¥ par personne et par nuit, avec petit-déjeuner.

1538 Yamada, Chichibu-shi, Saitama, tél. : 0494-23-2641, fax : 0494-23-2643.

Accès : *gare de Seibu Chichibu.*

日光

Nikko ou Takaosan

Nikko est l'une des excursions les plus courantes et les plus courues au départ de Tokyo. Si personnellement et malgré son classement au patrimoine mondial de l'UNESCO, nous trouvons le sanctuaire Toshogu un peu décevant, comparé aux autres grands monuments sacrés du pays - style un peu trop chargé à notre goût - il peut toutefois être intéressant à visiter. C'est surtout la région de Nikko très belle et très sauvage avec ses grandes forêts de *sugi,* cryptomerias ou cèdres japonais, qui retiendra votre attention : balades autour du lac de Chuzen-ji, dans de petits villages ou de petites stations thermales pleins de charme. Si vous êtes plus pressé, mais que vous voulez tout de même goûter aux charmes de la forêt japonaise, un aller-retour au mont Takao (599 mètres) situé à dans la direction opposée à celle de Nikko mais faisant partie de la métropole est vivement recommandé.

★ *Y aller*

Par les lignes JR : au départ de Tokyo ou Ueno, avec un changement à Utsunomiya. 2 520 ¥ le trajet. Depuis le mois de mars 2006, il est possible de relier directement Shinjuku à Nikko et Kinugawa Onsen, grâce à un accord entre *JR East* et *Tobu* : 3 900 ¥, 2h de voyage.

Par les lignes Tobu : un train toutes les heures au départ de Asakusa. Avec le Limited Express, 1h50 de trajet pour 2 740 ¥ l'aller simple.

•• *Itinéraire 1 d'une journée : sur la route des temples et sanctuaires*

En sortant de la gare de Nikko ou de Tobu-Nikko, direction le sanctuaire Toshogu. On passe à côté du plus fameux pont rouge du Japon, le Shinkyo-bashi, construit en 1636 pour le shogun et reconstruit depuis.

LE SANCTUAIRE TOSHOGU

Le *shogun* Tokugawa Iemitsu fit construire au 17ème siècle ce sanctuaire pour servir de mausolée à son ancêtre Ieyasu, qui installa la capitale du Japon à Edo, aujourd'hui connue sous le nom de Tokyo. Temple bouddhiste transformé en sanctuaire, il est le fleuron de l'époque Momoyama - l'équivalent de notre période baroque en Europe. Les sculptures sur les panneaux de bois sont particulièrement remarquables : un petit chat endormi, les trois singes suivant les préceptes bouddhistes (je n'écou-

te pas, je ne parle pas, je ne vois pas).

Ouvert tlj de 8h à 17h. Entrée : pass de 1 000 ¥ pour l'entrée aux trois sanctuaires.

Sur la route du sanctuaire Tayuin-byo, vous pouvez vous arrêter au sanctuaire Futara-san, fondé en 767, dédié aux monts Nantai et Nyotai et leur fils Taro. Le bâtiment fait partie d'un groupe de trois sanctuaires, les deux autres se trouvent au bord du lac de Chuzen-ji.

LE SANCTUAIRE TAYUIN-BYO

Cette fois consacré à Iemitsu Tokugawa, le shogun qui instaura le protectionnisme japonais qui perdurera jusqu'en 1860, ce sanctuaire s'étend tout en longueur. On passe différentes portes flanquées de beffrois ou de lanternes offertes par les seigneurs au service du *shogun,* avant d'arriver au bâtiment principal, le Honden, qui contient les cendres de Iemitsu.

Ouvert tlj de 8h à 17h. Entrée : 300 ¥

•• Itinéraire 2 : au cœur de la nature

Il est toujours dommage de faire l'excursion en une seule journée, car on n'a pas le temps de découvrir le vrai visage de la région de Nikko : un paysage montagneux, avec un grand lac, des chutes d'eau magnifiques et des *onsen.* Voici ci-dessous une belle balade si vous avez le temps.

Depuis la gare de Nikko, prenez le bus pour le lac Chuzen-ji (il faut marcher un peu sur la fin). Sur le côté Est du lac, les chutes de Kegon tombent de 96 m de haut. On peut accéder à une plate-forme d'observation. Sur les abords du lac, le temple Chuzen-ji est dédié à Kannon, la déesse de la miséricorde. Tous les 31 juillet, les pèlerins font l'ascension du mont Nantai depuis Nikko jusqu'au temple.

Vous pouvez ensuite vous relaxer dans l'une des stations thermales de la région :

CHUZENJI ONSEN, *au nord-est du lac,*
YUMOTO, à 1h30 de bus de Nikko ou 30 min. de Chuzenji Onsen. ***KINUGAWA,*** à 20 min. de Nikko sur la ligne Tobu Kinugawa (changement à Shimoimachi).

Pour plus de renseignements sur ces stations thermales, consultez notre site Internet www.2waku.com

Un parc d'attraction original : Nikko Edo Mura

Le parc Nikko Edo Mura vous fait revivre l'époque des samouraïs : vous déambulez dans les rues reconstituées de l'ancienne capitale Edo, au milieu de magasins et restaurants traditionnels de *yakisoba,* de *dango...,* pratiquant des prix en *ryo,* ancêtre du yen. De nombreuses animations et expositions sont proposées : cérémonie du thé, tournage de feuilletons, explications sur la vie quotidienne de l'époque.

Ouvert tlj de 9h à 17h. Entrée : de 3 000 à 4 500 ¥ pour un adulte, selon le nombre d'animations choisi.
470-2 Karakura, Fujiwara-machi, Shioya-gun,
tél. : 0288-77-17777.
Accès : gare de Kinugawa Onsen sur la ligne Tobu au départ de Asakusa, 2h20 de voyage, 1 500 ¥. A la gare, prendre le bus n°9 pendant 15 min. 400 ¥ jusqu'au parc.

★ Où dormir ?

NIKKO KANAYA HOTEL

Hôtel construit sous l'ère Meiji, comportant 80 chambres à l'occidentale, avec une belle vue sur la nature environnante. A partir de 10 000 ¥ la chambre double (sans salle de bain privative), possibilité de dîner sur place.

1300, Kami-Hatsuishi-machi, Nikko. Tél. : 0288-54-0001,
fax : 0288-53-2487, e-mail : nikko@kanayahotel.co.jp
site Internet en anglais :
www.kanayahotel.co.jp/nkh/index-e.html

Accès : *25 min. à pied depuis la gare de Nikko, ou 5 min. en bus, arrêt Shinkyo.*

LOGETTE SAINBOIS

Dans un grand chalet en bois, des chambres occidentales et japonaises, dans une atmosphère familiale. Chambre double à partir de 10 500 ¥.

1560 Tokorono, Nikko, tél. : 0288-53-0082,
fax : 0288-53-5212, email : l-sanboa@sunfield.ne.jp,
site Internet en anglais : www.itcj.jp/hdb/309019.html

Accès : *15 min. à pied de la gare de Nikko.*

•• Itinéraire bis : Takaosan

Emprunter la ligne *Keio* au départ de la gare souterraine de Keio Shinjuku. Des trains semi-express partent toutes les 20 min. et mettent environ 50 min. à rejoindre la gare de Takaosanguchi, point de départ de votre visite, et ce pour 370 ¥. Si vous décidez de rejoindre le sommet à pied de puis la gare et de ne pas emprunter le tél.éphérique, il vous faudra un peu plus d'une heure d'une agréable marche dans le sens de la montée. C'est particulièrement recommandé à la fin de l'automne au moment du *koyo,* le rougeoiment des feuilles crénelées des érables.

LE TEMPLE YAKUOIN

Sis au sommet du mont Takao, lui-même considéré comme divin, ce temple de la secte bouddhiste Shingon est dédié à Tengu, dieu de la bonne fortune au faciès caractéristique avec son grand nez allongé.

★ Où manger ?

UKAI TORIYAMA

Ce restaurant aux allures de vieille ferme traditionnelle au toit de chaume vous servira ses spécialités de poulet grillé. Jetez un coup d'oeil à leur site Internet (en japonais) juste pour vous assurer de la valeur d'une visite à ce superbe restaurant : www.ukai.co.jp/toriyama

成田

Péninsule de Boso

Narita, Chiba

La préfecture de Chiba accueille la quasi-totalité des touristes arrivant au Japon, grâce à l'aéroport international de Narita qui y est installé. Et pourtant très peu d'entre eux prennent le temps de s'attarder dans la région. Dommage car elle ne manque pas d'attraits : ville historique de Narita, plages de sable blanc, parc d'attraction *Disneyland,* paysages montagneux au centre, cap et côtes acérées au sud…

★ *Y aller*

La ligne JR Narita desert la ville de Narita, depuis Tokyo et depuis l'aéroport.

•• *Itinéraire 1 d'une journée : visite de la ville de Narita*

La ville de Narita mérite de s'y arrêter : temple bouddhiste de Naritasan, célèbre dans tout le pays, rues bordées de boutiques traditionnelles, spécialités culinaires… On a l'impression d'être à la campagne à seulement 10 minutes de l'aéroport international de Narita et 40 minutes du centre de Tokyo !

Première visite en sortant de la gare de Narita et en prenant la rue principale, le *Kankokan.* Ce bâtiment abrite les « chars », dashi, qui défilent tous les ans au festival de Gion à Narita. En forme de bateaux, ils sont décorés très précieusement.

Ouvert tlj sauf lun. de 9h à 17h, entrée gratuite, tél. : 0476-24-3232.

Vous arrivez ensuite aux portes du temple principal de la ville, Naritasan Shinsoji.

Egalement appelé *Ofudo-sama,* du nom du dieu du Feu, le temple fut fondé en 940 et reste le centre de la secte bouddhiste Shingon, très présente au Japon. Aujourd'hui, le temple est une ville à part entière, avec ses magasins de souvenirs (Doniwa), son hall principal abritant une statue du dieu Fudo-Myo, et ses nombreux bâtiments secondaires (pagode à trois étages, cloche, le hall Shakado…) construits à différentes périodes. Le temple est très aimé des Japonais et accueille plus d'un million de visiteurs pour le Jour de l'an.

De nombreux festivals se tiennent dans le temple, dont le Taiko Matsuri en avril (on joue du tambour traditionnel dans la rue).

Derrière le temple, ne ratez pas le parc Naritasan : avec

ses cerisiers, abricotiers et érables, vous pourrez toujours voir l'un des symboles des quatre saisons à son apogée. Ouvert tlj sauf lun. de 9h à 16h. Un musée d'art traditionnel se trouve sur le côté du jardin.

★ Que faire ?

Envie de découvrir comment vivent les familles japonaises ? Vous pouvez rendre visite à l'une d'entre elles à Narita et discuter pendant quelques heures avec elle dans une atmosphère détendue.

Vous devez vous inscrire au préalable auprès du bureau d'Information Touristique de Narita à la gare JR de Narita, tél. : 0476-24-3198, ouvert tlj de 8h30 à 17h ou au TIC (Centre International Touristique) au 1er étage du Terminal 2 de l'aéroport de Narita, tél. : 0476-34-6251, ouvert tlj de 9h à 20h).

> ***Les spécialités médicinales de Narita***
>
> Ne partez pas sans acheter l'une des spécialités de Narita, le *ichiryugan,* herbe médicinale qui calme les aigreurs d'estomac. Toujours utile en voyage. Vous en trouverez dans les magasins traditionnels de la rue Omote-sando.

Pour une visite guidée depuis l'aéroport de Narita, ***cf Tokyo temps limité* p. 44.**

★ Où dormir ?

⇨ PRÈS DE L'AÉROPORT :

Toutes les grandes chaînes ont un hôtel : *ANA, Radisson, Mercure, Holiday Inn* (à partir de 7 000 ¥ la nuit en chambre double), *Nikko, Hilton*. Vous pouvez réserver via Internet ou une agence de voyage. Tous les hôtels sont répertoriés sur le site Internet en anglais :
www.airporthotelguide.com/tokyo

⇨ DANS LA VILLE DE NARITA

RYOKAN WAKAMATSUHONTEN

Un *ryokan* au confort moderne mais qui a gardé son charme traditionnel : belles chambres en tatami et grand bain commun. Idéalement situé en face du temple Naritasan. A partir de 10 000 ¥ la nuit par personne avec dîner et petit-déjeuner.

Honcho 355, Narita-shi, tél. : 0476-22-1136, e-mail : wakamatsu@nctv.co.jp, site Internet en anglais :
www.wakamatsuhonten.jp/english.html

Accès : *gare de Narita (à moins de 20 min de l'aéroport sur les lignes Keisei ou JR). En taxi depuis l'aéroport, comptez 20 minutes et 3 000 ¥).*

★ Où manger ?

La rue principale, Omote-sando, qui relie la gare *JR* au temple, regorge de vieux magasins d'alimentation et de restaurants traditionnels, spécialisés dans les *soba* et les *tempura* notamment.

•• Itinéraire 2 : excursions dans la péninsule de Boso

Voici ci-dessous quelques idées d'excursions thématiques dans la péninsule de Boso :

★ Pour les enfants : DISNEYLAND

Les Japonais raffolent des parcs d'attraction et une visite à *Tokyo Disneyland* vaut autant pour les animations Disney que pour l'enthousiasme communicatif des visiteurs. Passeport journée : 5 500 ¥ pour un adulte, 3 700 ¥ pour un enfant.

Accès : *bus depuis l'aéroport de Narita et la gare de Maihama, ligne JR Keiyo.*

★ Pour les fans d'histoire et de tradition japonaise

Ne ratez pas **SAWARA,** jolie petite ville historique, où des bâtiments en bois, anciens entrepôts à l'époque Edo et Meiji, bordent la rivière Ono.

Accès : *gare de Sawara, ligne JR Narita.*

Le musée **BOSO NO MURA** ressemble à un petit village regroupant des fermes, des magasins, des maisons de samouraï datant de la fin de l'époque Edo. Vous pouvez également mettre la main à la pâte et vous initier à l'artisanat japonais.

Ouvert tlj sauf lun. de 9h à 16h30, tél. : 0476-95-3333.
Entrée gratuite mais participation aux ateliers payante.

Accès : *8 min. de bus depuis la gare de Ajiki, sur la ligne JR Narita.*

★ Pour les fans de nature

Le Cap Gyobu-misaki s'étend sur 10 km, entre les villes de Choshi et Ioka. Des falaises hautes de 50 m, vous pourrez voir les énormes vagues du Pacifique s'écraser contre les rochers. Pour vous y rendre, prenez un bus depuis la gare de Choshi (ligne *JR Sobu)* pendant 20 minutes. A Choshi, le cap Inubosaki est également impressionnant et un chemin de randonnée vous permet de suivre la découpe des falaises.

★ Pour les fans de plage

La plage de Kujukuri, dans la ville de Misaki, à l'Est de Chiba, fait près de 60 km de long ! Kujukuri veut dire littéralement 99 *ri*, le *ri* étant l'ancienne mesure de distance.

La plage de Onjuku est également populaire.

Cf. Tokyo Aqua p. 115.

⇨ à lire

- ***Un été au Japon,*** de Tsunehiko Kuwabara, éd. Gallimard. Un carnet de voyage illustré qui vous emmène à la découverte de la péninsule de Boso et de ses traditions estivales.

tokyo
mode d'emploi

牛乳に
相談だ。

この荷物は
お客様に
直接渡して
下さい。
TONAMI

SHOP
東京メトロ
Tokyo Metro
銀座駅
Ginza Sta.

タクシー乗
TAXI
6号
天賞堂前

Guide pratique

★ Aller à Tokyo

PASSEPORTS ET VISAS

Les ressortissants de l'Union Européenne n'ont pas besoin de visa pour se rendre au Japon en vacances. Il vous suffit d'avoir un passeport valide 6 mois après votre date de retour.

Pour des séjours plus longs, pour étudier ou travailler au Japon, vous devez en revanche être en possession d'un visa.

Le visa vacances-travail

Le visa Vacances-Travail permet aux Français agés de 18 à 30 ans de séjourner pendant un an au Japon, et d'y exercer sous condition un emploi. Votre demande, accompagnée d'une lettre de motivation, doit être déposée à l'Ambassade du Japon à Paris ou aux Consulats à Marseille et Strasbourg.

Toutes les informations sur le site Internet en français www.fr.emb-japan.go/visa/v_t.html

TRANSPORTS AÉRIENS

Air France, Japan Airlines et ANA proposent des vols directs quotidiens Paris - Tokyo, comptez entre 700 et 900 euros TTC selon la saison.

Si vous souhaitez payer un peu moins cher, prenez un vol avec escale, soit en Europe (British Airways via Londres, Lufthansa via Francfort, KLM via Amsterdam…) soit en Asie (Korean Air via Séoul).

Le temps de vol est d'environ 12h entre Paris et Tokyo.

- **AIR FRANCE**

Des agences dans toutes les villes principales de France, tél. : 36 54, Site Internet : www.airfrance.fr

- **JAPAN AIRLINES**

4 rue Ventadour, 75001 Paris, tél. : 01 44 35 55 85, site Internet : www.jal-europe.com

- **ANA**

29 rue St Augustin, 75001 Paris, tél. : 01 53 83 52 52

AGENCES DE VOYAGE

De nombreux voyagistes proposent des circuits, plus ou moins personnalisés.

- **DESTINATION JAPON**

Une nouvelle agence créé par deux Japonais qui vous concocteront des voyages sur mesure, vous trouveront les meilleurs tarifs en vol sec ou vous proposeront quelques voyages organisés avec accompagnateur.

11 rue Villedo, 75001 Paris, tél. : 01 42 96 09 32, site Internet : www.destinationjapon.com

- **ASIA**

Le spécialiste de l'Asie et du Japon.

1 rue Dante, 75005 Paris, tél. : 01 44 41 50 10, site Internet : www.asia.fr

- **VOYAGEURS AU JAPON**

Spécialisée sur le Japon, cette agence propose des vols secs, des réservations d'hôtel et le JR Railpass.

8 rue Sainte Anne, tél. : 01 42 61 60 83, site Internet : www.voyjapon.com

- **LA ROUTE DU JAPON**

Cette petite agence est spécialisée dans les voyages sur-mesure et propose également quelques circuits.

Exotic Voyages, 34 rue Robert Giraudineau, 94300 Vincennes, tél. : 01 43 74 96 67, site Internet : www.laroutedujapon.com

- **TCH VOYAGES**

Spécialisée dans les hébergements chez l'habitant, TCH a développé une offre importante sur le Japon.

15 rue des Pas Perdus, 95804 Cergy St Christophe, tél. : 08 92 68 03 36 , site Internet : www.tch-voyages.fr

★ Sur place

TRANSPORTS

Cf Tokyo gares p. 152

Pour réserver vos billets de shinkansen sur Internet (même si vous avez un japan rail pass) :

www.world.eki-net.com

DE L'AÉROPORT AU CENTRE-VILLE

Plusieurs solutions s'offrent à vous

➩ en bus

Les Limousine Bus partent des deux terminaux de Narita pour rejoindre les principaux hôtels du centre-ville. Comptez 3000 ¥ et environ 2h30 de trajet

➩ en train

Le Narita Express, N'EX, rejoint l'aéroport aux gares de Tokyo et Shinjuku en une heure environ. 2950 ¥ le trajet mais gratuit si vous avez acheté et validé au préalable votre Japan Rail Pass.

La ligne privée Keisei est le moyen le plus économique de relier la ville. Les Limited Express mettent environ 1h15 pour arriver à la gare de Ueno, pour 1000 ¥. Attention, ne prenez pas les Skyliner (deux fois plus cher pour seulement 10 minutes de gagné) ni les Local Train, qui s'arrêtent à toutes les gares du parcours.

➩ en taxi

Les prix sont prohibitifs, entre 15 000 et 20 000 ¥.

HÉBERGEMENTS À TOKYO

Tokyo, comme toutes les grandes métropoles mondiales, propose une grande variété d'hébergements, de l'auberge de jeunesse au palace.

Selon le quartier et le confort choisi, vous paierez de 2500 ¥ à plus de 30 000 ¥ par personne et par nuit.

Vous avez le choix entre plusieurs formules d'hébergements :

➩ Les *ryokan* sont les « auberges » traditionnelles japonaises. Généralement d'architecture en bois, les chambre sont en tatami, avec futons (matelas épais) installés au sol. Une nuit en *ryokan* est une expérience unique, elle comprend souvent le dîner et le petit-déjeuner japonais, et l'accès aux bains communs. Aujourd'hui, on peut distinguer les *ryokan* traditionnels (pas de salle de bain particulière, obligation de dîner sur place…) des *ryokan* modernes (architecture plus « urbaine », salles de bain dans les chambres, confort plus occidentalisé). Les prix s'entendent par nuit et par personne, souvent avec le dîner et le pdj inclus.

➩ Les *minshuku* ressemblent beaucoup aux *ryokan*. C'est un peu l'équivalent des *Bed & Breakfast* anglais même si certains *minshuku* ressemblent plus à des hôtels qu'à une maison d'hôte. Ils sont plutôt en zone rurale, comme par exemple sur l'île de Sado près de Niigata. Les prix s'entendent par nuit et par personne, souvent avec le dîner et le pdj inclus.

➩ Les *shukubo* sont des temples bouddhistes accueillant des pèlerins et touristes pour la nuit. Là encore, expérience inoubliable ! Vous pourrez trouver des *shukubo* à Kyoto et à Koya-san. Les prix s'entendent par nuit et par personne, souvent avec le dîner et le pdj inclus.

➩ Les *business hotels* s'adressent, comme leur nom l'indique, à des hommes d'affaires en déplacement. Fonctionnels, à l'occidental, ils sont souvent bien situés (près des gares) et le prix, modéré, est à la chambre et non par personne. Revers de la médaille, ils n'ont bien souvent aucun charme…

➩ Les *hotels capsule* permettent au salarié fatigué ou ivre de dormir dans le centre-ville, évitant de longs et surtout coûteux trajets en taxi jusqu'à la maison, une fois les derniers trains partis. Ces hôtels se trouvent à proximité des gares et pratiquent des prix bon marché. La chambre est minuscule (un lit), mais l'hôtel comporte des bains communs et souvent un sauna. **Cf. p. 145** pour une sélection de capsule hotels. Les prix s'entendent par nuit et par personne (pas de chambre double).

➩ Les love hotels, fréquentés par des couples en quête d'un peu d'intimité (difficile à obtenir dans une habitation traditionnelle japonaise, où les différentes générations cohabitent), débordent d'imagination pour appâter le client : architecture délirante, chambres thématiques, confort *high-tech* (karaoké, écran plasma, chaîne hi-fi…). Le principe de ces hôtels est de garantir une discrétion maximale. Vous choisissez une chambre parmi les photos éclairées (les non éclairées sont déjà occupées) dans le hall d'entrée, vous payez soit à une machine automatique soit derrière une vitre teintée. Vous pouvez payer pour un rest (pause de deux heures), soit pour la nuit (à partir de 22h). **Cf. p. 90 pour une sélection de Love hotels.**

➩ Les chaînes internationales sont bien entendu présentes à Tokyo : *Accor (Sofitel Ueno, Mercure Ginza et Novotel Yokohama), Impérial, Hyatt, Prince Hotel, Nikko…*

RESSOURCES INTERNET SUR L'HÉBERGEMENT À TOKYO

Pour réserver votre hôtel par Internet (attention, les sites sont en anglais) :

http://japaneseguesthouses.com/db/tokyo/
Ce site vous permet de réserver une chambre dans un *ryokan* de bon standing à Tokyo.

www.pt-web.gr.jp/accommo.htm
Une autre sélection de *ryokan*.

www.tabiplaza.net/japanhotels/japantimes/
Yadoplaza permet de réserver à la fois hôtels et *ryokan* dans tout le pays.

www.itcj.or.jp/
Une sélection de *ryokan* et hôtels à prix modérés.

www.mytrip.net/en/index.html
La centrale de réservation d'hôtels la plus importante au Japon.

Notre sélection coup de cœur d'hôtels :

LE PLUS CHIC
Hôtel Chinzan-so (groupe Four Seasons) à Iidabashi, **Cf p. 211**

LE PLUS TRADITIONNEL
Ryokan Sadachiyo à Asakusa, **Cf p. 194**

LE PLUS BRANCHÉ
Claska Hotel, **Cf p. 163**

AVEC LA MEILLEURE VUE
Le *Park Hyatt* de Shinjuku, **Cf p.181**

LE MOINS CHER
Le *New Koyo Hotel,* **Cf p. 150**

★ Le Japon en France

AMBASSADE DU JAPON EN FRANCE
7 av. Hoche, 75008 Paris, tél. : 01 48 88 62 00, site Internet : www.fr.emb-japan.go.jp

CONSULAT GÉNÉRAL DU JAPON EN FRANCE
70 av. de Hambourg, BP 199, 13268 Marseille Cedex 8, tél. : 04 91 16 81 81
Tour Europe, 20 place des Halles, 67000 Strasbourg, tél. : 03 88 52 85 00.

BUREAU CONSULAIRE À LYON
131 bd de Stalingrad, 69100 Villeurbanne, tél. : 04 37 47 55 00.

OFFICE NATIONAL DU TOURISME JAPONAIS
4 rue Ventadour, 75001 Paris, au 1er étage, tél. : 01 42 96 20 29, site Internet : www.jnto.go.jp

MAISON DE LA CULTURE DU JAPON
La Maison de la culture organise de nombreuses expositions tout au long de l'année, des rétrospectives cinéma, des conférences, des cours de groupe…
Un magasin / librairie est situé au rez-de-chaussée.
101 bis quai de Branly, 75740 Paris 15, tél. : 01 44 37 95 00, site Internet : www.mcjp.asso.fr

★ La France à Tokyo

AMBASSADE DE FRANCE
4-11-44 Minami-Azabu, Minato-ku. Tel : 03-5420-8800. Site Internet www.ambafrance-jp.org
Accès : *station de Hiroo, ligne de métro Hibiya.*

INSTITUT FRANCO-JAPONAIS
Bibliothèque, cours de français pour les Japonais et de nombreuses manifestations : expositions, cinéma, dégustations…
15 Ichigaya-Funagawara-machi, Shinjuku-ku, tél. : 03-5261-3933, fax : 03-5261-3927.
Accès : *gare de Iidabashi, ligne JR Sobu ou lignes de métro.*

MAISON FRANCO-JAPONAISE
Grande bibliothèque, de nombreuses conférences et un bureau d'interface pour des projets scientifiques.
3-9-25, Ebisu, Shibuya-ku. tél. :03-5421-7641, fax : 03-5421-7651. Site Internet : www.mfj.gr.jp
Accès : *gare de Ebisu, ligne JR Yamanote.*

Tokyo de A à Z

Argent et change

Le taux de change (fin 2006) est d'environ :
100 ¥ = 0,67 €, soit 1 € = 149 ¥.
Vérifiez avant votre départ sur le site en anglais www.oanda.com/convert/classic
Voici ci-dessous quelques prix :
Un ticket de métro : 150 ¥
Une boisson dans un distributeur : 150 ¥
Une nuit dans un hôtel / *ryokan*: environ 7 000 ¥ par personne
Un dîner complet : environ 3 000 ¥
Une course de taxi au centre de Tokyo : de 1 000 à 3 000 ¥. Consultez le site Internet :
www.pricechecktokyo.com : (en anglais) : tous les prix moyens de la vie à Tokyo (nourriture, transport...)
Les banques sont ouvertes du lundi au vendredi de 9h à 15h.
Le Japon est un pays sûr où les gens transportent beaucoup de liquide sur eux. Vous n'avez pas besoin de chèques de voyages. Partez directement avec des yens et une carte de crédit.
Attention, *tous les distributeurs n'acceptent pas les cartes étrangères, même s'ils ont le logo Visa ou Mastercard. Vous pouvez retirer de l'argent dans les distributeurs de la Poste, de certains grands magasins ou de la banque américaine Citybank.*

Bagages

• Bagages perdus :
Si vous avez perdu vos bagages dans un train ou un bus, signalez-le à votre gare d'arrivée. Le personnel se renseignera au terminus et vous dira comment les récupérer. Si cela s'est passé sur une ligne JR, vous pouvez tél.éphoner au 03-3423-0111 où un opérateur vous aidera en anglais. Il y a très peu de vols au Japon et vous devriez retrouver sans problèmes vos paquets oubliés.
« sumimasen, nimotsu o wasureta » : excusez-moi, j'ai perdu mon paquet.

• Consignes :
Toutes les gares du pays sont équipées de coin locker (en katakana aussi), des consignes automatiques. De différentes tailles, elles pourront accueillir vos sacs de shopping ou votre valise. Comptez de 100 ¥ à 500 ¥ selon la taille pour 24h.

• Bagages à envoyer :
Il existe un service très pratique qui permet d'envoyer vos bagages n'importe où au Japon en 48h maximum. Cela vous permet de voyager léger, et de faire des haltes sur votre trajet. Ce service s'appelle *takyu bin,* il est disponible dans les *combinis* et dans les *ryokan* et hôtels et coûte 2100 ¥ environ par paquet.

Décalage horaire

Il y a 7h de décalage horaire en été et 8h en hiver.
Quand il est midi en France, il est 19h au Japon en été et 20h en hiver.

Electricité

Le Japon utilise le 100 volts, avec une prise à deux têtes plates. Pensez à acheter des adaptateurs si vous souhaitez utiliser vos appareils français ou si vous souhaitez rapporter des appareils japonais en France.

Eau

L'eau du robinet est potable. Si vous préférez l'eau minérale, vous trouverez aussi bien des marques japonaises, américaines ou françaises. 120 ¥ la petite bouteille.

Etudier le japonais à Tokyo

De nombreuses écoles de langues proposent aux étrangers d'apprendre le japonais. Certaines d'entre elles peuvent même vous aider à obtenir un visa étudiant.
L'une des plus populaires auprès des Français est *Espace Langues Tokyo,* géré par une équipe française : séjours linguistiques d'été avec hébergement en famille, cours à l'annéee...
Espace Langues Tokyo, Olympia Annex 6ème étage, 6-31-21 Jingumae, Shibuya-ku, tél. : 03-3486-0120, fax : 03-3486-0124, e-mail : sejours@eltokyo.jp, site Internet : www.espacelanguetokyo.com.
Accès : *gare de Harajuku, ligne JR.*
Vous pouvez également vous renseigner auprès de *Shinjuku Japanese Language Institute :* www.sng.ac.jp/english/indexe.html ou *Asahi Culture Center,* www.acc-web.co.jp/gnihongo

Handicapés

Les bâtiments publics ont généralement des rampes d'accès pour fauteuils roulants. Une bande rugueuse se trouve sur les trottoirs pour guider les aveugles. Une sonnerie caractéristique indique quand le passage est au vert pour les piétons, les stations sont systématiquement annoncées en anglais dans le métro et sur la ligne JR Yamanote. Dans les grandes gares des fauteuils roulants peuvent être mis à disposition sur simple demande et du personnel peut vous accueillir à votre point d'arrivée.

Horaires d'ouverture

Les magasins sont généralement ouverts tous les jours (fermeture ponctuelle le lundi ou le mercredi une à deux fois par mois) de 10h à 20h, tandis que les bureaux et la Poste officient de 9h à 17h. Les *combini* sont ouverts 7j/7 24h/24. Les restaurants servent de 11h à 23h en moyenne (plus tard pour les *izakaya).* Attention, tout est fermé les trois premiers jours de l'année et pendant les fêtes d'O-bon en août.

Journaux

Les Japonais sont de grands lecteurs de journaux. Les quotidiens (dont les plus célèbres sont *Yomiuri Shimbun* et *Asahi Shimbun)* tirent à plus de 70 millions de copies. Pour une information en anglais, vous pouvez acheter pour 150 ¥ dans les kiosques de gare *The Daily Yomiuri, The Japan Times* ou *The International Herald Tribune* qui comporte un cahier traduit du *Asahi Shimbun.*

Les quotidiens japonais en ligne :
www.japantimes.com : le *Japan Times* en anglais.
www.asahi.com : *Asahi Shimbun* en anglais.
http://home.kyodo.co.jp : *Kyodo news* en anglais.
www.yomiuri.co.jp/index-e.htm : *Yomiuri Mainichi* en anglais.
www.japantoday.com : (en anglais).
Lien vers *Metropolis,* l'hebdo gratuit en anglais.

Offices de tourisme

La ville de Tokyo multiplie les initiatives en direction des touristes étrangers : cartes et mini-guides par quartiers en anglais, services tél.éphoniques d'aide en anglais, traduction en alphabet romain des principaux lieux et noms de gares...

L'office de tourisme de Tokyo est difficile à trouver (au 10ème étage de l'immeuble Tokyo Kotsu Kaikan, en face de la sortie de la gare de Yurakucho) et relativement petit, mais le personnel parle anglais et sera ravi de vous apporter des informations. Ouvert du lun. au ven. de 9h à 17h, de 9h à midi le samedi.
Des comptoirs sont également installés aux deux terminaux de l'aéroport de Narita.
N'hésitez pas à consulter leur site Internet (en partie en français) à www.jnto.go.jp

POUBELLES

On peut critiquer le Japon en tant que pollueur planétaire, toujours est-il que les citoyens japonais ont intégré, bien plus que nous, quelques notions simples, notamment en matière de tri des déchets : partout à la maison comme en ville, les poubelles sont différenciées entre les produits que l'on peut brûler (papier, déchets alimentaires...), les autres produits (plastiques) et les produits recyclables (verre, canettes, métaux...).

POSTE

Les timbres japonais sont bien connus des collectionneurs, pour leur diversité sans cesse renouvelée. Comptez 70 ¥ pour l'envoi en Europe d'un carte postale (demandez *shichiju en no kitte*), 110 ¥ pour une lettre (demandez *hyakuju en no kitte*).
Si vous souhaitez un timbre de collection, demandez *« kirei na kitte o kudasai », un joli timbre svp.*
Vous pouvez faire envoyer vos paquets soit par avion soit par bateau. Dans le second cas, bien moins cher qua la solution par avion, comptez jusqu'à trois mois pour recevoir votre envoi.

SAISONS / TEMPS

Cf p. 110.

SANTÉ

A priori, vous risquez peu de risques sanitaires au Japon : la propreté est le mot d'ordre partout, même dans les transports en commun et les restaurants servent tous des produits frais.
Pour appeler une ambulance ou les pompiers, composez le 119. Pour la police, faites le 110.
« Kyukusha o onegai shimasu » : je voudrais une ambulance s'il vous plait

Vous pouvez aller sur le site de l'ambassade de France pour obtenir une liste complète des praticiens francophones. Site Internet :
www.ambafrancejp.org/
article.php3?id_article=644
Les principaux hôpitaux de Tokyo :
Hopital Toranomon, 2-2-2 Toranomon, Minato-ku.
Tél. : 03-3588-1111.
Hôpital de l'université Keio (Keio Daigaku Byoin), 35 Shinanomachi, Shijuku-ku. Tél. : 03-3353-1211
Hôpital de l'université de Tokyo (Tokyo Daigaku Byoin), 7-3-1 Hongo, Bunkyo-ku. Tél. : 03-3815-5411.

***Attention :** les frais médicaux sont très élevés au Japon, pensez à prendre une assurance voyage.*

TAXES

Les prix indiqués dans les magasins (sauf dans les combini, les convenience stores ouverts 7j/7, 24h/24). Il vous faut ajouter 5% à chaque prix indiqué.
Les hôtels ajoutent souvent une taxe de 10 à 15%.

Téléphone

Pas facile de s'y retrouver parmi les innombrables opérateurs en tél.éphonie mobile et fixe... Pour un visiteur deux solutions : utiliser des cartes prépayées pour appeler soit en domestique soit à l'international (cartes en vente dans les combinis ou les hôtels) ; ou louer un tél.éphone portable à votre arrivée, avec un forfait bloqué ou non.

LOCATION DE MOBILES :

Les tél.éphones portables occidentaux ne marchent pas au Japon. Il est toutefois très facile de louer un mobile le temps de votre voyage, à récupérer à l'aéroport ou à votre hôtel.

http://roaming.nttdocomo.co.jp/ : le leader NTT propose la location de mobiles, tout en gardant votre numéro de tél.éphone usuel (il vous suffit de mettre votre SIM card dans les tél.éphones loués.735 ¥ de location par jour (+500¥ de livraison le premier jour). Si vous êtes abonnés Orange ou Bouygues, vous pouvez utiliser votre propre tél.éphone au Japon en choisissant Docomo sur votre écran de mobile.

www.vodafone-rental.jp : par l'un des leaders du marché. Environ 700 ¥ de location par jour, 105 ¥ la minute de conversation. Réservation possible sur le site Internet en anglais.

www.rentafonejapan.com : 4000 ¥ de location pour la semaine, 60 ¥ la minute en domestique. Réservation possible sur le site Internet en anglais.

www.pupuru.com/en : ici, on loue l'appareil et une carte prépayée de communication rechargeable. 8600 ¥ pour 5 jours avec 2 000 ¥ de communication incluse.

Le code international du Japon est le 81. Le code de Tokyo est 03. Pour appeler depuis la France, vous devrez composer le 00 81 3 ...

Toilettes

La découverte des toilettes à la japonaise est toujours l'un des grands moments d'un premier voyage au Japon : tant de technologie pour ce sanitaire qu'on en trouve plus la chasse d'eau. Le leader en la matière, Toto, propose toujours de nouveaux services : bruit de cascade, siège chauffant, auto-nettoyant, jets d'eau multi-directionnels...

Vous les trouverez presque partout. Sinon ce seront peut-être les toilettes traditionnelles, qui s'apparentent aux toilettes turques.

Lexique culturel

Anime : dessin animé ou film d'animation.

Arubaito : petit boulot (vient du mot arbeit, travail en allemand). Les jeunes Japonais, peu enclins à suivre le tracé professionnel de leurs parents, choisissent de prendre un arubeito, symbole de liberté.

Bafuku : gouvernement militaire des shoguns.

Bonsai : arbres miniatures dont on a stoppé la croissance.

Bosatsu : bouddha.

Bushido : littéralement la voie du guerrier. Code d'honneur des samouraïs.

Chado / Sado : cérémonie traditionnelle du thé.

Combini : *convenience store.* Supérettes ouvertes 7j/7, 24h/24, où vous pouvez acheter à manger, des revues, de la papeterie, des produits cosmétiques mais aussi payer vos factures, faire envoyer vos sacs…

Game center : centres dédiés aux jeux videos.

Geisha : dame de compagnie, qui excelle dans les arts de la conversation, du chant et de la danse, et qui tient compagnie aux invités masculins lors de grands banquets ou fêtes privées.

Haïku : poèmes courts obéissants à une métrique stricte 5-7-5, exprimant des sensations. Nous vous conseillons les ouvrages des éditions Moundarren, qui proposent le haïku en langue originale puis traduit en Français. Les auteurs les plus connus sont Basho et Shiki.

Ikebana : l'art de l'arrangement des fleurs.

Izakaya : l'équivalent du pub anglais, où les collègues aiment se retrouver après le bureau.

Jizo : divinité protectrice des enfants. Les petites statuettes portent bonnet et bavoir rouge, et on pose des jouets en offrandes. Jizo est également le protecteur des voyageurs, on en rencontre par conséquent très souvent sur les bords des sentiers de promenade.

Kabuki : théâtre traditionnel japonais, où tous les rôles sont tenus par des hommes. Les décors sont somptueux, l'intrigue se déroule mi-parlé mi chanté et les sujets reprennent les petits et grands moments de l'histoire de la nation.

Karoshi : mort par excès de travail.

Kami : dieu du Shintoïsme.

Kawaï : mignon. Mot très aimé des jeunes japonaises !

Keitai : téléphone portable.

Kimono : vêtement traditionnel féminine, porté encore lors des grandes occasions.

Kissaten : café à la japonaise. On trouve de plus en souvent des manga-kissa, où l'on peut lire toutes les mangas que l'on veut en payant à l'heure.

Kogyaru : *« cover-girl »,* jeune fille fashion victim.

Koto : harpe horizontale utilisée dans la musique traditionnelle.

Koyou : rougeoiement des feuilles à l'automne.

Love hotel : hôtel aux chambres au look délirant, à louer à l'heure ou à la nuit, pour quelques heures d'intimité.

Maneki neko : chat porte-bonheur que vous voyez à l'entrée de tout commerce et décliné en porte-clé, petit bibelot, gâteau…

Nihonshu / Shochu : le saké s'appelle nihonshu (alcool de riz). Le shochu, plus fort en alcool est à base de riz ou de patate douce.

Nô : théâtre traditionnel japonais, trouvant ses orgines dans la religion Shinto.

Noren : rideau en tissu placé en haut des portes d'entrée.

Obon : fête des morts, le 15 août. Tous les magasins sont fermés pour l'occasion.

Ohanami : pendant la floraison des cerisiers, collègues, amis ou familles entières se retrouvent pour piqueniquer dans les parcs et admirer les fleurs (O-hana-mi, voir les fleurs).

Onsen : source thermale d'eau chaude, aux vertus thérapeutique.

Pachinko : entre le flipper et la machine à sous, ce jeu exerce une véritable fascination sur de nombreux de japonais. Il y a une salle environ tous les 500 mètres dans tout le pays.

Perikura : petites photos personnalisées que vous pouvez réaliser dans les game centers.

Rotenburo : source thermale chaude en extérieur (les onsen peuvent être intérieurs ou extérieurs).

Ryokan : hôtel traditionnel, où l'on dort sur des futons installés sur des tatamis. Généralement, les bains sont communs et l'on vous propose dîner et petit-déjeuner.

Sakura : cerisier.

Samouraï : guerrier de l'époque féodale au service d'un chef local.

Sembei : biscuits salés croustillants servis en apéritif.

Sento : Bain public, que l'on retrouve dans de nombreux quartiers de Tokyo.

Seppuku ou hara kiri : suicide traditionnel où l'on s'ouvre le ventre à l'horizontal. Les guerriers en cas de défaite se soumettaient au seppuku.

Shamisen : instrument de musique traditionnel.

Shinkansen : TGV Japonais

Shintoïsme : religion primitive du Japon, où les Dieux s'incarnent dans la nature.

Shitamachi : littéralement, la ville basse. Désigne les quartiers populaires de l'Est de Tokyo, en opposition à la ville Yamanote, plus moderne.

Shogun : chef du gouvernement militaire. C'est lui qui avait le pouvoir réel sur le pays, alors que l'empereur n'avait qu'un rôle de protocole et de représentation.

Tsuyu : période des pluies, qui dure du 15 juin au 15 juillet.

Ukiyo-e : estampes japonaises de l'époque Edo, représentant des scènes d'intérieur ou des paysages (exemple : les 36 vues du Mont Fuji).

Wabi Sabi : principe esthétique qui met en avant le côté pathétique des choses, l'éphémère, le geste à la fois précis et inachevé que l'on retrouve dans les jardins et de nombreuses cérémonies japonaises.

Yakusa : mafia japonaise. A ce sujet, vous pouvez lire ***Yakusa, la mafia japonaise*** de Alec Dubro et David Kapian, éd. Philippe Picquier.

Yukata : kimono en coton, mis à disposition dans les chambres d'hôtel.

Zen : école bouddhiste caractérisée par sa rigueur, son esthétique dépouillée et l'importance accordée à la méditation.

Petit lexique de la psychologie japonaise

Giri : morale sociale ou principe de comportement qui veut que chaque faveur reçue entraîne une obligation. On observe ce phénomène dans l'échange de dons et contre-dons à certaines périodes de l'année.

Honne : sentiments ou intentions réels qui peuvent aller à l'encontre de la politesse de façade et des marques d'intérêt que l'on se doit de porter à tout interlocuteur. Cette politesse « diplomatique » ou de façade est le tatemae.

Futsuu : la « normalité» ; au Japon, on n'aime pas les « clous qui dépassent». Il est important de se conformer aux règles de vie en société (à l'école, dans l'entreprise, dans ses relations mondaines). On peut être plus relâché dans son cercle amical et familial.

Ninjo : sentiment personnel qui bien souvent s'oppose au giri.

Tatemae : cf. honne.

Tsukiai : obligation sociale, la distinction vie privée / vie professionnelle est beaucoup moins forte au Japon qu'en France.

Les mots pour le dire

Le japonais s'écrit à l'aide de trois systèmes : deux syllabaires purement locaux, les *hiragana* et les *katakana,* ainsi que les idéogrammes ou *kanji* venus de Chine. La langue écrite est une combinaison permanente de ces trois systèmes. L'alphabet romain, ou romaji, est utilisé également dans certains cas.
Dans notre lexique, nous avons choisi un mode de transcription courant qui nécessite de se familiariser avec quelques règles basiques de prononciation.

Prononciation

- on prononce distinctement toutes les voyelles et toutes les consonnes ; elles ne se combinent pas comme en français ex. : « ai » = « a / i »
- le « e » se prononce « é »
- le « u » se prononce soit « ou » soit « eu »
- les voyelles sont souvent doublées comme dans « ôkii », à bien prononcer « o-o-ki-i » ; de même pour les consonnes si elles sont doublées on doit les entendre 2 fois comme dans « konnichi ha », « kon-nichi ha »
- « ch » se prononce « tch » ; « sh » = « ch- »
- le « h » est toujours aspiré comme en anglais
- attention le « ha » tout seul se prononce « wa » comme dans « konnichi ha » = « kone-nitchi wa »
- « j » se prononce « dj »
- le « r » est plus proche de notre « l » un peu roulé

Vocabulaire de base

Oui	*hai*
Merci (beaucoup)	*arigatô (gozaimasu) / hontô ni arigatô*
Merci - plus familier	*dômo*
Non	*iie*
Non merci	*iie, kekko desu*
Il n'y a pas de quoi	*dôitashimashite*
Je vous en prie	*dôzo*
Excusez-moi/pardon	*sumimasen / gomennasai*
D'accord/ok pas de problème	*Ok / daijôbu*
S'il vous plaît	*onegaishimasu*
J'aime…	*…ga suki desu*
Je n'aime pas	*…ga kirai desu*
les sushi	*sushi*
le cinéma	*eiga*
le Japon	*nihon*

Salutations - Introduction

Bonjour	*konnichi ha*
Bonjour (avant 10h du matin)	*ohayô gozaimasu*
Au revoir	*sayônara*
Bonsoir	*konban ha*
Bonne nuit	*oyasumi (nasai)*
A la prochaine	*ja mata / mata ne / mata kondo*
Je vous présente M….	*…san o shôkai shimasu*
Enchanté	*hajimemashite / dôzo yoroshiku (onegai shimasu)*
Quel est votre nom ?	*o-namae ha (nan desu ka)*
Je m'appelle…	*watashi ha…desu*

D'où venez-vous ? *go-shushin ha / doko kara kimashita ka*
Je viens de... *...kara kimashita*
Je suis français / *(watashi ha) furansu-jin*
anglais / canadien... *igirisu-jin / canada-jin desu*
Comment allez-vous ? *(o)genki desu ka*
Très bien merci (grâce à vous) *hai, okagesama de*

Problèmes linguistiques

Je ne comprends pas *wakarimasen*
Pouvez-vous répéter ? *mô ichido itte kudasai*
Pouvez-vous parler plus lentement, svp *yukkuri hanashite kudasai / yukkuri, onegaishimasu*
Comment ça s'appelle en japonais ? *nihongo de ha nan to iimasu ka*
Vous parlez français / anglais ? *furansugo / eigo ga wakarimasu ka*
Pouvez-vous l'écrire ici ? *koko ni kaite kudasai*

Demander sa route

Où est... ? *...ha doko desu ka*
Je veux aller à ... *...ni ikitai desu*
Ce bus va bien à... ? *mono basu ha... made desu ka*
C'est bien le train pour... ? *kore ha...yuki no densha desu ka*
C'est loin ? *tooi desu ka*
On peut y aller à pied ? *aruite wa daijôbu desu ka*
Je n'arrive pas à trouver cet endroit *asho ga wakarimasen*
Pouvez-vous me faire un plan ? *chizu o kaite kudasai*
Je suis perdu *mayoimashita*

Acheter un titre de transport

1 (2, 3.. .) billet pour Tokyo, svp *Tokyo made kippu ichi (ni, san...) mai kudasai*
Un ticket de bus *basu no kippu*
de train *densha no kippu*
de bateau *fune no kippu*
Un billet d'avion *hikoki no kippu*
Il y a un changement *norikae ga arimasu ka*
Où est la gare de... *... eki wa doko desu ka*
L'aéroport *kukoo*
A quelle heure arrive-t-on ? *nan ji ni tsukimasu ka*
Combien de temps faut-il ? *donogurai kakarimasu ka*

Acheter, faire du shopping

Combien ça coûte ? *ikura desu ka*
Je voudrais...(cela) *(sore)...o kudasai*
le moins cher *ichiban yasui*
je peux essayer ? *kite mite ii desu ka*
Où puis-je faire du change ? *doko de ryôgae ga dekimasu ka*
Vous acceptez les cartes de crédit ? *kurejitto kâdo / wa tsukaemasu ka / de ii desu ka*
Où puis-je retirer de l'argent avec ma carte de crédit ? *doko de kâdo de okane o hikidasemasu ka*
Où puis-je acheter... ? *...ha doko de kaemasu ka*
un éventail japonais *uchiwa*
des baguettes *o hashi*
un kimono d'été *yukata*

du thé	*ocha*
des pellicules photo	*firumu*
un sabre japonais	*Nihon tô*
un appareil photo	*camera*
des laques	*urushi*
des céramiques	*seto mono*
de la vaisselle japonaise	*wa shokki*
des B.D.	*manga*
du papier japonais	*washi*

J'en voudrais 1…comme cela	*sore o hitotsu kudasai*
2	*futatsu*
3	*mittsu*
4	*yottsu*
5	*itsutsu*
6	*muttsu*
7	*nanatsu*
8	*yattsu*
9	*kokonotsu*
10	*tô*
11	*juichi*
12	*juni*

Au restaurant, à table

A votre santé !	*kampai*

(attention :tchin tchin en japonais désigne le zizi !)

Bon appétit	*itadakimasu*
Merci pour ce repas	*gochisôsama*
C'est bon	*oishii (desu)*
L'addition svp	*okanjô (o) onegaishimasu*
Que me conseillez-vous ?	*osusume ha*
J'ai faim	*onaka ga sukimashita*
J'ai soif	*nodo ga kawakimashita*
Je n'ai plus faim	*onaka ga ippai desu*
Comment mange-t-on cela ?	*tabekata o oshiete kudasai*
La même chose que mon voisin svp	*tonari no hito to onaji mono o kudasai*
Auriez-vous une fourchette svp	*fôku o kudasai*

A connaître : *Tabehodai* et *nomihodai,* les formules à volonté (pour manger et boire dans l'ordre).

A l'hôtel

Je voudrais réserver une chambre	*heya o yoyaku shitai desu*
J'ai une réservation	*yoyaku (o) shimashita*
Combien de nuits ? 1/2/3	*nanpaku desu ka ?* *ippaku / nihaku / sanpaku*
A quelle heure est le check out ?	*cheku autto ha nan ji desu ka*
Vous avez….	*…ga arimasu ka*
l'air conditionné	*eakon*
le petit-déjeuner	*chôshoku*
des lits à l'occidental	*beddo*
un accès Internet	*netto akusesu*

Au téléphone

Allô	*moshi, moshi*
C'est bien la maison de M… ?	*…san no otaku desu ka*
Puis-je parler à M…. ?	*…san o onegaishimasu*
Il/elle est sorti(e)	*dekaketeimasu / rusu desu*
Je me suis trompé de n°	*machigaemashita*
Désolé de vous avoir dérangé	*shitsurei shimashita*
Je vous entends très mal	*koe ga tooi n desu ka*

Etat d'urgence

J'ai besoin de médicaments	*kusuri ga hoshii desu*
J'ai mal à...	*...ga itai desu*
la tête	*atama*
au ventre	*onaka*
aux dents	*ha*
Emmenez-moi à l'hôpital, svp	*byooin ni tsuretette kudasai*
Appelez une ambulance	*kyûkyû-sha o yonde kudasai*
Puis-je continuer à voyager ?	*ryokô o tsuzukeraremasu ka*
Au secours !	*tasukete (kudasai)*
Attrapez-le	*tsukamaete*
Arrêtez !	*yamete*
J'ai besoin d'un traducteur	*tsûyaku o tsukete kudasai*
un avocat	*bengo-shi*
J'ai une assurance	*hoken ni haittemasu*
Pouvez-vous contacter ma famille ?	*kazoku ni renraku shite kudasai*
C'est dangereux	*abunai*
J'ai perdu mon passeport	*pasupôto o nakushimashita*

Compter les personnes

1 personne / 1 seul	*hitori*
2 personnes	*futari*
3 personnes	*sannin*
4 personnes	*yonin*
5 personnes	*gonin*
6 personnes	*rokunin*
7 personnes	*nananin*
8 personnes	*hachinin*
9 personnes	*kyunin*
10 personnes	*junin*

⇨ à lire

- ***Point and Speak,*** un petit livre très pratique que vous trouverez dans les librairies japonaises. Il propose sur divers sujets de la vie quotidienne une traduction anglais-japonais avec une illustration pour chaque mot. 1 500 ¥.
- ***Japon ! au pays des onomatopées,*** de Pierre Ferragut, éd. Ilyfunet. Où vous découvrirez que la langue japonaise est riche d'onomatopées comme waku waku, nom de notre association, mais surtout nom évocateur du bruit du coeur qui bat d'impatience à l'idée de faire quelque chose. Waku waku traduit donc l'enthousiasme !

LIRE UN MENU AU RESTAURANT

Français	*Româji*	*Kanji*	*Kana*
Poisson	*sakana*	魚	さかな
Calamar	*ika*		イか
Huître	*kaki*	牡蠣	カキ
Crabe	*kani*	蟹	カニ
Thon	*maguro*	鮪	マグロ
Maquereau	*saba*	鯖	サバ
Sardine	*iwash*	鰯	イワ
Saumon	*sake*	鮭	
Pieuvre	*tako*	たこ	
Thon gras	*toro*	トロ	
Anguille	unagi	鰻	ウナギ
Oursin	*uni*	雲丹	ウニ
Riz	*gohan*	御飯	
Curry	*kare rice*		カレーライス
Bol de riz et garniture	*...donburi*	...丼	
Porc frit et riz	*katsudon*		カツ丼
Gâteau moelleux de riz	*mochi*	餅	
Gâteau sec de riz	*osembei*		おせんべい
Tofu	*tofu*	豆腐	
Tofu frit	*atsuage*	厚揚げ	
Soupe miso	*misochiru*	味噌汁	
Viande	*niku*	肉	
Viande de boeuf	*gyuniku*	牛肉	
Poulet	*toriniku*	鳥肉	
Canard	*kamo*	鴨	
Porc	*buta*	豚	
Fondue japonaise	*shabu shabu*		しゃぶしゃぶ
Barbecue japonais	*yaki niku*	焼肉	
Oeuf	*tamago*	卵	
Légume	*yasai*	野菜	
Fruit	*kudamono*	鴛	

Salade	*salada*		サラダ
Algue (en amuse-gueule)	*hidjiki*		ひじき
Sauce de soja	*shoyu*	醤油	
Haricot rouge	*azuki*	小豆	
Germe de soja (idéal à l'apéritif)	*edamame*	枝豆	
Champignon	kinoko		きのこ
Aubergine	*nasu*	茄子	
Racine de lotus	*renkon*	蓮根	レンコン
Pastèque	*suika*	西瓜	すいか
Patate douce	*satsuma imo*	薩摩芋	
Igname	*yama imo*	山芋	

Nouille de sarrasin	*soba*		そば
Nouille blanche et épaisse	*udon*		うどん
Soupe de nouille chinoise	*ramen*		ラーメン

Boisson	*nomimono*	飲み物	
Alcool	*sake*	酒	
Saké	*nihonshu*	日本酒	
Liqueur incolore de patate douce	*shochu*	焼酎	
Bière	*biru*		ビール
Vin	*wainu*		ワイン
Thé	*ocha*	お茶	
Thé vert en poudre	*macha*	魔茶	
Thé aux céréales	*genmaicha*	玄米茶	
Infusion d'orge torrefié glacée	*mugicha*	麦茶	

OSEZ OSAKA !
DÉCALAGE URBAIN
guide découverte
OSAKA
ET KYOTO, NARA
UNE EXPERIENCE JAPONAISE
DISPONIBLE EN LIBRAIRIE
ET SUR WWW.2WAKU.COM
わく わく
ASSOCIATION
WAKU WAKU
POUR PRÉPARER VOTRE VOYAGE AU JAPON :
WWW.2WAKU.COM

Index

Crédits photographiques

Couverture : création d'Atomic Soda Design,
Emmanuel Touche. E-mail : misteratomic@wanadoo.fr
Site Internet : www.atomicsodadesign.com

h : haut, g : gauche, d : droit, b : bas, m : milieu

Couverture / p.9 / p.10-11 / p. 13 b / p.14 / p.15 / p.17 / p. 19 / p. 21 / p.23 / p.25 / p.26 / p.28 / p.31 / p.32-33 / p. 35 / p.45 / p. 47 / p.48 b / p.49 / p. 51 / p. 58 / p. 61 / p. 65 / p. 67 / p. 71 / p. 79 / p. 81 / p. 89 / p. 91 / p. 99 / p. 101 / p. 105 / p.107 / p. 109 / p. 111 / p. 113 h / p.115 / p. 116 m / p. 119 h / p. 124 / p.125 / p. 129 / p. 131 / p. 132 / p. 133 / p. 135 / p. 137 / p. 144 / p 147 hb / p. 149 / p 153 h, bd / plan des lignes de surface p. 155 / p. 158-159 mg, md, bd / p. 161 / p. 167 / p. 169 / p. 173 / p. 179 hm / p. 181 / p. 183 / p. 187 / p. 189 / p. 193 / p. 195 / p. 197 / p. 199 / p. 203 / p. 209 / p. 211 / p. 213 / p. 215 h, mg, b / p. 217 / p. 218 h / p. 219 m, b / p. 221 / p. 225 / p. 227 / p. 239 / p. 241 / p. 247 / p. 250 mg, bg, hd, md, bd / p. 251 b / p. 268 © Cécile Parisot et François-Xavier Robert

P.3 / p.113 b / p.116 hb / p 147 m / p. 153 bg / p.179 b / p. 215 md / p. 250 hg / p. 251 hm / p. 265 © Alain Roy

P.9 / p.13 / p.15 / p.47 / p.48 hd / p. 61 / p. 62 / p. 63 / p. 65 / p. 73 / p. 77 / p. 91 / p. 95 / p.119 b / p. 251 © Emmanuel Touche

P. 48 hg / p. 123 © Michel Sagaz

P. 41 © Aleksandra Mir

P. 53 © Museum of Contemporary Art, Tokyo

P. 85-86-87 © Romain Slocombe

P. 103 © TCVB / © JNTO

P. 174 © Gonpachi

P. 191 © Andon ryokan

Plan de Shibuya p. 165, plan de Shinjuku p. 177, plan de Ginza p. 205 © Tomoko Terada

P. 201 © Homeikan ryokan

P. 7, plan de Tokyo p.38 / p. 69 / plan de métro p. 157 / p. 158-159 / p. 218 bg / p. 219 bd / p. 237 / p. 243 / p. 249 / p. 259 © JNTO

P. 245 © M. Colin Sinclair

P. 117 / p. 247 © Chiba-Prefectural Tourist Association / © JNTO

P. 60 / p.127 Droits réservés

Retrouvez :

- le portfolio de Tomoko Terada sur www.lassocpiquante.com
- les photos d'Alain Roy sur http://chemindesgaleries.com et sur http://blogroyal.net (pseudo : Alan King)

Chers lecteurs, si, malgré nos nombreuses relectures, des erreurs se sont glissées dans ce guide (forcément imparfait !), nous vous serions sincèrement reconnaissants de bien vouloir nous les signaler.

Remerciements

Merci à Alain Roy, Aleksandra Mir, Aya Takano, Cécile Griesmar de la galerie Hors Sol, Cécile Rastier, Chiho Aoshima, Chris Marker, Emmanuel Touche, Tomoko Terada, les éditions Philippe Picquier, Masataka Nakano, Michel Sagaz, Miwako Takasuna pour les relations avec Masataka Nakano, Mr., Nobuko Sakamoto pour les relations avec la Kaikai Kiki, Romain Slocombe, Ryo Wakabayashi et Sueo Mizuma de la Mizuma Art Gallery, Stéphane Duval et les éditions du Lézard Noir, Takashi Murakami, Yoko Takano du JNTO.

Imprimé par l'imprimerie Chirat, 42540 St-Just-la-Pendue
Dépôt légal : novembre 2006
N° d'impression : 2644
ISBN-10 : 2-9521517-1-7
ISBN-13 : 978-2-9521517-1-9
Prix : 19,90 euros T.T.C.
Edité par l'association Waku Waku
9, rue Antoine Vollon, c/o Cécile Parisot
75012 Paris
contact@2waku.com
www.2waku.com

ASSOCIATION WAKU WAKU

ATOMIC SODA DESIGN